kritik & *utopie* ist die politische Edition im mandelbaum *verlag*.
Darin finden sich theoretische Entwürfe ebenso wie Reflexionen aktueller sozialer Bewegungen, Originalausgaben und auch Übersetzungen fremdsprachiger Texte, populäre Sachbücher sowie akademische und außeruniversitäre wissenschaftliche Arbeiten.

Nähere Informationen unter www.kritikundutopie.net

Silvia Federici

DIE WELT WIEDER VERZAUBERN

Feminismus, Marxismus & Commons

übersetzt von Leo Kühberger

mandelbaum *kritik & utopie*

Originaltitel:
Silvia Federici
Re-enchanting the World: Feminism and the Politics of the Commons

4. Auflage 2023

Satz & Umschlaggestaltung: Michael Baiculescu
Umschlagbild: Martin Birkner
Druck: Primerate, Budapest

Inhalt

Danksagungen

Dieses Buch ist den Diskussionen zu verdanken, die ich mit Dutzenden Compañer@s in verschiedenen Teilen der Welt geführt habe. Ich werde an dieser Stelle nur einige der Frauen und Männer erwähnen, die mich im Laufe der Jahre durch ihre Forschung, ihren Aktivismus und ihre Vorstellungen von einer anderen Welt inspirierten, woraus sich eine Praxis der gegenseitigen Unterstützung und der Freundschaft entwickelte. George Caffentzis gilt meine tiefste Dankbarkeit. Mit ihm arbeite ich seit vielen Jahren zusammen, unter anderem im Rahmen der „Midnight Notes“, um die Geschichte der Commons[I] neu zu denken und über die politischen Grundlagen, die sie ausmachen, nachzudenken. Hans Widmer (alias PM), der mich durch seine Texte und seine fantasievollen Gemälde, die die Einhegungen des New Yorker Stadtraums dokumentieren, und durch seine Wohnprojekte in Zürich als einer der Ersten mit den Commons in Berührung brachte. Nick Faraclas, dessen Studium der Pidgin-Sprachen in Afrika und Papua-Neuguinea mir die gemeinschaftliche Dimension der Sprache bewusst machte. Chris Carlsson, der, trotz des triumphieren-

I Die Begriffe Commons und Commoning wurden nicht ins Deutsche übertragen. Die entsprechenden Begriffe, wie Gemeingüter, Gemeineigentum oder Allmende geben die zeitgenössischen Debatten und Bedeutungen nur unzureichend wieder, weil sie entweder nur die materiellen Ressourcen und Produkte bezeichnen oder bloß auf historische Formen hin verwendet werden. Siehe dazu auch: https://de.wikipedia.org/wiki/Commons Hingegen ist der Begriff „Enclosure“, den beispielsweise auch Karl Marx im „Kapital“ verwendet, durchgehend als „Einhegung“ übersetzt worden. (Anm. d. Übersetzers)

den Neoliberalismus, zu behaupten wagte, dass die Commons keine Utopie seien, und diese Überzeugung praktisch umsetzte, indem er mit der Critical Mass die Straßen zurückerobert. Kevin Van Meter, Craig und das „Team Colors Collective“, mit dem wir im „ABC No Rio“ in New York lange Diskussion über das Commoning und sich selbst reproduzierende Bewegungen hatten. Maria Mies, die uns lehrte, dass sich im Herzen der Commons ein tiefes Verantwortungsbewusstsein gegenüber anderen Menschen und gegenüber dem Land befindet und wir durch das Commoning jene Teile des gesellschaftlichen Lebens wieder zusammenbringen können, die der Kapitalismus voneinander trennte. Peter Linebaugh, ein Leben lang bereits Bruder und Genosse, der das Commoning und das Leben derer, die für eine solidarische Welt kämpften, zum Hauptthema seiner historischen Arbeit machte, und dem ich zu verdanken habe, die Geschichte selbst als ein Common begreifen zu können. Massimo De Angelis, der nicht nur wichtige Texte über die Commons verfasste, sondern das Commoning in einem Dorf in den Bergen des Apennin in Italien tagtäglich praktiziert. Sein Alltag findet „außerhalb des Kapitalismus“ statt, ein Alltag, der seiner Ansicht nach durch die täglichen Akte der individuellen und kollektiven Verweigerung stets neu erschaffen wird. Das „Unitierra Center“ in Oaxaca und sein Gründer Gustavo Esteva, der selbst in den dunkelsten Momenten der Geschichte nicht müde zu betonen wird, dass wir bereits jetzt von den Commons umgeben sind. Raquel Gutiérrez Aguilar, deren überzeugende Darstellung der Rhythmen von Pachakuti in den Wasserkriegen Boliviens die aufständische Kraft gemeinschaftlicher Formen der Reproduktion wieder zum Leben erweckte. Mina Lorena Navarro, die uns zeigte, dass die Erhaltung und Wiederherstellung der kollektiven Erinnerung eine Grundbedingung für die Verteidigung der Commons ist. Gladys Tzul Tzul, die uns eine aufschlussreiche Beschreibung lieferte, wie Politik unter vergemeinschafteten Verhältnissen von der Reproduktion des Alltags ausgeht, wodurch ich die Bedeutung gemeinschaftlicher Beziehungen besser verstehen konnte. Ich verdanke Gladys auch die Gelegenheit, Frauen aus verschiedenen indigenen Organisationen Guatemalas kennenzulernen. Mein Dank gilt auch Beatriz Garcia und Ana Méndez de Andés, die mich mit dem Quinzeme bekannt machten und meine Reise durch jene spanischen Dörfer organisierten, in denen der berüchtigte Krieg gegen die Commons, die Hexenjagd, stattfand. Joen Vedel, der mich in „Christiania" und andere Commons von Kopenhagen einführte. Ich danke auch Lucia Linsalata, Veronica Gago, Natalia Quiroga, Betty Ruth Lozano, Marina Sitrin, Richard Pithouse, Caitlin Manning, Iain Boal, Mercedes Oliveras Bustamante, Rosaluz Pérez Espinosa, Raúl Zibechi, Mariana Menendez, Noel Sosa und Yvonne Yanez Falquet, Mariarosa Dalla Costa, Ariel Salleh und nicht zuletzt Elizabeth Downer, deren kraftvolle Gemälde eine visuelle Vorstellung der Rückeroberung von Räumen und Aktivitäten des Commoning auf dem amerikanischen Kontinent liefern. Großer Dank an Josh MacPhee und Erik Ruin von „Justseeds" für sein Gemälde vom Maibaumtanz. Hier möchte ich an Rodolfo Morales erinnern, einen der wichtigsten mexikanischen Künstler des 20. Jahrhunderts, der Zeit seines Lebens die Fähigkeit der Frauen zur Herstellung von Gemeinschaft pries und ihre Körper und Aktivitäten als die Elemente darstellte, wodurch diese zusammengehalten wird.

Vielen Dank auch an die vielen Menschen, die mir im Laufe der Jahre ihre Arbeit über die Commons zeigten oder schickten oder mir wichtige Quellen zugänglich machten. Ein Dank auch an Kasia Paprocki, die mich an ihren Recherchen zu Mikrokrediten in Bangladesch teilhaben ließ, und an Ousseina Alidou für ihre Anmerkungen zur Organisation von Mikrokrediten in Niger und Betsy Taylor für die Zusendung des von ihr mitverfassten Buches

„Recovering the Commons“ und Giovanna Ricoveri für ihr Buch „Beni Comuni, Fra Tradizione e Futuro“ und Órla Donovan für die Organisation einer Konferenz über die Commons in Cork, Irland, im Jahr 2015.

Und ich möchte gegenüber den Aktivist*innen, die ich in verschiedenen Teilen der Welt traf und die dafür kämpfen, gemeinschaftliche Lebensformen zu verteidigen und neue Formen der Solidarität zu erschaffen, meinen Dank und meine Solidarität zum Ausdruck bringen. Meine Solidarität gilt vor allem den Aktivistinnen der NO TAV-Bewegung im Susatal in Italien, dem Clandestina-Netzwerk in Griechenland, der Acción Ecológica und dem Colectivo Miradas Críticas in Ecuador, der Frente Popular Darío Santillán und den Frauen des Movimiento por la Dignidad und des Corriente Villera Independiente der Villa Retiro Bis in Buenos Aires, dem CIDECI-Unitierra Center in San Cristóbal de Las Casas und insbesondere dessen Gründer und Koordinator Raymundo Sánchez Barraza, der Abahali-Bewegung in Durban, Südafrika, den Compañeras des Colectivo Minerva und der Zeitschrift Contrapunto in Uruguay, den Compañeras von Mujeres Creando in La Paz, insbesondere María Galindo, der Bristol Radical History Group, Bob Stone und Betsy Bowman und dem Zentrum für globale Gerechtigkeit in San Miguel de Allende, Mexiko, und der CUTE-Bewegung in Québec, die dafür kämpft, die Privatisierung der Bildung rückgängig zu machen. Dank auch an Monserrat Fernandez Aren und die anderen Organisator*innen der Semana Galega de Filosofía, einer einzigartigen Veranstaltung, an der die gesamte Bevölkerung von Pontevedra in Galizien teilnimmt und die sich 2018 dem Thema der Commons widmete.

Ein besonderer Dank geht an die Menschen, die mir halfen, das Buch zu produzieren. Zunächst wäre da Camille Barbagallo, mit der ich so viele Projekte und politische Räume teile, dass ich sagen kann, dass die Arbeit an diesem Buch wahrhaftig ein Produkt der Commons ist. Nochmals vielen Dank an Elizabeth Downer und Erik Ruin, die mir für die englische Ausgabe ihre inspirierenden Gemälde zur Verfügung stellten.

Ein Dank an Arlen Austin für das geduldige Übertragen meiner PDFs in Word-Dokumente und an die vielen Herausgeber*innen von Magazinen und Büchern, die mir erlaubten, die in diesem Buch enthaltenen Texte nachzudrucken. Nicht zuletzt danke ich Ramsey Kanaan von PM Press für seine Unterstützung, Geduld und energische Ermunterung.

Vorwort

Als sich Christoph Kolumbus im Februar 1493 auf dem Rückweg von seiner ersten Reise nach Amerika befand, berichtete er dem König von Spanien über die Menschen, auf die er gestoßen war: „Wenn man sie bittet, sagen sie niemals zu all dem, was sie haben, nein, vielmehr laden sie die Person ein, es anzunehmen, und sie zeigen dabei so viel Barmherzigkeit, als ob sie ihr Herz dabei mitgäben." (Zit. nach Brandon 1986, 7)

Kolumbus war auf die Commons gestoßen.

Silvia Federici schreibt im Geiste dieser Menschen, das heißt der Menschen, die dort lebten und Commoners waren, nur müssen wir genau genommen sagen, dass sie im Geiste derer schreibt, die hier und heute leben und Commoners sind, weil Federici nicht das „Primitive" romantisieren möchte, sondern sich für eine andere Welt begeistert, für eine, die wieder verzaubert wird.

Anstatt auf einem Schiff zu sitzen und dem König Bericht zu erstatten, überquert Federici die Ozeane, sitzt in rumpelnden Bussen, fährt mit der U-Bahn oder dem Fahrrad und unterhält sich mit einfachen Leuten, insbesondere Frauen, in Afrika, Lateinamerika, in Europa und in Nordamerika. Federici zeichnet mit einem Stift, der Schreibmaschine oder dem Laptop nicht den „Planeten der Slums" auf, sondern unseren „Planeten der Commons". Als Frau und Feministin spürt sie die Produktion der Commons in der alltäglichen reproduktiven Arbeit auf – Waschen, Kuscheln, Kochen, Trösten, Fegen, Schmeicheln, Putzen, Aufregen, Wischen, Beruhigen, Abstauben, Anziehen, Kinder versorgen, Kinder *haben* und Alte und Kranke versorgen.

Federici ist eine Wissenschafterin, Theoretikerin, Aktivistin und Historikerin, die weder die Politik von der Ökonomie noch die Ideen vom Leben trennen will. Sie schreibt über die Orte, wo Geschichte gemacht wird, auf dem Bürgersteig mit seinen Straßenhändler*innen, in der Nachbarschaftsküche, in der Lebensmittelkooperative, im Park und im Frauenhaus. Dort hört sie zu, während sie spricht. Ihr feministischer Marxismus ist ein analytisches Werkzeug, das mit einer Brechtschen Haltung geschärft wurde. Für sie ist der Marxismus nicht länger ein „Ismus" oder eine ideologische Option, die sich der intellektuelle Konsument wählt, sondern eine Errungenschaft kollektiver Subjektivitäten, ein wesentlicher Bestandteil unserer kollektiven Intelligenz. Sie hilft das Murren der Bedrängten in den Alltagsverstand zu übersetzen. Der Schwerpunkt ihres analytischen Denkens liegt nicht mehr in der Lohnarbeit, sondern in den Hierarchien der Arbeit und den ungleichen Machtverhältnissen, die die Commons auseinander reißen. (Vgl. Federici 2012)

Federici ist eine Wissenschafterin, die das, was sie anderen Wissenschafter*innen in Lateinamerika, Afrika, Europa und Nordamerika zu verdanken hat, selbstlos benennt. Sie würdigt die Arbeit von Mariarosa Dalla Costa, Nawal El Saadawi, Maria Mies und Raquel Gutiérrez, und auch die Midnight Notes finden stets lobende Erwähnung. Die zapatistischen Frauen und ihr Revolutionäres Frauengesetz von 1993 sind einer ihrer Bezugspunkte. (Vgl. Klein 2015) Ihre Literaturhinweise werden nicht nur der leidenschaftlichen Forscher*in, sondern auch Anfänger*innen und Fortgeschrittenen Freude bereiten.

Sie ist eine Intellektuelle der einfachen Menschen und damit ein Gegenmittel zum Gewicht einer Hannah Arendt. In der Kraft ihres Denken steckt etwas von Virginia Woolfs „Drei Guineen", etwas von Meridel Le Seuer in ihrer Klassenloyalität dem gemeinen Leben der Proletarier*innen gegenüber und etwas von der Stärke einer Simone Weil in der ethischen Entschlossenheit ihres Geistes. Ihre Leidenschaft geht einher mit etwas, das ich als revolutionären Anstand bezeichnen würde. Bei Federici hat dieser revolutionäre Anstand aber nichts mit falscher Höflichkeit und noch viel weniger mit Korrektheit zu tun. Trotz der Vehemenz, mit der sie „die Dinge, wie sie nun mal sind" verurteilt, findet sich bei ihre eine Bescheidenheit des Ausdrucks, die genau der gegenseitigen Verbundenheit entspricht, die den Commons inhärent ist.

Als Wissenschafterin und Theoretikerin kritisiert und würdigt sie zugleich die Tradition, aus der sie kommt, wie das am Titel „Die Welt wieder verzaubern" deutlich wird, der auf den Vortrag des deutschen Soziologen Max Weber aus dem Jahr 1917 anspielt. Inmitten des blutigen Gemetzels des Ersten Weltkriegs und am Vorabend der Revolution sprach Weber von der *Entzauberung* der Welt.

Als marxistische Feministin späht sie unter die Oberfläche. Denken wir zum Beispiel an den Asphalt, auf dem sich der Universitätscampus befindet. Mit dem Slogan des Mai 1968 im Ohr, findet sie unter dem Pflaster nicht den Strand, sondern das Weideland. Das gemeinschaftliche Leben ist keine Sache der Vergangenheit, wie sie das an der Universität von Calabar in Nigeria sehen konnte, wo die Rinder auf dem Campus weideten. Sie späht aber auch in einem anderen Sinne unter die Oberfläche. Die Technologie verlangt nach Diamanten, Coltan, Lithium und Erdöl. Um diese Rohstoffe fördern zu können, muss der Kapitalismus das gemeinschaftliche Land privatisieren. Max Weber meinte, die technologische Rationalisierung sei unvermeidlich und eine wesentliche Voraussetzung für den Fortschritt. Federici kritisiert den angeblich fortschrittlichen Charakter der kapitalistischen Produktionsweise und betrachtet die Universalisierung von Wissen und Technologie als Teil des kolonialen Erbes. Der Mechanisierung der Welt ging die Mechanisierung des Körpers voraus, letzteres ist die Sklaverei und ersteres das Ergebnis der Arbeit der Sklav*innen.

Diejenigen, die ihre Texte schon länger kennen, werden feststellen, dass sie im Laufe der Zeit nicht versöhnlicher wurde, sondern nur noch klarer, gründlicher und überzeugender. Sie ist keine, die ihre Worte vergeuden möchte. Sie ist so stürmisch, kompromisslos und fokussiert wie immer. Das Feuer jugendhafter Leidenschaft, weit davon entfernt, zu Asche zu werden, hat lediglich eine neue Generation von Frauen und Männern entflammt.

Sie lehnt die Idee einer universalisierenden politischen Kultur ab und stellt sich die Commons so vor, dass sie aus den unterschiedlichen Geschichten der Unterdrückung und des Kampfes geschaffen werden, Unterschiede, die aber nicht zu politischen Spaltungen führen. Im Zentrum der Commons steht die Verweigerung jedweder Privilegien, ein Thema, das in ihren Arbeiten immer präsent ist. „Wir müssen neu bestimmen, was der Begriff des Kommunismus für uns bedeutet", sagt sie, „und uns von der Internalisierung kapitalistischer Verhältnisse und Werte befreien, damit das Commoning nicht nur unsere Eigentumsverhältnisse, sondern auch unsere Beziehungen zu uns selbst und anderen bestimmt. Mit anderen Worten, Commons werden uns nicht gegeben, sondern sie sind ein Produkt des Kampfes." In einer verrotteten Gesellschaft kann niemand erwarten, keine Schrammen davonzutragen.

„Die Welt wieder zu verzaubern" definiert marxistische Kategorien und Begriffe neu und interpretiert sie aus feministischer Perspektive. „Akkumulation" ist so ein Begriff, „Reproduktion" ein anderer. „Klassenkampf" wäre der dritte, und dieser ist untrennbar mit dem vierten Begriff, dem „Kapital", verbunden. Für Federici ist die „Arbeitswerttheorie" noch immer ein Schlüssel, um den Kapitalismus zu verstehen, obwohl sie durch ihre feministische Lesart die Arbeit und die Produktion des Werts anders begreift. Sie zeigt beispielsweise, dass Schulden, Studentendarlehen, Hypotheken, Kreditkarten und Mikrokredite für das Kapital produktiv sind, weil sie ein machtvoller Hebel der ursprünglichen Akkumulation und ein Motor sind, um gesellschaftliche Spaltungen herzustellen. Die Reproduktion (Bildung, Gesundheitswesen, Renten) wurde finanzialisiert. Begleitet wird das von einer bewusst eingesetzten Ethnographie der Schande, verkörpert von der Grameen Bank, die unschuldige, verarmte „Unternehmer*innen" sogar ihrer Kochtöpfe beraubt, wenn sie mit ihren Zahlungen in Rückstand geraten. John Milton, der Autor von „Paradise Lost", dem Epos über die englische Revolution, verurteilte es, wenn „den Armen die Töpfe und Pfannen genommen werden." Er sah die Schande und die Arglist: Zuerst wird das Land eingehegt, und nehmen sie ihnen den Kochtopf. (Oder ist es andersrum?)

Federici bezieht Position, und diese unterscheidet sich deutlich von anderen. Es gibt eine Richtung der Commons, die gemeinsam die Ressourcen verwalten will, Commons ohne Klassenkampf also. Es gibt eine Richtung, die den Informationskapitalismus oder kognitiven Kapitalismus hervorhebt, dabei jedoch die Arbeit der Frauen als materielle Grundlage der Cyberökonomie übersieht. Es gibt eine Richtung, die sich der „Kritik des alltäglichen Lebens" verschrieben hat und die unbezahlte, endlose Arbeit von Frauen unsichtbar macht. Die Reproduktion eines Menschen ist nicht nur ein kollektives Projekt, sondern Arbeit, die intensiv wie keine andere ist. Wir erfahren, dass „Frauen die Subsistenzbäuer*innen der Welt sind. In Afrika produzieren sie 80 Prozent der verbrauchten Lebensmittel." Frauen sind die Hüterinnen des Landes und des gemeinschaftlichen Reichtums. Sie sind auch die „Weberinnen der Erinnerung". Sie betrachtet den Körper nicht losgelöst vom Land, da beide über ein historisches Gedächtnis verfügen und Teil der Befreiung sind.

Seit 1973 wird der Akkumulationsprozess – des Landes, des eigenen Heims und des Lohns – im großen Maßstab neu organisiert. Die ganze Erde wurde als ein *oikos* betrachtet, der, anstatt ein Terrain des Klassenkampfs zu sein, verwaltet werden muss. Es entstand ein neoliberaler Feminismus, der die „Rationalität" des Marktes akzeptiert und den Plafond anstelle des Herds als symbolisches Zentrum seiner Architektur und die Leiter anstelle des runden Tisches als seine Einrichtung betrachtet.

Federici bietet uns, indem sie den revolutionären Feminismus wiederbelebt und sich gegen die neoliberale Verherrlichung des Privaten und des Individuums stemmt und uns den „Homo idioticus" (vom griechischen Wort für „privat") brachte, die *Femina communia* an. In ihrer politischen Vision gibt es keine Commons ohne Gemeinschaft und keine Gemeinschaft ohne Frauen.

Was sind die Commons? Während Federici eine essentialistische Antwort meidet, bewegen sich ihre Texte um zwei Argumente: kollektive Wiederaneignung des Reichtums und kollektiver Kampf gegen die Art und Weise, wie wir voneinander getrennt werden. Die Beispiele sind vielfältig. Manchmal bietet sie vier Merkmale an: 1.) All der Reichtum soll geteilt werden. 2.) Commons erfordern sowohl Verpflichtungen als auch Ansprüche. 3.) Die Care-Commons sind auch Gemeinschaften des Widerstands, die sich allen gesellschaftlichen Hierarchien widersetzen. 4.) Commons sind das „Andere" der Staatsform. Tatsächlich kommt der Diskurs über die Commons aus der Krise des Staates, der den Begriff nun zu seinen eigenen Zwecken pervertiert.

Der Kapitalismus wirft sich als ökologischer Wächter der Erde in Szene, und die „Commons des Planeten" geben sich als „die Commons" aus, so wie auch Gated Communities vorgeben, welche zu sein, während andere Menschen obdachlos gemacht werden, oder das Einkaufszentrum als „Commons der Waren" auftritt. Im Lichte der kapitalistischen Pervertierung der Commons können wir verstehen, warum Federici so hartnäckig auf unseren Körpern und unserem Land als Prüfstein für die Commons beharrt.

Federici ist dann am überzeugendsten, leidenschaftlichsten, engagiertesten und eindeutigsten, wenn sie verlangt, dass wir die gesellschaftlichen Bedingungen herausfordern müssen, die es notwendig machen, dass das Leben für die einen nur durch den Tod der anderen ermöglicht wird, denn das ist keine Arbeitsteilung, sondern eine Regierung des Todes, eine Thanatokratie!

Was ist Verzauberung? Dass man dem Zauber magischer Ein-
 flüsse verfällt. Bis 1917 hatte sich die Bedeutung des Begriffs jedoch verändert, die Verbindungen zum Erhabenen oder Heiligen gingen verloren, und, ähnlich wie die Begriffe Zauber, Magie und Glamour, fanden sich diese Begriffe nur mehr in einem begrenzten diskursiven Raum, in der Haute Couture, der Kunst und in Hollywood wieder. Diese Begriffe drücken nicht mehr die Kräfte des Kosmos und des Körpers aus, sondern beschränken sich auf Oberflächliches und Überflüssiges.

Für Federici bezieht sich Verzauberung nicht auf die Vergangenheit, sondern auf die Zukunft. Es ist ein Teil, vielleicht der wichtigste Teil des revolutionären Projekts und untrennbar mit den Commons verbunden. Heilig ist an der Erde nur, dass wir sie zu gestalten helfen und uns um sie kümmern können. Na ja, wir zusammen mit den Würmern.

Das englische Wort für „Verzauberung", „enchantment", kommt aus dem Französischen, von „chanter", singen. Die Welt herbeizusingen, kann sicherlich meditativ sein, und manchmal müssen die Bewegungen auch innehalten und sich zurücklehnen. Wenn wir aber auch die Poesie als „Gesang" verstehen, dann ist der Ruf, die Welt wieder zu verzaubern und deren Erschaffung herbeizusingen, zugleich rhapsodisch und prophetisch. Es braucht dazu einen Chor. Früher, als Kolumbus über die Weltmeere segelte, sangen die Menschen in Amerika, während der Mais wuchs; man glaubte, dass man durch den Gesang das Wachstum befördern könne. Der erste europäische Historiker Amerikas, Peter Martyr, sammelte die Geschichten der Eroberer. Das Wissen der Menschen, die bereits in Amerika lebten, fasste er so zusammen: „Mein und Dein (die Wurzel allen Übels) haben keinen Platz."

Mit dem Sehnen und Harren allein ist es nicht getan.[1] Lesen, studieren, denken, zuhören, reden und mit anderen gemeinsam handeln, was bedeutet: *kämpfen.* Wie Federici sagt, sind wir von der neuen Welt umgeben, und es geht um uns, und nur unser Kampf kann diese Welt wirklich werden lassen und sie wieder verzaubern.

Peter Linebaugh
Michigan 2017

1 Linebaugh spielt hier auf den Schluss des Vortrags von Max Weber an. (Anm. des Übersetzers)

Einleitung

Wir befinden uns inmitten von Kriegen und ökonomischen und ökologischen Krisen, die ganze Regionen verwüsten. Zugleich erleben wir den Aufstieg von rassistischen, neonazistischen und paramilitärischen Organisationen, die sich heute überall auf der Welt ungestraft ausbreiten können. Angesichts dessen mag es ein wenig naiv erscheinen, ein Buch über die Commons zu veröffentlichen. Doch genau deswegen, wegen dieses Gefühls, dass wir auf der Spitze eines Vulkans leben, ist es noch wichtiger zu sehen, dass inmitten dieser ganzen Zerstörung eine andere Welt im Entstehen ist, die, dem Gras gleich, das auf den Gehsteigen durch die Risse im Asphalt drängt, die Hegemonie von Kapital und Staat herausfordert und unsere gegenseitige Verbundenheit und unser Vermögen zur Kooperation stärkt. Auch wenn wir es in unterschiedlichen Begriffen auszudrücken versuchen, als Commoning, als „el comun“ oder als comunalidad, so sind die Sprache und die Politik der *Commons heute der Ausdruck dieser alternativen Welt.* Die Commons stehen im Kern dafür, dass ein Leben in einer Hobbesianischen Welt, in der alle mit allen konkurrieren und Wohlstand auf Kosten anderer geschaffen wird, keinen Wert hat und unweigerlich in die Niederlage führt. Das ist die eigentliche Bedeutung und die Kraft der vielen Kämpfe, die Menschen auf der ganzen Welt führen, um der Ausdehnung kapitalistischer Verhältnisse entgegen zu wirken, die bestehenden Commons zu verteidigen und das Gewebe zwischen den Communities neu zu erschaffen, das durch die jahrelangen Angriffe des Neoliberalismus auf die grundlegendsten Mittel unserer Reproduktion zerstört wurde.

Dazu ist in den letzten Jahren eine Menge an Literatur entstanden, der ich sehr viel zu verdanken habe. Aber die wichtigste Inspiration für meine Arbeit über die Commons stammt aus der Zeit, als ich in den frühen Achtzigerjahren in Nigeria lehrte, und aus dem, was ich später über die Sozialen Bewegungen und bei den Treffen mit Frauenorganisationen in Südamerika lernen durfte.

Während der drei Jahre, die ich an der Universität Port Harcourt in Nigeria lehrte, wurde mir bewusst, dass ein großer Teil des Landes, das ich auf meinem Fahrrad sah, wenn ich zum Unterricht oder auf den Markt fuhr, noch immer Gemeineigentum war, und ich lernte die Zeichen zu verstehen, die das Gemeinschaftliche in der Kultur, dem Verhalten und den Gewohnheiten der Menschen, die ich kennenlernte, hinterlassen hatte. Irgendwann überraschte es mich nicht mehr, wenn sich eine Student*in beim Betreten eines „Mama-put"[1] vom Teller eines Freundes bediente oder wenn ich auf dem Weg zur Uni Frauen sah, die das Land neben der Straße bewirtschafteten, von dem sie bei der Errichtung des Campus vertrieben worden waren, oder wenn Kolleg*innen den Kopf schüttelten, als sie erfuhren, dass der Lohn meine einzige Absicherung war und es da kein Dorf gab, in das ich zurückkehren konnte, und dass da keine Community war, die mich in schwierigen Zeiten unterstützen würde. Was ich in Nigeria lernte, prägte mein Denken und mein politisches Handeln. Das hatte zur Folge, dass ich, als ich wieder in den USA war, für viele Jahre, gemeinsam mit Kolleg*innen aus Afrika, den größten Teil meiner politischen Arbeit zum einen in den Kampf gegen die Abschaffung des freien Zugangs zur Bildung auf dem afrikanischen Kontinent steckte, wie es vom IWF als Teil seiner

1 „Mama-put" werden die kleinen Restaurants in der Nähe der Universität genannt, wo die Studierenden gerne essen und die in der Regel von Frauen geführt werden.

Strukturanpassungsprogramme verlangt wurde, und zum anderen dem Aktivismus in der Antiglobalisierungsbewegung widmete.[2] Im Zuge dessen lernte ich die Literatur über die Commons von Feministinnen wie Vandana Shiva und Maria Mies kennen. Die Arbeiten von Shiva und Mies, die ich zur Zeit des Aufstand der Zapatist*innen las und während ich über die Kämpfe der Frauen gegen die Einhegungen im Europa des sechzehnten Jahrhunderts schrieb, eröffneten mir einen neuen politischen Horizont. In den Siebzigerjahren engagierte ich mich in der Kampagne „Lohn für Hausarbeit" als einer feministischen Strategie, die mir am geeignetsten schien, dem „Geschenk", das Frauen durch ihre unbezahlte Arbeit dem Kapital machen, ein Ende zu setzen und einen Prozess der Wiederaneignung des Reichtums, der von Frauen produziert wird, einzuleiten. Die Lektüre von Vandana Shivas Text über die Chikpo-Bewegung und ihre Beschreibung des indischen Waldes als eines umfassenden reproduktiven Systems, das Lebensmittel, Medizin, Unterkunft und spirituelle Nahrung bereitstellt, erweiterte meinen Blick darauf, was feministische Kämpfe um die Reproduktion sein können.[3] Die Begeg-

2 Im Jahr 1990 habe ich mit Kolleg*innen aus Afrika und den USA das „Komitee für akademische Freiheit in Afrika" gegründet, um gegen die Zerstörung des Bildungssystems in Afrika, wie es IWF und Weltbank in ihren Strukturanpassungsprogrammen verlangten, zu mobilisieren. Dreizehn Jahre veröffentlichten wir einen Newsletter und lancierten Kampagnen gegen die Weltbank, einschließlich ihrer Beteiligung an Studienkonferenzen in Afrika, was angesichts der Rolle, die sie bei den Kürzungen im Universitätsbereich spielte, geradezu skandalös ist. Am wichtigsten war aber, dass wir versuchten, die Kämpfe der Studierenden und Lehrenden, die es überall auf dem Kontinent gab, zu dokumentieren, um dafür zu sorgen, dass sie von nordamerikanischen Universitäten unterstützt werden. (Vgl. Federici, et.al.: 2000)

3 Shiva (1989, 57) schreibt, dass die Chikpo-Bewegung in den Bergen des Himalaya ihren Anfang nahm, „um den Wald vor seiner kommerziellen

nung mit den Kämpfen der Frauen in Südamerika, mit indigenen Frauen, Bäuerinnen und Frauen aus den Armenvierteln, überzeugte mich nur noch mehr davon, dass die Wiederaneignung des gemeinsamen Reichtums und die De-Akkumulation des Kapitals – die zwei Hauptziele der „Lohn für Hausarbeit"-Kampagne – einfacher und effektiver erreicht werden können, wenn die Privatisierung von Land, Wasser und urbanen Räumen wieder rückgängig gemacht wird und Formen der Reproduktion geschaffen werden, die auf Selbstorganisation, kollektiver Arbeit und kollektiven Entscheidungsprozessen beruhen.

Diese Vorstellung, die sich auch in den Arbeiten der wichtigsten feministischen Wissenschafterinnen Lateinamerikas findet, inspirierte viele der Essays, die in diesem Band versammelt sind. Der erste Teil analysiert die neuen Formen der Einhegungen, die heute das Rückgrat der Globalisierung des Kapitals bilden und zum Teil dafür verantwortlich sind, dass diese Politik der Commons überhaupt entstanden ist. Die Literatur zu diesem Thema ist mittlerweile sehr umfangreich und nimmt stetig zu. Im ersten Teil finden sich drei Essays, die in den Neunzigerjahren in den „Midnight Notes" veröffentlicht wurden – einem radikalen Magazin, an dem ich von 1980 bis 2000 beteiligt war – und einen Prozess in Erinnerung rufen sollen, der nun global stattfindet; wir laufen Gefahr, diesen als „normal" zu betrachten. Besonders wichtig in diesem Zusammenhang ist der Text „Einführung in die neuen Einhegungen", der kollektiv verfasst wurde und einer der ersten

Nutzung zu schützen", und sich dann in andere Regionen nördlich und südlich des zentralen Hochlands ausdehnte: „Es drückte die Philosophie und die Politik der Bäuerinnen aus, die die kommerzielle Nutzung und die Zerstörung der Wälder ablehnten und damit auch die Männer in ihren eigenen Communities herausforderten, die das unterstützten." Shiva hat auch in „Earth Democracy" (2005) ausführlich über das Prinzip der Commons geschrieben.

Texte war, die in den USA veröffentlicht wurden und den Prozess der Globalisierung als Prozess der „ursprünglichen Akkumulation“ charakterisierten. In diesem Text reflektierte ich die Erfahrungen, die ich zwischen Nigeria und den USA machen konnte, als ich in den Straßen von Brooklyn die Folgen der Vertreibung sah, als ich Studierenden begegnete, die in einer Autowaschanlage arbeiten oder durch den Straßenverkauf über die Runden zu kommen versuchen und eine neue Diaspora bilden, die dem globalen Arbeitsmarkt Millionen Menschen hinzufügt. Die theoretische Perspektive, die wir in diesem Text entwickelten, wird in den Beiträgen über die „Schuldenkrise“ in Afrika und den Übergang zum

Kapitalismus in China vertieft, und es wird deutlich, dass trotz der großen gesellschaftlichen Unterschiede zwischen diesen Ländern die Zerstörung des gemeinschaftlich genutzten Landes das Rückgrat der gegenwärtigen Phase der kapitalistischen Entwicklung bildet und die brutale Gewalt verursacht, die viele Regionen der Welt heimsucht, auch wenn heute die Enteignungen zusätzlich durch die Verallgemeinerung der Schulden durchgesetzt werden.

Diese Beiträge dokumentieren aber auch die erbitterten Kämpfe, die in Afrika und China gegen die verschiedenen Formen der Enteignung des Landes, der Subsistenzmittel, des Wissens und der Möglichkeit, selbst Entscheidungen zu treffen, geführt werden. In der einschlägigen linken Literatur werden diese Kämpfe gerne als rein defensiv verstanden. Aber diese Sichtweise ist zutiefst falsch. Es ist einfach unmöglich, bestehende gemeinschaftliche Rechte zu verteidigen, ohne dabei zugleich eine neue Wirklichkeit, im Sinne von neuen Strategien, neuen Bündnissen und neuen Formen der gesellschaftlichen Organisation, zu erschaffen. Wenn ein Bergwerk eröffnet wird und die Luft, die Menschen atmen, und das Wasser, das alle trinken, davon gefährdet ist, und wenn im Meer nach Erdöl gebohrt wird und das Wasser, die Strände und das Ackerland vergiftet werden, und wenn ein altes Stadtviertel abgerissen wird, um Platz für ein Sportstadion zu machen, wird unweigerlich eine Grenze überschritten. Nicht nur ganze Communities, sondern auch einzelne Familien müssen sich neu aufeinander beziehen, häufig entlang entgegengesetzter Richtungen, und die Gefahr, von der man bedroht wird, führt oft zu einem größeren Bewusstsein, und jeder und jede ist gezwungen, Stellung zu beziehen und die Grundlage seines und ihres ethischen und gesellschaftlichen Verhaltens klarzustellen.

Während im ersten Teil der gesellschaftliche Kontext rekonstruiert wird, in dem die Politik der Commons reifen konnte, behandelt der zweite Teil die Commons zum einen als eine bereits bestehende Realität, insbesondere als gemeinschaftliche Formen der gesellschaftlichen Organisation, zum anderen als eine Perspektive, die die Commons als eine embryotische Form einer Welt jenseits des Kapitalismus versteht und die Frage der gesellschaftlichen Reproduktion in das Zentrum gesellschaftlicher Veränderung rückt. Aus einer feministischen Perspektive beziehen die Commons ihren Reiz aus der Möglichkeit, die Isolation, in der reproduktive Tätigkeiten geleistet werden, und die Trennung der privaten und politischen Sphären, die so viel dazu beitrug, die Ausbeutung von Frauen in der Familie und im Haus zu verbergen und zu legitimieren, zu überwinden.

Das ist kein vollkommen neues Unterfangen. In den USA bemühte sich in der zweiten Hälfte des neunzehnten Jahrhunderts, wie es von Dolores Hayden beschrieben wurde, eine ganze Reihe von „materialistischen Feministinnen" – sowohl utopische Sozialistinnen, die sich an Fourier, Owen und Saint Simon orientierten, als auch reformistische Sozialistinnen – darum, die Hausarbeit zu entprivatisieren, und sie regten an, Gebäude mit Gemeinschaftsküchen auszustatten und die städtische Planung auf Grundlage kooperativer Wohnungen zu gestalten. (Vgl. Hayden 1985) Während es sich dabei im neunzehnten Jahrhundert um relativ überschaubare Experimente handelte und diese meist von weißen Frauen aus der Mittelschicht getragen wurden, die nicht davor zurückschreckten, andere Frauen für die Hausarbeit anzustellen, kommt heute die Initiative zur Vergesellschaftung der Reproduktion aus den ärmsten Teilen des weiblichen Proletariats, deren Motivation nicht aus einer ideologischen Überzeugung herrührt, sondern aus purer Notwendigkeit, und ihnen geht es nicht nur darum, die reproduktiven Tätigkeiten auf eine kollektive Grundlage zu stellen, sondern sich auch die materiellen Grundlagen, um das tun zu können, wieder anzueignen.

Wie ich bereits erwähnte, sind die wesentlichen Teile meiner Analyse von den Frauenbewegungen inspiriert, die sich in Südamerika unter dem Begriff des „popularen Feminismus" organisierten. Aber auch in Nordamerika mangelt es nicht an Beispielen der Vergemeinschaftung der Reproduktion, die von der Notwendigkeit, ökonomisch zu überleben, und vom Widerstand gegen die kapitalistische Ausbeutung motiviert sind. Ein Beispiel dafür ist das große Common, das 2016 in Standing Rock entstand und hauptsächlich von einer Initiative indigener Frauen organisiert wurde, die sich „Beschützerinnen des Wassers" nannten. Sie betrieben die Küchen, initiierten den Schulbetrieb, organisierten den Nachschub und konnten am Höhepunkt der Mobilisierung siebentausend Menschen unter schwierigsten Wetterbedingungen und der dauernden Androhung von Gewalt unterstützen.[4]

Manche der im Buch angeführten Beispiele des Commoning, wie Standing Rock oder die Camps der Occupy-Bewegung, sind mittlerweile Geschichte. Mit dem Ende des ökonomischen

4 Standing Rock ist ein Ort im Reservat der Sioux, an dem das Widerstandscamp gegen den Bau der Dakota Access Pipeline errichtet wurde, die sowohl den Missouri, woher das Reservat sein Wasser bezieht, als auch ihre heiligen Orte bedroht.

Ausnahmezustands, der sie hervorbrachte, wurde ein Teil der reproduktiven Commons aufgegeben. Das wirft die Frage auf, wie nachhaltig solche Bemühungen sind und wie weit derartige Initiativen die Grundlage für eine größere Veränderung der (Re-) Produktionsweise sein können. Diese Bedenken sind mehr als berechtigt. Aber der Umstand, dass die kapitalistische Entwicklung heute nur noch mehr Strapazen verspricht und Millionen Menschen dazu zwingt, kollektiv zu handeln und kollektiv ihre Reproduktion zu organisieren, ist von großer Bedeutung. Andauernd eignen sich Menschen städtischen und ländlichen Raum an, und heute gibt es eine wachsende Zahl an Siedlungen, wo der Raum und die Ressourcen geteilt, die Entscheidungen über die tägliche Reproduktion kollektiv getroffen und Familienbeziehungen neu bestimmt werden. Außerdem verschwindet dieses Commoning, das dem Ausnahmezustand geschuldet ist, nicht einfach wieder, sondern hinterlässt Spuren, auch wenn diese für das bloße Auge oft nicht erkennbar sind. Das große Camp von Standing Rock, wohin Tausende Menschen eine Art politische Wallfahrt unternahmen, um zu helfen, zu lernen und dieses historische Ereignis mit eigenen Augen zu sehen, schuf in den Sozialen Bewegungen der USA ein neues Bewusstsein und eine neue Verbindung zu den indigenen Communities, die es bisher bestenfalls auf lokaler Ebene gab. Gleichermaßen veränderte die Vergemeinschaftung reproduktiver Tätigkeiten in mehr als sechshundert Städten der USA im Frühjahr 2011, auf dem Höhepunkt der Occupy-Bewegung, die Art und Weise, wie Politik gemacht wird, in eine Richtung, die davor nur für die feministische Bewegung typisch war. Das Bedürfnis nach einer Politik, die nicht mehr zwischen der Zeit der politischen Organisierung und der Zeit der Reproduktion trennt, ist eine Lektion, die viele Aktivist*innen der Occupy-Bewegung nicht vergessen werden, und das ist eines der zentralen Themen dieses Buches. (Vgl. van Gelder 2011; Gitlin 2012)

Die Reproduktion betrifft nicht nur unsere materiellen Bedürfnisse wie Wohnen, Kochen, die Bereitstellung von Raum, die Kindererziehung, Sex und die Fortpflanzung. Ein wichtiger Aspekt ist die Reproduktion der kollektiven Erinnerung und der kulturellen Symbole, die unserem Leben Bedeutung geben und unsere Kämpfe nähren. Mit diesen Gedanken im Kopf beginnt der zweite Teil des Buches mit einem Essay über das Vermächtnis, das wir den amerikanischen Indigenen, den ersten Commoners auf diesem Land, verdanken. Das ist insofern wichtig, weil wir nicht denken sollten, Nordamerika in ein Land der Commons verwandeln zu können, wenn wir nicht Teil der Kämpfe der indigenen Menschen werden, die sich weigern, in ihren Reservaten gefangen zu sein, und die das Land, das ihnen gehörte, beanspruchen. Andere Commons der USA existierten nur im Verborgenen, dieser müssen wir uns gleichfalls erinnern und von ihnen lernen. In einem bisher unveröffentlichten Artikel entwirft George Caffentzis (2015) die Umrisse einer Forschung über die Maroons, die von geflüchtete Sklav*innen im Herzen der Plantagenökonomie geschaffen wurden. Wir müssen uns auch wieder die radikalen Experimente in Erinnerung rufen, die von Sozialist*innen oder religiösen Gruppen wie den Shakers in verschiedenen Teilen des Landes (Vgl. Nordhoff 1966) geschaffen wurden, und ebenso die Kommunen, die in den Sechzigerjahren im Norden Kaliforniens (Vgl. Iain Boal; et.al. 2012) gegründet wurden. Die Aktivistin Paula Gunn Allen erinnert uns daran, dass „wir als Feministinnen uns der Geschichte dieses Kontinents bewusst sein müssen, denn der Verlust der Erinnerung ist der Ursprung der Unterdrückung." (Gunn Allen 1988, 18) Genau das hat die US-Regierung nie vergessen, und sie trieb viel Aufwand, um in den USA und im Ausland alles zu zerstören, was den Stolz und die Identität der Menschen, die sie zu erobern und auszubeuten versuchte, stärken könnte. Daher rührt die Politik der dauernden Zerstörung durch „urbane

Erneuerung" oder, wie im Mittleren Osten, durch Flächenbombardements, wodurch Städte in Trümmerhaufen verwandelt werden und Häuser, Infrastruktur, historische Gebäude, einfach alles, was eine Verbindung mit dem Land und der Geschichte vorangegangener Kämpfe und Kulturen herstellen könnte, zerstört wird.

Die Geschichte der Commons muss uns zugleich Warnung sein, denn die Commons, die zwar die Reproduktion ihrer Mitglieder sicherstellten, waren nicht immer egalitäre Formen der gesellschaftlichen Organisation. Bis heute ist es in manchen indigenen Communities in Afrika oder Südamerika den Frauen untersagt, an den Versammlungen teilzunehmen, wo die Entscheidungen getroffen werden und sie laufen Gefahr, dass ihre Kinder von der Nutzung des Landes ausgeschlossen werden, weil die Teilhabe an den Commons patrilinear hergestellt wird. Ich werde dieses Problem in diesem Buch genauer behandeln und zeigen, wie die Weltbank das nutzen wollte, um die Privatisierung des Landes voranzutreiben, und wie Frauen in indigenen Communities mit dieser Bedrohung umgingen. Zugleich mache ich mich dafür stark, zwischen gemeinschaftlichen gesellschaftlichen Formationen, die in einem nichtkapitalistischen Umfeld bestehen, und Formen des Commoning zu unterscheiden, die mit der Logik der kapitalistischen Akkumulation kompatibel sind und als Sicherheitsventil für ein krisenhaftes kapitalistisches System dienen können, das bemüht ist, die Spannungen abzubauen, die es unweigerlich erzeugt. Dabei handelt es sich um eine Unterscheidung, die bereits auf Kritik gestoßen ist.

Massimo De Angelis warnt uns in seinem Buch „Omnia Sunt Comunia" (2017) beispielsweise davor, den notwendigerweise fließenden, experimentellen Charakter jeder Form gemeinschaftlicher Beziehungen einzuschränken und diese in die Gussform vorab bestimmter ideologischer Formen zu pressen. So wie es unmöglich ist, die Entwicklung einer Zeitbank, eines Gemeinschaftsgartens oder eines besetzten Hauses vorherzusehen. Es ist aber wichtig, ohne dabei in eine dogmatische Position zu verfallen, die unterschiedlichen Elemente des Commoning doch zu bestimmen, insofern wir sie als ein Prinzip der gesellschaftlichen Organisation begreifen, weil wir schlichtweg von Commons umgeben sind, die uns auf eine Art und Weise zusammenbringen, bei der Privilegien erhalten bleiben und Ausschlüsse auf der Grundlage von Ethnizität, Klasse, religiöser Identität oder Einkommen produziert werden. Daher skizzieren wir im Text „Commons gegen und jenseits des Kapitalismus", den ich gemeinsam mit George Caffentzis geschrieben habe, einige allgemeine Unterscheidungsmerkmale, die ganz unmittelbar Folgen für die Sozialen Bewegungen haben, wie die Unterscheidung zwischen einem Common und dem Öffentlichen oder zwischen Commons, die sich außerhalb des Marktes bewegen, wie das bei den meisten Aktivitäten der Fall ist, die in den Territorien der Zapatistas stattfinden, und Commons, die für den Markt produzieren. Diese Unterscheidungen sind fließend und in Veränderung begriffen, und wir sollten nicht erwarten, dass in einer Welt, die von kapitalistischen Beziehungen beherrscht wird, Commons vor jeder „Verunreinigung" sicher sind. Das erinnert uns daran, dass die Commons innerhalb antagonistischer gesellschaftlicher Beziehungen existieren und sehr schnell ein Mittel zur Aufrechterhaltung des Status Quo werden können.

In diesem Geiste beschäftige ich mich im zweiten Teil mit dem Verhältnis zwischen dem Commonismus und dem Kommunismus von Marx und Engels, zumindest mit den Texten, die Marx zur Veröffentlichung freigab und die die internationale sozialistische Bewegung direkt beeinflussten.[5] Das tue ich aber nur in

5 Es scheint, dass Marx nach dem Ende der Pariser Kommune seine Meinung über das Potential der Commons als Grundlage für die Entwick-

einem überschaubaren Rahmen. Meiner Darstellung fehlt die kritische Behandlung der Frage, wie die „Gütergemeinschaft", vor allem begriffen als gemeinschaftliche Nutzung des Landes, die bis in das 18. Jahrhundert von Winstanley bis Babeuf die Vorstellung der Revolutionäre prägte, im 19. Jahrhundert durch den Begriff „Kommunismus" ersetzt wurde, verstanden als Abschaffung des Privateigentums und Verwaltung des gemeinschaftlichen Reichtums durch den proletarischen Staat. Was brachte beispielsweise Friedrich Engels dazu, in seinem Text über die Wohnungsfrage zu schreiben, dass die Industriearbeiter seiner Zeit gänzlich uninteressiert daran seien, Land zu besitzen? (Vgl. MEW 18, 209–287) Das ist eine durchaus wichtige Frage, aber mir geht es hier um etwas anderes. Ich will zeigen, dass das Prinzip der Commons, wie es heute von Feministinnen, Anarchist*innen, Umweltaktivist*innen und unorthodoxen Marxist*innen gedacht wird, im Widerspruch zur Prämisse steht, von der marxistische Entwicklungstheoretiker*innen, Akzelerationist*innen und Marx selbst ausgehen, die es als Notwendigkeit erachten, dass das Land privatisiert wird, um den Weg für die großflächige Landwirtschaft und die Globalisierung freizumachen, weil das ein Instrument sei, um das Weltproletariat zu vereinigen.

Die Commoners unserer Tage werfen die Vorstellung von der progressiven Rolle des Kapitals über Bord und verlangen die Kontrolle über die Entscheidungen, die ihr Leben am unmittelbarsten betreffen. Sie betonen ihre Fähigkeit, sich selbst zu regieren, und verweigern sich der Durchsetzung eines vereinheitlichenden

lung des Kommunismus änderte. Nach der Lektüre des Werkes von Lewis Henry Morgan deutet er in der Korrespondenz mit einer russischen Revolutionärin die Möglichkeit an, dass es zumindest in Russland einen Übergang zum Kommunismus geben könne, der die bäuerliche Kommune als Ausgangspunkt nehme, und dass es nicht eines Prozesses der ursprünglichen Akkumulation bedürfe. (Vgl. Shanin 1983).

Modells des sozialen und kulturellen Lebens, ganz im Sinne des Slogans der Zapatistas von „Ein Nein und Viele Jas“, weil sie meinen, dass es viele Wege zu diesem Gemeinsamen gebe, abhängig von unseren verschiedenen historischen und kulturellen Entwicklungen und Umweltbedingungen. Außerdem können wir 150 Jahre nach dem „Kapital“ nachweisen, dass die technologische Entwicklung, der Marx die materiellen Grundlagen für den Kommunismus zu schaffen zugestand, nicht nur die verbliebenen gemeinschaftlichen Systeme zerstörte, sondern zunehmend auch die schiere Möglichkeit des Lebens und der Reproduktion vieler Arten auf diesem Planeten.

Darüber hinaus müssen wir uns die Frage stellen: Ist die Mechanisierung oder gar Roboterisierung unseres täglichen Lebens wirklich die Krone menschlicher Schöpfungskraft, das Produkt Tausender Jahre Arbeit? Können wir uns vorstellen, unser Leben anders zu gestalten, indem wir unsere Beziehungen zu anderen gemeinschaftlich leben und dabei Tiere, das Wasser, die Pflanzen und Berge miteinbeziehen, die von den gigantesken Robotern bestimmt zerstört würden? Das ist der Horizont, den der Diskurs und die Politik der Commons uns heute eröffnen, und nicht das Versprechen einer ohnehin unmöglichen Reise in die Vergangenheit, sondern die Möglichkeit, die kollektive Entscheidungsgewalt über unser Schicksal auf diesem Planeten wiederzugewinnen. Das ist, was ich unter Wiederverzauberung der Welt verstehe.

Teil 1

*Die Beiträge in diesem Abschnitt behandeln eine Reihe von Programmen, die, beginnend in den späten Siebzigerjahren, einen neuen Prozess der ursprünglichen Akkumulation einleiteten. Ich will damit die Parallelen und Kontinuitäten zwischen den Strukturanpassungsprogrammen der Weltbank und des Internationalen Währungsfonds (IWF), die seit Mitte der Achtzigerjahre dem größten Teil der ehemals kolonialisierten Welt aufgezwungen wurden, und dem Übergang Chinas zum Kapitalismus sowie der Entwicklung der Schuldenökonomie herausarbeiten, die dazu führte, dass die private Verschuldung die Auswirkungen der nationalen Verschuldung verstärkte. Diese strukturellen Entwicklungen nenne ich „Neue Einhegungen", entlehnt von der Ausgabe der „Midnight Notes" aus dem Jahr 1990, die sich dieses Themas annahm und schon damals betonte, dass die Folgen dieser Politik ähnlich verheerend sind wie die Folgen der Kolonisierung und die Vertreibung der Bäuer*innen vom Gemeindeland, Prozesse, die, wie wir wissen, die Grundlagen für die Entwicklung des Kapitalismus im 16. Jahrhundert in Europa und der sogenannten Neuen Welt schufen.*

Meine Auseinandersetzung mit den Commons mit einer Reihe von Texten über die neuen Einhegungen zu beginnen, ergibt sich aus der Notwendigkeit, das neu gewachsene Interesse an gemeinschaftlichen Verhältnissen in verschiedenen radikalen Bewegungen, feministischen, ökologischen, anarchistischen und auch marxistischen, zu kontextualisieren, weil mir bewusst wurde, dass diese Entwicklungen, die vor drei Jahrzehnten von geradezu epochaler Bedeutung waren, aus der Erinnerung der Jüngeren, zumindest in Europa und den USA, verschwunden sind. Wir können nicht verstehen, wie ernst die Lage heute ist, wenn wir nicht die langfristigen Auswirkungen dieser Politik in Betracht ziehen, die Millionen Menschen von ihrem Land verjagte und sie nicht selten zu einem Leben in Elend oder zum Tod verdammte. Demzufolge finden sich im ersten Teil drei Texte, die in den „Midnight Notes" über „Die neuen Ein-

hegungen" veröffentlicht wurden. Ich habe diese Texte überarbeitet, um jene Aspekte stärker zu betonen, die heute noch relevant sind. In diesem Teil behandle ich auch die Entstehung der „Schuldenökonomie", insbesondere die globale Ausdehnung von Mikrokrediten, die ich nicht nur als einen entsetzlichen Angriff auf die Subsistenzgrundlagen der Menschen beschreibe, sondern auch als einen, der auf die solidarischen Beziehungen und die gegenseitige Hilfe von Frauen abzielt.

Den Krieg gegen die Commons kann dieser Teil bei weitem nicht allumfassend darstellen. Es fehlt beispielsweise die Beschreibung des Niedergangs der Commons, der durch die sich verschärfende ökologische Krise bedingt ist. Ebenso werden die Auswirkungen des „Extraktivismus" auf gemeinschaftliche Ökonomien und Kulturen nur in ihrer grundsätzlichen Dimension behandelt, nämlich im Hinblick auf die Gewalt, die sich vor allem gegen Frauen richtet und die eine unerlässliche Bedingung dieser Entwicklungen ist. Zur Auseinandersetzung mit diesen Aspekten der neuen Einhegungen kann ich auf die umfangreiche Literatur zum Thema verweisen. Mein Ziel im ersten Teil ist es vor allem, die gesellschaftlichen Entwicklungen zu identifizieren, die zu diesem neuen Interesse an den Commons und den neuen Formen des Widerstands führten, die weltweit auf dem Land und in der Stadt entstehen. Mit der Betonung auf dem strukturellen/systemischen Charakter der neuen Einhegungen und Kontinuitäten der kapitalistischen Entwicklung möchte ich zeigen, dass das wachsende Interesse an den Commons keine vorübergehende Modeerscheinung ist. Sogar für uns, die wir in eine Welt geboren wurden, in der beinahe der gesamte gesellschaftliche Reichtum eingehegt wurde, den wir für unser Überleben brauchen, erscheint das Prinzip der Commons heute nicht nur als Sicherheit, um ökonomisch überleben zu können, sondern auch als Garant, unsere gesellschaftliche Handlungsfähigkeit und Solidarität zu erhalten, um im Einklang mit uns selbst, anderen Menschen und der

Natur leben zu können, wie das auf dem südamerikanischen Kontinent im Konzept des buen vivir, *des guten Lebens, ausgedrückt wird.*

Über die ursprüngliche Akkumulation, Globalisierung und Reproduktion

Ursprüngliche Akkumulation neu denken

Beginnend mit der 1990 erschienenen Ausgabe der „Midnight Notes“ über die „neuen Einhegungen“, gefolgt von der Theorie der „Akkumulation durch Enteignung“ von David Harvey (2003) und den vielen Essays, die über die ursprüngliche Akkumulation im Magazin „The Commoner“ (2001) erschienen, gibt es mittlerweile eine umfangreiche Literatur, um der politische Bedeutung dieses Konzepts auf den Grund zu gehen und es auf eine Analyse der Globalisierung anzuwenden. Verschiedene Künstler*innen leisteten dazu ebenfalls einen Beitrag. Ein herausragendes Beispiel dafür ist die Ausstellung „Potosi Principle“ (Vgl. Creischer, et.al. 2010) aus dem Jahr 2010, bei der deutsche, bolivianische und spanische Künstler*innen und Kurator*innen die Kontinuität in der Bilderwelt der kolonialen Gemälde, die im 16. Jahrhundert in der Anden-Region auf dem Höhepunkt der ursprünglichen Akkumulation in der „Neuen Welt“ entstanden, und den Bildern über die neuen Einhegungen, die für die Globalisierung zentral sind, herauszuarbeiten suchten. Die Arbeiten feministischer Theoretiker*innen wie Maria Mies (1986), Mariarosa Dalla Costa (1995) und Claudia von Werlhof (2000) waren in diesem Zusammenhang ebenso wichtig, weil sie erkannten, wie sehr die moderne politische Ökonomie bis heute auf der permanenten weltweiten Ausbeutung und dem Machtverlust der Produzent*innen – von Männern, aber noch viel mehr von Frauen – beruht.

Dank dieser Untersuchungen und künstlerischen Beiträge ist uns jetzt bewusst, dass die ursprüngliche Akkumulation kein einmaliges historisches Ereignis war, das auf die Anfänge des Kapitalismus als Ausgangspunkt der „eigentlichen Akkumulation" begrenzt werden kann. Es handelt sich dabei um ein Phänomen, dass zu allen Zeiten konstitutiv für die kapitalistischen Verhältnisse ist, das immer wiederkehrt, „Teil des fortlaufenden Prozesses der Kapitalakkumulation" (von Werlhof 2000, 142) ist und immer „zeitgleich mit seiner Expansion" (Lazzarato 2012, 44) vonstatten geht. Das bedeutet nicht, dass die ursprüngliche Akkumulation „normalisiert" werden kann oder wir die Bedeutung dieser historischen Momente von Vertreibungen, Kriegen und imperialer Expansion, „die Momente, worin große Menschenmassen plötzlich und von ihren Subsistenzmitteln losgerissen und als volgelfreie Proletarier auf den Arbeitsmarkt geschleudert werden" (MEW 23, 744), herunterspielen sollten.

Das bedeutet jedoch sehr wohl, dass wir die „Trennung der Produzenten von den Produktionsmitteln" – für Marx das Wesen der ursprünglichen Akkumulation – als etwas denken sollten, das immer wieder neu vollzogen werden muss, besonders in Zeiten der kapitalistischen Krise, wenn die Klassenverhältnisse herausgefordert werden und eines neuen Fundaments bedürfen. Entgegen der Marxschen Vorstellung, dass mit der Entwicklung des Kapitalismus eine Arbeiter*innenklasse entstehe, die die kapitalistischen Verhältnisse als „selbstverständliche Naturgesetze" (MEW 23, 765) begreife, ist die Gewalt – bei Marx das Geheimnis der ursprünglichen Akkumulation – stets notwendig, um die kapitalistische Arbeitsdisziplin durchzusetzen und aufrecht zu erhalten. Es ist keine Überraschung, dass die ursprüngliche Akkumulation, die eine Antwort auf den beispiellosen Zyklus von Kämpfen der Arbeiter*innen, antikolonialen und feministischen Bewegungen in den Sechziger- und Siebzigerjahren war, ein globaler und scheinbar permanenter Prozess (Vgl. MEW 23, 765) wurde, mit ökonomischen Krisen, Kriegen und massiven Enteignungen, die heute allerorten eine Vorbedingung sind, um die Produktion und Akkumulation auf globaler Ebene organisieren zu können. Es ist ein Verdienst dieser politischen Debatten, dass wir jetzt „das Wesen der einhegenden Kraft, mit der wir konfrontiert sind" (De Angelis 2007, 134) und die Logik, die da dahinter steht, und die Konsequenzen, die das für uns hat, besser verstehen können. Wenn wir die Welt der politischen Ökonomie durch die Linse der ursprünglichen Akkumulation betrachten, finden wir uns auf einem Schlachtfeld wieder.

Damit wir die politischen Folgen dieser Entwicklung wirklich begreifen können, müssen wir das Marxsche Konzept der ursprünglichen Akkumulation in mehrfacher Hinsicht erweitern. Erstens müssen wir verstehen, dass die Geschichte der ursprünglichen Akkumulation nicht aus der Perspektive eines abstrakten universellen Subjekts beschrieben werden kann, denn ein wesentlicher Aspekt des kapitalistischen Projekts besteht darin, die Gesellschaft durch verschiedene Disziplinarregime auseinanderzureißen, die Differenzen und Hierarchien schaffen und ganz entscheidend beeinflussen, wie die kapitalistischen Verhältnisse erfahren werden. Wir verfügen daher über sehr unterschiedliche Geschichten der ursprünglichen Akkumulation, und jede davon liefert eine spezifische Perspektive auf die kapitalistischen Verhältnisse, die aber alle notwendig sind, um ihre Gesamtheit zu rekonstruieren und die Mechanismen aufzudecken, mit denen der Kapitalismus seine Macht aufrechterhält. Die Geschichte der ursprünglichen Akkumulation kann also, in Vergangenheit und Gegenwart, nicht zur Gänze verstanden werden, wenn sie nur aus der Perspektive alter oder neuer Lohnarbeiter*innnen geschrieben wird, sondern sie muss die Perspektive der Versklavten, Kolonisierten, der indigenen Menschen, deren Land weiterhin das Ziel von Einhegungen ist, und der vielen sozialen Subjekte miteinbeziehen, deren Platz in der Geschichte des Kapitalismus sich nicht in die Geschichte der Lohnarbeit einordnen lässt.

Diesen methodischen Ansatz wählte ich in meinem Buch „Caliban and the Witch“ (2004), um die ursprüngliche Akkumulation aus der Perspektive der Konsequenzen zu analysieren, die sie für „Frauen“, den „Körper“ und die Produktion der Arbeitskraft hatte. Ich bin davon überzeugt, dass diese Perspektive uns ein viel umfassenderes Verständnis der historischen Prozesse ermöglicht, die den Aufstieg des Kapitalismus bestimmten, als es in den Arbeiten von Marx, bei dem sich die Auseinandersetzung mit der ursprünglichen Akkumulation auf die Vorbedingungen zur Bildung der Lohnarbeit konzentriert, der Fall ist. (Vgl. von Werlhof 2000, 728–747)

Insbesondere zwei Prozesse waren aus historischer und methodologischer Sicht wichtig: 1. Die Konstituierung der reproduktiven Arbeit – der Arbeit zur Reproduktion der Individuen und der Arbeitskraft – als „Frauenarbeit“ und eigenständige gesellschaftliche Sphäre, die scheinbar außerhalb der Sphäre der ökonomischen Verhältnisse liegt und damit, aus kapitalistischer Perspektive, entwertet wird, eine Entwicklung, die zeitgleich mit der Trennung der Bäuer*innen von ihrem Land und der Bildung des Warenmarkts stattfindet. 2. Die Institutionalisierung der staatlichen Kontrolle über die weibliche Sexualität und Fortpflanzungsfähigkeit durch die Kriminalisierung von Abtreibungen und die Einführung eines Systems der Überwachung und Bestrafung, was buchstäblich zur Enteignung der Körper von Frauen führt.

Beide Entwicklungen, die für jede historische Epoche charakteristisch sind, in der sich kapitalistische Verhältnisse ausdehnen, hatten wesentliche gesellschaftliche Folgen. Die reproduktive Arbeit aus der Sphäre der ökonomischen Verhältnisse zu verbannen und sie in die Sphäre des „Privaten“, des „Persönlichen“,

„außerhalb“ der Kapitalakkumulation und vor allem als „weiblich“ zu verorten, machte diese Arbeit unsichtbar und naturalisierte ihre Ausbeutung. (Vgl. Federici 2004; Fortunati 1995) Dadurch wurde auch die Grundlage für eine neue geschlechtliche Arbeitsteilung und eine andere Organisation der Familie geschaffen, in der Frauen den Männern untergeordnet werden und Frauen und Männer sich sozial und psychologisch noch stärker voneinander unterscheiden. Zugleich begann mit dem Zugriff des Staates auf den weiblichen Körper und seine reproduktiven Fähigkeiten die Regulierung der „Humanressourcen“, sein erster, im Sinne Foucaults, „biopolitischer“[1] Eingriff und sein Beitrag zur Kapitalakkumulation, soweit diese vor allem eine Vermehrung des Proletariats ist. (Vgl. Federici 2004)

Die Hexenjagden, die im sechzehnten und siebzehnten Jahrhundert in vielen Ländern Europas und der Andenregion stattfanden und denen Hunderttausende Frauen zum Opfer fielen, waren für diesen Prozess von entscheidender Bedeutung. Keine der historischen Veränderungen in der Organisation der reproduktiven Arbeit, die ich skizziert habe, wäre möglich gewesen – oder ist heute möglich –, ohne die gesellschaftliche Macht von Frauen offensiv anzugreifen, so wie die kapitalistische Entwicklung nicht ohne den Sklavenhandel oder die Eroberung der Amerikas erfolgreich hätte sein können oder ohne den bis heute bestehenden rastlosen Drang zur Schaffung eines Netzes rassistischer Hierarchien, die das Weltproletariat nachhaltig gespalten haben.

1 Foucault verwendete das Konzept der Biopolitik, um eine neue Form der Macht zu beschreiben, die im 18. Jahrhundert in Europa entstand und durch die Regulierung von Prozessen des Lebens wie Gesundheit, Krankheit und Fortpflanzung ausgeübt wird.

Ursprüngliche Akkumulation und die Neugestaltung der gesellschaftlichen Reproduktion in der Weltwirtschaft

Mit diesen Voraussetzungen und diesem theoretischen Rahmen im Hintergrund analysiere ich in diesem Text die „Globalisierung" als einen Prozess der ursprünglichen Akkumulation, der dieses Mal auf globaler Ebene durchgesetzt wird. Diese Sichtweise steht zweifellos im Widerspruch zu neoliberalen Theorien, die die Ausdehnung kapitalistischer Verhältnisse als Beweis für die „Demokratisierung" der Gesellschaft feiern. Sie unterscheidet sich aber ebenso von der Sichtweise, die der autonome Marxismus auf die Neugestaltung der Weltwirtschaft hat, denn seine

Vertreter*innen beschreiben diese Phase der kapitalistischen Entwicklung aufgrund des Computers, der Informationsrevolution und des kognitiven Kapitalismus als Schritt zur Automatisierung der Arbeit.[2] Ich behaupte im Gegensatz dazu, dass das Rückgrat dieser Neugestaltung in einem akkordierten Angriff auf unsere grundlegenden Reproduktionsmittel besteht, auf das Land, unseren Wohnraum und den Lohn, um die globale Arbeitskraft zu vergrößern und die Kosten für die Arbeit dramatisch zu reduzieren.

2 Ich beziehe mich hier auf die Argumentation, die Michael Hardt und Toni Negri (2000, 2009) entwickelten. Sie behaupten, dass sich in der gegenwärtigen Phase der kapitalistischen Entwicklung, die vor allem von der Dominanz der immateriellen Arbeit gekennzeichnet sei, die Kapitalisten aus der Organisation des Arbeitsprozesses zurückzögen, sodass die Arbeiter*innen einen höheren Grad an Autonomie und Kontrolle über die Bedingungen ihrer Arbeit erhielten. Diese Theorie steht durch die Betonung des progressiven Charakters der kapitalistischen Entwicklung in der Tradition von Marx, verstanden als die (erzwungene) Verwirklichung der in den Kämpfen der Arbeiter*innen ausgedrückten Ziele, die sich der Kapitalismus gegen seine eigenen Interessen einverleiben muss, um den Akkumulationsprozess zu reaktivieren. Für eine kritische Auseinandersetzung, insbesondere mit dem Konzept des kognitiven Kapitalismus, siehe Caffentzis und Federici (2009, 119–24) und Federici (2011, 57–74).

(Vgl. Federici 2012) Strukturanpassungsprogramme, die Zerschlagung des Wohlfahrtsstaates, die Finanzialisierung der Reproduktion, die zur Schulden- und Hypothekenkrisen führte, und Krieg: Um die Akkumulation wieder in Gang zu bringen, waren unterschiedliche politische Strategien notwendig. Die Folge war aber immer die Zerstörung unseres „gemeinsamen Reichtums", und da macht es keinen Unterschied, ob mit China und anderen aufstrebenden kapitalistischen Mächten, die sich mit der Weltbank, dem IWF, der WTO und den Regierungen, die diese Institutionen unterstützen, die Zahl der Mächte größer geworden ist, die sich um einen Platz am reichlich gedeckten Tisch rangeln. Abseits der nationalistischen Eigen- und Besonderheiten gibt es nur eine Logik, die die neuen Formen der ursprünglichen Akkumulation vorantreibt: eine Arbeitskraft zu schaffen, die auf abstrakte Arbeit reduziert ist, auf reine Arbeitskraft, ohne irgendwelche Sicherheiten, bereit, von einem Ort zum anderen und von einem Job zum anderen verschoben zu werden, und die nur möglichst kurzfristige Arbeitsverträge mit den denkbar schlechtesten Löhnen erhält.

Worin besteht die politische Bedeutung dieser Entwicklung? Auch wenn wir anerkennen, dass die ursprüngliche Akkumulation dem Leben und der Arbeit im Kapitalismus endemisch eingeschrieben ist, was von Massimo De Angelis und anderen betont wurde – wie können wir uns die Tatsache erklären, dass die kapitalistische Klasse in ihren verschiedenen Verkörperungen, obwohl sie mehr als fünfhundert Jahre lang die Arbeiter*innen weltweit schonungslos ausbeutete, heute wieder eine große Zahl an Menschen in die Verelendung treiben muss?

Es gibt darauf keine einfache Antwort. Wenn wir aber in Betracht ziehen, wie durch die „Globalisierung" die gesellschaftliche Reproduktion umgestaltet wird, kommen wir zu einigen vorläufigen Schlussfolgerungen. Wir können sehen, dass der Kapitalismus nur einem Teil der Arbeiter*innen, und auch nur für einen begrenzten Zeitraum, Wohlstand bieten kann und stets bereit ist, wie das in den letzten Jahren durch die Globalisierung passierte, diese Sicherheiten zu zerstören, sobald ihre Bedürfnisse und Wünsche eine Grenze überschreiten, die von der Jagd nach Profiten festgeschrieben wird. Mehr noch können wir sehen, dass dieser begrenzte Wohlstand, den die Lohnarbeiter*innen in den Industrieländern nach dem Zweiten Weltkrieg erreichten konnten, nie zur Verallgemeinerung gedacht war. Als sich die Revolte von den kolonialen Plantagen in Afrika und Asien auf die Ghettos, die Fabriken, die Schulen, die Küchen und sogar an die Front

ausbreitete und sowohl der fordistische Deal, der hohe Löhne im Tausch gegen eine gesteigerte Produktivität versprach, als auch die Kolonie als Reservoir für billige und unbezahlte Arbeit ausgehöhlt wurde, griff die Kapitalistenklasse auf eine Strategie zurück, die sie immer zum Einsatz bringt, um ihre Krisen zu bewältigen: Gewalt, Enteignung und Ausdehnung des globalen Arbeitsmarktes.

Es bräuchte jemanden wie Marx, um die zerstörerischen gesellschaftlichen Kräfte zu beschreiben, die dafür mobilisiert wurden. Niemals zuvor wurden so viele Menschen an so vielen verschiedenen „Fronten" zugleich angegriffen. Um in der Geschichte vergleichbar brutale Formen der Ausbeutung aufzuspüren, wie sie durch die Globalisierung weltweit geschaffen wurden, müssen wir bis zur Zeit der Sklaverei zurückgehen. Nicht nur die Sklaverei kehrt heute in verschiedenen Formen wieder, sondern auch Hungersnöte, und wir erleben, beispielsweise beim Organhandel, kannibalistische Formen der Ausbeutung, die in den Sechziger- und Siebzigerjahren des letzten Jahrhunderts unvorstellbar gewesen wären. In manchen Ländern werden wieder, wie in den Romanen des 19. Jahrhunderts, Haare zum Verkauf angeboten. Die Globalisierung war in den mehr als achtzig betroffenen Ländern eine

Geschichte von schierer Verzweiflung, unbehandelten Krankheiten, unterernährten Kindern und Leben, die verloren gingen. Die Armut erreichte in weiten Teilen der Welt ein bisher nicht dagewesenes Ausmaß und betrifft heute teilweise bis zu 70 Prozent der Bevölkerung. Allein im sub-saharischen Teil Afrikas lebten im Jahr 2010 239 Millionen Menschen in Armut und litten unter chronischem Hunger und Unterernährung[3], während zugleich ungeheure Geldbeträge aus dem Kontinent an die Banken in London, Paris und New York abgeführt wurden.

Wie bereits in der ersten Phase der kapitalistischen Entwicklung waren Frauen von dieser Politik am stärksten betroffen, insbesondere Frauen mit niedrigen Einkommen und *Women of Color*, denen es überall an den grundlegendsten Mitteln mangelt, um sich selbst und ihre Familien zu reproduzieren. Der einzige Ausweg für sie besteht darin, ihre Arbeitskraft auf dem globalen Arbeitsmarkt feilzubieten und die Reproduktion anderer Familien und anderer Kinder zu übernehmen, unter Bedingungen, die sie von ihren Communities trennen und ihre reproduktive Arbeit noch abstrakter macht und vielfältigen Formen der Einschränkung und Überwachung unterwirft. Alternativ dazu geben viele Frauen ihre Kinder zur Adoption frei, arbeiten als Leihmütter oder verkaufen ihre Eizellen an medizinische Labors für die Stammzellenforschung. Sie bekommen auch weniger Kinder, denn der Druck, sich ein entsprechendes Einkommen zu suchen, hat einen sterilisierenden Effekt. Ihre Fähigkeit, die eigene Reproduktion zu sichern, wird überall angegriffen. Paradoxerweise – und damit wiederholen sich die Bedingungen, die den Eintritt von Frauen in die kapitalistische Gesellschaft prägten und zwei Jahrhunderte Hexen-

3 Laut den Statistiken der FAO, der Organisation für Ernährung und Landwirtschaft der Vereinten Nationen, leidet heute weltweit eine Milliarde Menschen an Armut und Hunger.

jagd mit sich brachten – kriminalisiert dieselbe politische Klasse, die es Frauen verunmöglicht, für sich selbst und ihre Familien zu sorgen, Abtreibungen. Eine Schwangerschaft setzt arme Frauen, insbesondere schwarze Frauen in den USA der ständigen Gefahr aus, im Gefängnis zu landen. (Vgl. Paltrow und Flavin 2013)

Frauen werden aber auch wegen ihrer Subsistenzarbeit zur Zielscheibe von Angriffen, insbesondere wegen ihrer landwirtschaftlichen Aktivitäten, weil sie – wie in Afrika – der Weltbank im Weg stehen, die das Land zu kommerzialisieren sucht. Die Weltbank machte sich das Credo zu eigen, dass nur Geld produktiv sein könne, während das Land, wenn es „nur" der Subsistenz diene, für die Armut verantwortlich sei. (Vgl. Federici 2012, 60–86) Die Weltbank kämpfte nicht nur gegen die Subsistenzlandwirtschaft, indem sie juristische Reformen vorantrieb, um individuelle Eigentumstitel durchzusetzen und die traditionellen Rechte abzuschaffen, sie scheute auch keine Mühen, um Frauen unter die Kontrolle von Geldbeziehungen zu bekommen, beispielsweise indem man das Mikrofinanzwesen unterstützte, das Millionen Menschen zu Knechten der Banken und der NGOs machte, die diese Darlehen verwalten. (Vgl. Karim 2011) Nachdem jahrelang durch den Verkauf von Verhütungsmitteln Bevölkerungskontrolle betrieben worden war, erzielt die Bank nun dieselben Ergebnisse, indem sie Frauen daran hindert, durch Subsistenzlandwirtschaft ihr Überleben zu sichern, was für diese Frauen, entgegen den Verlautbarungen der Weltbank, den Unterschied zwischen Leben und Tod ausmacht. Es ist wichtig, zu erwähnen, dass die institutionelle Gewalt gegen Frauen und die Abwertung der Tätigkeiten, die im Zentrum ihres Lebens stehen, zu einer Zunahme von Gewalt der Männer aus ihren Communities führten. Viele sehen die Arbeit und die Körper der Frauen und nicht selten sogar deren Leben angesichts der sinkenden Löhne und des erschwerten Zugangs zu Land als ihre Verbindung zum Weltmarkt, wie das bei Menschenhandel und Mitgiftmorden der Fall ist. Durch die Globalisierung kommt es in vielen Regionen der Welt, insbesondere in Afrika und Asien, wieder zu Hexenjagden, die meist von jungen erwerbslosen Männern ausgehen, die sich das Land der Frauen aneignen wollen, die sie als Hexen beschuldigen. (Vgl. Hostetler 1995, 3)

Man könnte noch viel mehr Beispiele anführen, um zu zeigen, wie sich in der Globalisierung ältere Formen der ursprünglichen Akkumulation wiederholen. Mein eigentliches Anliegen ist aber nicht, die spezifischen Formen dieser Rückkehr der primitiven Akkumulation herauszuarbeiten, sondern zu verstehen, was das über den Charakter des kapitalistischen Systems aussagt und was sich dadurch für die Zukunft ableiten lässt.

Durch diesen Ansatz können wir mit Bestimmtheit schlussfolgern, dass die kapitalistische Akkumulation weiterhin die Akkumulation von Arbeit ist und es dadurch weiterhin der Produktion von Elend und Mangel im Weltmaßstab bedarf. Darüber hinaus ist es weiterhin notwendig, das menschliche Leben gering zu schätzen und gesellschaftliche Hierarchien und Spaltungen auf der Grundlage von Geschlecht, Rasse und Alter herzustellen. Entscheidend ist jedoch, dass nach fünfhundert Jahren kapitalistischer Entwicklung deutlich wird, dass diese „Erbsünden" ein strukturelles Moment sind und jegliche Möglichkeit der Reform ausgeschlossen ist. Tatsächlich sorgten Programme, die das internationale Kapital im Kampf gegen die Befreiungsbewegungen der 1960er- und 1970er-Jahre entwickelte, dafür, dass für die kommenden Generationen die Enteignungen (von Boden und traditionellen Rechten), der unsichere Zugang zu Geldeinkommen und Arbeit ein Leben im Zeichen von Unsicherheit und Ungewissheit und die Vertiefung der rassistischen und sexistischen Hierarchien bedingen werden. Beispielsweise ist es offensichtlich, dass die Globalisierung, indem sie die Möglichkeit der Selbstversorgung in jeder einzelnen Region untergräbt und wirtschaftliche Abhängigkeiten selbst zwischen weit voneinander entfernten Ländern schafft, nicht nur andauernd zu Nahrungsmittelkrisen führen wird, sondern die grenzenlose Ausbeutung der Arbeitskraft und der Natur zwingend erforderlich macht.

Die Grundlage dieses Prozesses ist – wie schon in der Vergangenheit – die Einhegung des Landes. Dieser Prozess ist dieses Mal so umfassend, dass sogar Bereiche der Landwirtschaft, die in der Vergangenheit unberührt blieben und es den bäuerlichen Communities ermöglichten, sich zu reproduzieren, nun privatisiert werden und von Regierungen und Unternehmen für den Abbau von Mineralien oder andere kommerzielle Zwecke angeeignet werden. Während der „Extraktivismus"[4] in vielen Regionen triumphiert und der Landraub zur Produktion von Biotreibstoffen diese Entwicklung nur noch verschlimmert, wird gemeinschaftlicher Landbesitz juristisch verunmöglicht, und die Enteignungen sind so massiv, dass wir uns an die Marxschen Beschreibung erinnert fühlen: „Ein Teil der Gesellschaft verlangt hier von den andern einen Tribut für das Recht, die Erde bewohnen zu dürfen, wie überhaupt im Grundeigentum das Recht der Eigentümer eingeschlossen ist, den Erdkörper, die Eingeweide der Erde, die Luft und damit die Erhaltung und Entwicklung des Lebens zu exploitieren." (MEW 25, 782)

4 Extraktivismus nennt man die Politik, mit der Regierungen ihre wirtschaftlichen und politischen Programme durch den Raubbau an den Bodenschätzen ihrer Länder finanzieren. Diese Praxis führt nach Ansicht der Kritiker*innen zu Armut und einem internen Kolonialisierungsprozess. Dieser Begriff wurde insbesondere von lateinamerikanischen Theoretiker*innen wie Alberto Acosta, Louis Tapia, Raúl Zibechi und Maristella Svampa verwendet, um die Wirtschaftspolitik der vermeintlich fortschrittlichen Regierungen Boliviens, Ecuadors und Brasiliens zu beschreiben und kritisieren.

Schätzungen zufolge werden, sofern sich diese Entwicklungen fortsetzen, zur Mitte des 21. Jahrhunderts fünfzig Prozent der Bevölkerung nicht mehr auf dem afrikanischen Kontinent leben. Das wird nicht außergewöhnlich sein. Das Elend und die Vertreibungen, die durch die Globalisierung geschaffen wurden, machte aus der Figur des Arbeiters und der Arbeiterin jene der Migrant*in, der „Umherziehenden" (Martin 2002), des Flüchtlings. Die Geschwindigkeit, mit der sich das Kapital fortbewegen kann und dabei lokale Wirtschaften und Kämpfe zerstört, und der unermüdliche Drang, jeden Tropfen Öl und jedes Mineral, das die Erde in ihren Eingeweiden hält, herauszupressen, beschleunigen diesen Prozess.

Es ist daher wenig verwunderlich, dass unter diesen Bedingungen die Lebenserwartung der Arbeiter*innenklasse selbst in „reichen Ländern" wie Deutschland oder den USA zurückgeht und die „Armen" zum ersten Mal seit dem Zweiten Weltkrieg eine geringere Lebenserwartung haben als ihre Eltern.[5] In einigen Län-

5 Maurizio Lazzarato schreibt, dass die Lebenserwartung von Geringverdiener*innen zwischen 2001 und 2011 in Deutschland von 77,5 Jahren auf 75,6 Jahre zurückging, im Osten Deutschlands sogar von 77,9 auf 74,1 Jahre. Er meint, dass bei diesem Tempo und weiteren Kürzungen und „Anstrengungen, die soziale Sicherheit zu ‚retten', das Rentenalter endgültig mit dem Todesalter zusammenfallen wird." (Lazzarato 2012, 177). Auch in den USA leben die Armen heute weniger lang. Laut der August-Ausgabe des Journal of Health Affairs war von 1990 bis 2008 ein Rückgang der Lebenserwartung bei Schwarzen sowie bei weißen Frauen und Männern ohne Schulabschluss zu verzeichnen. Die Studie ergab, dass weiße Männer mit sechzehn oder mehr Jahren an Ausbildung vierzehn Jahre länger leben als schwarze Männer mit weniger als zwölf Jahren Ausbildung. Und die Unterschiede nehmen zu. 1990 lebten die am besten ausgebildeten Männer und Frauen 13,4 Jahre bzw. 7,7 Jahre länger als die am schlechtesten Ausgebildeten. Das schockierendste Ergebnis dieser Studie ist die Geschwindigkeit, mit der sich diese Lücke vergrößerte: „1990

dern der „Dritten Welt“ ähnelt die Situation der Arbeiter*innenklasse den Verhältnissen, die zwischen dem 16. und dem 18. Jahrhundert in Europa herrschten, als Arbeiter*innen kaum in der Lage waren, sich zu reproduzieren. Das Marxsche Argument aus dem „Kommunistischen Manifest“, dass die kapitalistische Entwicklung die absolute Verarmung der Arbeiter*innenklasse erzeuge, erfährt jetzt seine empirische Bestätigung. Dazu muss man sich nur die unaufhörlichen Migrationsbewegungen vom Globalen Süden in den Norden seit den späten 1980er-Jahren ansehen, die in erster Linie eine Folge der wirtschaftlichen Not und der vielen Kriege sind, die von der Lust der Unternehmen auf Bodenschätze ausgelöst werden. Uns wird gesagt, dass es keine Abhilfe gegen diese Verelendung gäbe. Bestens abgesichert durch ihr militärisches Arsenal gibt es, ob uns das gefällt oder nicht, für die 99% keine Alternative zum Leben im Kapitalismus, und die Kapitalistenklasse vertraut darauf, dass ihre globale Ausdehnung weiterhin riesige Märkte schafft und reichlich Arbeitskräfte liefert. Sie ist heute nur zu minimalen Zugeständnissen bereit und erklärt Krisen und Katastrophen zu unvermeidlichen Erscheinungen des Lebens, während sie voller Inbrunst all das zerstört, was die Kämpfer der Arbeiter*innen in den letzten hundert Jahren durchsetzten.

Doch ihr überbordendes Vertrauen ist fehl am Platz. Ohne hier zu viel Optimismus verbreiten zu wollen, der angesichts der

betrug der Unterschied in der Lebenserwartung zwischen den am stärksten und am wenigsten ausgebildeten weißen Frauen 1,9 Jahre. Jetzt sind es 10,4 Jahre.“ (Griswold 2012) Zur sinkenden Lebenserwartung von Weißen in den USA siehe auch Tavernese (2012). Sie schreibt, dass die Lebenserwartung der am wenigsten gebildeten Weißen zwischen 1990 und 2012 um vier Jahre sank. Der Rückgang der Lebenserwartung in den USA hat sich in den letzten Jahren auch aufgrund der Opioid-Epidemie beschleunigt. (Vgl. Kazan 2017) unsagbaren Verwüstungen vor unseren Augen unverantwortlich wäre, behaupte ich trotzdem, dass sich weltweit ein Bewusstsein entwickelt – und immer öfter in Taten übersetzt wird –, dass der Kapitalismus „nicht nachhaltig" und die Schaffung eines anderen sozialen und ökonomischen Systems für den größten Teil der Weltbevölkerung die dringendste Aufgabe schlechthin ist. Jedes System, das nicht in der Lage ist, seine Arbeitskraft zu reproduzieren, und nichts anderes zu bieten hat als noch mehr Krisen, ist dem Untergang geweiht. Wenn der Kapitalismus nach Jahrhunderten der Ausbeutung des Planeten nicht einmal mehr dazu in der Lage ist, minimale Bedingungen der Reproduktion für alle zu schaffen, und weiterhin Millionen ins Elend stürzt, dann ist dieses System bankrott und muss ersetzt werden. Darüber hinaus kann sich kein politisches System langfristig nur durch Gewalt behaupten. Es ist jedoch klar, dass das kapitalistische System nur noch Gewalt zur Verfügung hat und nur noch aufgrund der Gewalt bestehen kann, die es gegen seine Gegner*innen ausübt.

Die neuen Einhegungen (Midnight Notes Collective)[1]

„Somit erscheint die geschichtliche Bewegung, die die Produzenten in Lohnarbeiter verwandelt, einerseits als ihre Befreiung von Dienstbarkeit und Zunftzwang; und diese Seite allein existiert für unsre bürgerlichen Geschichtsschreiber. Andrerseits aber werden diese Neubefreiten erst Verkäufer ihrer selbst, nachdem ihnen alle ihre Produktionsmittel und alle durch die alten feudalen Einrichtungen gebotnen Garantien ihrer Existenz geraubt sind. Und die Geschichte dieser ihrer Expropriation ist in die Annalen der Menschheit eingeschrieben mit Zügen von Blut und Feuer."

Karl Marx: Das Kapital (1867)

„So wurde aus dem sanftmütigen Sambo über Nacht der Revolutionär Nat Turner. Die Sklaven, die von denen angeführt wurden, die aus komplexeren afrikanischen Gesellschaften kamen, kämpften und rannten weg, sie stahlen und heuchelten Unschuld,

1 Das Midnight Notes Collective wurde Ende der 1970er-Jahre in New York gegründet und veröffentlichte 1979 die erste Ausgabe über die Anti-AKW-Bewegung. Die Energiefrage, neue Technologien, soziale Bewegungen und Fragen der Klassenzusammensetzung waren neben der Globalisierung, den neuen Einhegungen und den Commons zentrale Themen der politischen und publizistischen Arbeit des Kollektivs, an dem neben Silvia Federici auch George Caffentzis und Peter Linebaugh beteiligt waren. 2009 erschien mit den „Promissory Notes" der vorläufig letzte Text des Midnight Notes Collective. Das Archiv der Midnight Notes ist online zugänglich: http://www.midnightnotes.org/mnpublic.html (Anm. des Übersetzers)

schienen so hart zu arbeiten wie sie konnten und simulierten doch nur. Und sie lebten, um am anderen Tag zu kämpfen.“
George Rawick: From Sundown to Sunup:
The Making of the Black Community (1973)

Glasnost! Ende des Kalten Krieges! Vereintes Europa! We Are the World! Rettet den Regenwald!

Das sind die Slogans unserer Zeit. Sie suggerieren ein Zeitalter der historischen Öffnung, des Globalismus und des Zusammenbruchs politischer und wirtschaftlicher Barrieren. Dennoch erlebten wir in den letzten zehn Jahren die historisch umfangreichste Einhegung der globalen Commons. Diese Einleitung versucht die Bedeutung der alten und neuen Einhegungen im weltweiten Klassenkampf zu klären.

Die alten Einhegungen waren ein konterrevolutionärer Prozess, der dafür sorgte, dass die Bäuer*innen Englands nach einem Jahrhundert hoher Löhne und des Zusammenbruchs der feudalen Ordnung, beginnend mit dem Ende des 14. Jahrhunderts, von ihrem Land und ihren Commons durch den Staat und die Grundherrn enteignet wurden. Sie wurden zu Paupers, Vagabund*innen und Bettler*innen und später zu Arbeiter*innen, während das Land nun verwendet wurde, um den entstehenden internationalen Markt mit landwirtschaftlichen Waren zu versorgen.

Der marxistischen Tradition zufolge bildeten die Einhegungen den Ausgangspunkt für die Entwicklung der kapitalistischen Gesellschaft.[2] Sie waren das wichtigste Mittel der „ursprünglichen Akkumulation“, die eine Bevölkerung von Arbeiter*innen hervorbrachte, die„ frei“ von allen Mitteln der Reproduktion war und (im Laufe der Zeit) gezwungen werden konnte, für einen Lohn zu

2 Die Marxsche Analyse der Einhegungen findet sich im 24. Kapitel seines Hauptwerks „Das Kapital“ (Vgl. MEW 23, 741–791)

arbeiten. Die Einhegungen waren jedoch kein einmaliger Prozess, der sich mit der Morgendämmerung des Kapitalismus erschöpft hätte. Sie tauchen immer wieder entlang des Weges der kapitalistischen Akkumulation auf und sind ein struktureller Bestandteil des Klassenkampfes.

Das Ende aller Deals

Heute sind die Einhegungen abermals der gemeinsame Nenner proletarischer Erfahrung auf der ganzen Welt. In der größten Diaspora des Jahrhunderts werden auf allen Kontinenten Millionen Menschen durch die vier apokalyptischen Reiter unserer Zeit – Krieg, Hunger, Krankheit und vom IWF angeordnete Abwertung – von ihrem Land, ihrer Arbeit und ihrem Zuhause vertrieben und in alle Windrichtungen zerstreut.

In Nigeria vertreibt das Militär die Menschen vom Gemeinschaftsland, um Platz für die Plantagen der Weltbank zu machen. Die Regierung begründet diese Maßnahmen mit der „Schuldenkrise“ und den „Strukturanpassungsprogrammen“, die erstere angeblich lösen sollen. Das Strukturanpassungsprogramm in Nigeria ähnelt den Programmen, die in Asien, Afrika und Lateinamerika durchgesetzt wurden. Dazu gehört die Kommerzialisierung der Landwirtschaft und die Entmonetarisierung der Wirtschaft durch eine massive Abwertung der Währung, wodurch der Lohn gerade noch so viel wert wie das Papier der bedruckten Geldscheine ist. Die Folge davon waren die Zerstörung der Dorfgemeinschaft und massenhafte Auswanderung.

Auch in den USA sind Millionen Menschen obdachlos und auf Wanderschaft. Die unmittelbaren Ursachen sind bestens bekannt: die Agrarkrise, der steile Anstieg der Mieten und der Hypothekenzahlungen im Verhältnis zu den Löhnen, die Spekulation mit leerstehenden Wohnungen und die Gentrifizierung, der Zusammenbruch des sozialen Sicherheitsnetzes und der Kampf gegen die Gewerkschaften. Hinter diesen Entwicklungen steht eine verbindende Tatsache: Der Klassendeal der Nachkriegszeit, der hohe Reallohnzuwächse im Austausch für steigende Produktivität garantierte, ist zu Ende, und selbst diejenigen, die davon nicht unmittelbar betroffen sind, leiden aufgrund der schrumpfenden Ozonschicht und der zerstörten Regenwälder unter dem Verlust der natürlichen Commons. Auch in China gibt es neue Einhegungen. Der Übergang zur „freien Marktwirtschaft" führt dazu, dass hundert Millionen Menschen von ihrem gemeinschaftlich bewirtschafteten Land vertrieben wurden, während ihre Leidensgenoss*innen in den Städten ihre sicheren Arbeitsplätze verlieren und auf der Suche nach Lohn von einer Stadt zur anderen ziehen. Die „eiserne Reisschüssel" soll zerschlagen werden. Ein ähnliches Szenario entwickelt sich auch in der Sowjetunion und in Osteuropa.

Die „Schuldenkrise", „Obdachlosigkeit" und der „Zusammenbruch des Sozialismus" werden von den Medien und der Linken meist als vollkommen verschiedene Phänomene behandelt. Aber sie sind Ausdruck desselben Prozesses, der zwar unterschiedlich sein mag, aber überall auf dem Planeten vonstatten geht. In der Logik der kapitalistischen Akkumulation muss für jede Fabrik, die in einer chinesischen Freihandelszone privatisiert und an eine New Yorker Bank verkauft wird, und für jeden Hektar Land, der im Rahmen eines Entwicklungsprojekts der Weltbank in Afrika oder Asien eingehegt wird, in den USA und in Westeuropa eine entsprechende Einhegung erfolgen. Mit jeder Einschränkung von „Gemeinschaftsrechten" in der Dritten Welt oder von „sozialistischen Rechten" in der Sowjetunion und in China geht eine Verminderung unserer angeblich heiligen sozialen Rechte in den USA einher, und das so gründlich, dass selbst zur Diskussion gestellt wird, was es überhaupt bedeutet, ein Mensch zu sein.

Die neuen Einhegungen stehen für eine umfassende Neuordnung des Akkumulationsprozesses, der bereits Mitte der 1970er-Jahre begonnen wurde und dessen Hauptziel darin besteht, die Arbeiter*innen dort zu entwurzeln, wo sie ihre organisatorische Macht aufgebaut hatten, und sie, wie die Afrikaner*innen, die als Sklav*innen nach Amerika verfrachtet wurden, zu zwingen, in einer fremden Umgebung zu arbeiten und zu kämpfen, wo ihre Widerstandsformen, die „zu Hause" brauchbar waren, nicht mehr zur Verfügung stehen. Daher trägt das Weltproletariat, wie schon in der Morgendämmerung des Kapitalismus, das Gesicht des Paupers, der Vagabundin, des Verbrechers, des Bettlers, der Straßenhändlerin, des Geflüchteten in einem Sweatshop, des Söldners und des Randalierers.

Methoden und Folgen der neuen Einhegungen

Wie funktionieren die neuen Einhegungen? Wie bei den alten Einhegungen wird die gemeinschaftliche Kontrolle über die Subsistenzmittel zerstört. Heutzutage können nur mehr sehr wenige ihre Bedürfnisse durch ihr Land und ihre Arbeit befriedigen. Von Indonesien bis in den Amazonas werden die letzten „Ureinwohner*innen" gewaltsam in Reservaten eingehegt. Die „Bäuer*innen" der „Dritten Welt" sind heute nicht selten Menschen, die nur dank der Überweisungen ihrer Brüder und Schwestern, die nach New York ausgewandert sind, überleben können oder unter extrem gefährlichen Bedingungen arbeiten, Mohn oder Kokablätter für den Export anbauen, sich denen zur Prostitution anbieten, die über harte Währung verfügen, das wichtigste und vielleicht einzige Aphrodisiakum unserer Zeit, oder in nahe gelegene Städte oder ins Ausland abwandern, um sich in die wachsende Reihe von Tagelöhner*innen, Straßenhändler*innen oder Arbeiter*innen in der Freihandelszone einzugliedern, wo die Bedingungen oft noch härter, als auf den Mohnfeldern zu Hause sind.

Eine beliebte Methode zur Durchsetzung der Einhegungen sind wie in der Vergangenheit die Schulden. So wie das Gericht der Tudors seinen Gläubigern riesige Gebiete des Gemeindelandes verkaufte, kapitalisieren und „rationalisieren" heute die Regierungen Afrikas und Asiens landwirtschaftliche Flächen, um die Wirtschaftsprüfer des IWF zu befriedigen, die nur unter diesen Bedingungen Auslandskredite vergeben. So wie die Clanchefs im schottischen Hochland des achtzehnten Jahrhunderts mit lokalen Kaufleuten und Bankiers, bei denen sie verschuldet waren, gemeinsame Sache machten, um das Land des Clans von ihren eigenen Leuten „freizumachen", tauschen die lokalen Oberhäupter in Afrika und Asien gemeinschaftliche Landrechte für ihre nicht getilgten Kredite. Die Folge ist damals wie heute die Zerstörung von Gewohnheitsrechten und Formen der Subsistenz. Das ist das ganze Geheimnis der „Schuldenkrise".

Die neuen Einhegungen sorgen dafür, dass eine mobile und migrantische Arbeitskraft dominant wird. Wir sind heute die mobilste Arbeitskraft seit der Entstehung des Kapitalismus. Das Kapital hält uns ständig in Bewegung und trennt uns von unseren Ländern, Bauernhöfen, Gärten, Häusern und Arbeitsplätzen, denn das garantiert niedrige Löhne, zerstört die gemeinschaftlichen Beziehungen und macht uns gegenüber dem Recht, den Gerichten und der Polizei verwundbar. Eine andere Folge der neuen Einhegungen ist eine dramatische Zunahme des internationalen Wettbewerbs zwischen den Arbeiter*innen und eine enorme Ausdehnung des Weltarbeitsmarktes. Sozialistische Arbeiter*innen, ein Drittel der globalen Arbeitskraft, werden nun gezwungen sein, mit dem Rest des Weltproletariats in Konkurrenz zu treten, um im Gegenzug Zugang zum globalen Warenmarkt zu erhalten.

Ein anderer Aspekt der neuen Einhegungen ist der Angriff auf unsere Reproduktion, der uns nicht nur zu Migrant*innen, sondern auch zu Mutant*innen macht. Das Verschwinden des

Regenwaldes, das Ozonloch, die Verschmutzung der Luft, der Meere und der Strände und die Einschränkung unserer Lebensräume führen zu einer Zerstörung der Commons des Planeten Erde. Sogar die Weltmeere wurden in den 1980er-Jahren durch die dramatische Ausweitung der traditionellen Hoheitsgebiete eingehegt. Man braucht keine *Science Fiction*, um sich vorzustellen, dass wir wie Versuchskaninchen in einem kapitalistischen Experiment der nicht-evolutionären Veränderung der Arten behandelt werden. Wir sind in diesem Prozess nicht alleine. Tiere, von den Protozoen bis zu den Kühen, werden so konstruiert und patentiert, dass sie die Ölpest auffressen, mehr Eier in der Stunde produzieren und
 mehr Hormone absondern. Das Land wird nicht mehr danach bewertet, wie viele Lebensmittel wir darauf anbauen oder welche Gebäude darauf errichtet werden können, sondern danach, wie viel radioaktiver Müll dort „sicher" gelagert werden kann. *So treffen die ausgelaugten Commons des Planeten – das Geschenk aus Jahrmillionen Erdgeschichte, für das wir keinen Finger rühren mussten – auf ausgelaugte menschliche Körper.*

Das Kapital träumt seit langem davon, uns zur Arbeit in den Weltraum zu schicken, wo es nichts außer unserer Arbeitsmaschinen, dünner Luft und repressiver Arbeitsbeziehungen gibt. Vielmehr ist es so, dass die ganze Erde zu einer Raumstation gemacht wird, auf der bereits jetzt Millionen Menschen unter Bedingungen wie im Weltraum leben: kein Sauerstoff zum Atmen, eingeschränkter sozialer und physischer Kontakt zu anderen, ein entsexualisiertes Leben, Schwierigkeiten der Kommunikation, ein Mangel an Sonne und Grünflächen, selbst der Gesang der Zugvögel fehlt. Unsere eigenen Körper werden eingehegt. Unser Aussehen und unsere Gesinnung werden heute bei Jobs in der „Dienstleistungsindustrie", von Restaurants bis zu Krankenhäusern, genauestens überwacht. Die Körper derjenigen, die mit „Menschen arbeiten", werden andauernd geprüft, vom Urin über die

Schweißdrüsen bis zum Gehirn. Das Kapital behandelt uns heute genauso wie die Inquisitoren früherer Tage, es sucht nach dem Teufelsmal des Klassenkampfs auf unseren Körpern und verlangt, dass wir sie zur Kontrolle öffnen. Der Zwang, schön und adrett auszusehen, erklärt, warum die Arbeiter*innenklasse immer mehr Schönheitsoperationen in Anspruch nimmt. Die Silikonbrüste der letzten Miss America sind ein Beispiel für diesen Trend. Schönheitsköniginnen und ihre männlichen Pendants sind nicht nur gezwungen, ihren Körper Stück für Stück neu zusammenzusetzen, sondern die Schönheitschirurgie ist heute bei vielen Jobs in der Dienstleistungsbranche ein Muss, wodurch die Warenform kapitalistischer Verhältnisse nur noch deutlicher vor Augen geführt wird.

Die Spirale der Kämpfe

Es gibt jedoch heftigen Widerstand gegen die neuen Einhegungen. Auf dem ganzen Planeten hören wir den Nachhall der Demonstrationen, Unruhen und Rebellionen gegen den IWF. Allein das Jahr 1989 sah Auseinandersetzungen zwischen bewaffneten Truppen auf der einen und Student*innen und Arbeiter*innen auf der anderen Seite in Venezuela, Burma, Zaire, Nigeria und Argentinien. Sie skandierten „Tod dem IWF", plünderten die Warenlager, befreiten Gefangene und brannten Banken nieder. Nicht nur gegen die Geldform wird Widerstand geleistet. Von den Anden über Mittelamerika bis Mexiko herrscht ein Krieg um die Kontrolle über das Land. In Westafrika gibt es Kämpfe der Bäuer*innen gegen den Landraub durch den Staat und die Entwicklungsbanken, die in den USA vollkommen falsch als „Stammeskriege" dargestellt werden. In Südafrika sind die Kämpfe um Land Teil des Kampfes gegen die Apartheid. Der Kampf um das Land ist der eigentliche Kern der „Palästina-Frage". In Afghanistan, Indien, Sri Lanka, auf den Philippinen und in Indonesien stehen die Proletarier*innen in Waffen, um gegen die neuen Einhegungen zu kämpfen. Das ist nicht nur ein Phänomen der „Dritten Welt“. Von West-Berlin über Zürich, Amsterdam, London bis New York kämpften Hausbesetzer*innen und Obdachlose gegen die Polizei, die Brandstifter im Sold der Immobilienentwickler und andere Agenten der „räumlichen Entflechtung“ und verlangten nicht nur „Wohnraum“, sondern auch Land, mit allem, was das bedeutet.

Die neuen Einhegungen hatten auch nicht beabsichtigte Folgen. Sie erweiterten das proletarische Wissen. Westafrikanische Proletarier*innen wussten in den 1980er-Jahren nur allzu gut, wel-

che Geschäfte man in den Straßen von Brooklyn, London oder Venedig machen kann. Niemals zuvor waren Proletarier*innen in diesem Ausmaß gezwungen, den Regionalismus und Nationalismus zu überwinden. Die Heftigkeit der Schuldenkrise zwang die Arbeiter*innen dazu, neue Formen der Autonomie zu entwickeln und die Reproduktion außerhalb des Geldverhältnisses und der üblichen Verfahren des Kapitalismus zu organisieren.

Der marxistische Geist zu Mitternacht

Es entbehrt nicht einer gewissen Ironie, dass just zum Zeitpunkt des Zusammenbruchs des Sozialismus die Marxschen Vorhersagen über die Entwicklung des Kapitalismus Bestätigung erfahren. Auch wenn die „Post-Irgendwas“-Intellektuellen auf Marxens Grab tanzen und „Marxist*innen“ verzweifelt versuchen, rasch noch ihren Lebenslauf umzuschreiben, scheint die Marxsche Theorie niemals zuvor so zutreffend gewesen zu sein. Was sonst spielt sich vor unser aller Augen ab, wenn nicht die berüchtigte „Verelendung der Arbeiterklasse“, die „Expansion des Weltmarktes“, die „universelle Konkurrenz unter den Arbeitern“ und die „steigende organische Zusammensetzung des Kapitals“? Wie können wir irgendetwas von dieser Welt verstehen, ohne die Grundkategorien der Marxschen Theorie von Arbeit, Geld und Profit zu verwenden?

Auf der Ebene der Theorie spricht der Geist von Marx also noch immer um Mitternacht zu uns. Auf strategischer Ebene scheitern Marx und Engels jedoch angesichts der neuen Einhegungen. Der Marx des „Kapital“ würde die neuen Einhegungen so verstehen, wie er die alten verstand, nämlich als ein Stadium des „fortschrittlichen Charakters“ der kapitalistischen Entwicklung, wodurch die materiellen Bedingungen für eine kommunistische Gesellschaft geschaffen würden. Marx zufolge wären die beiden entscheidenden Erfolge dieser Entwicklung der Abbau lokaler Barrieren und die Vereinheitlichung der internationale Arbeiter*innenklasse, die den wahrhaft universellen Menschen erschaffe, der in der Lage sei, von der weltweiten Produktion des kulturellen und materiellen Wohlstands zu profitieren und sein gemeinsames Interesse zu erkennen. Tatsächlich waren die Einhegungen für Marx, trotz all des „Bluts und Feuers“, das sie mit sich brachten, ein positives Ereignis, weil sie „die Auflösung des Privateigentums, das auf der Arbeit seines Besitzers beruht“, herbeiführten.

Marx zufolge schufen die Einhegungen durch die Zerstörung einer Produktionsweise, in der „der Arbeiter freier Privateigentümer seiner von ihm selbst gehandhabten Arbeitsbedingungen ist, der Bauer des Ackers, den er bestellt, der Handwerker des Instruments, worauf er als Virtuose spielt“ (MEW 23, 789), die Voraussetzungen für die Schaffung „des tatsächlich bereits auf gesellschaftlichem Produktionsbetrieb beruhenden kapitalistischen Eigentums.“ (MEW 23, 791) Die Einhegungen sind deshalb für Marx die „langwierige, gewaltsame und schwierige“ Transformation, wodurch die „Expropriation weniger Usurpatoren durch die Volksmasse“ (MEW 23, 791) in einer kommunistischen Revolution erleichtert werde.

Das Problem an dieser Analyse ist einfach: Die neuen Einhegungen (und viele der alten) richten sich nicht gegen kleine Produzent*innen und ihr Eigentum. Sie zielen darauf ab, das gemeinschaftlich genutzte Land zu zerstören, das die Grundlage der proletarischen Macht bildet. Ein Dorf der Quiche in den Bergen Guatemalas, ein gemeinsam bewirtschaftetes Stück Land im Nigerdelta, ein Stadtviertel wie Tepito in Mexiko-Stadt oder eine Stadt wie Jay im Bundesstaat Maine, in der die streikenden Arbeiter*innen der Papierfabrik die Kontrolle übernehmen[3], passen nicht zum Konzept der potentiellen Ziele von Einhegungen bei Marx. Es wäre einigermaßen absurd, die Zerstörung solcher
 Dörfer, Landstriche und Stadtteile als notwendig und positiv zu betrachten, weil es nun mal das Opfer sei, das erbracht werden müsse, um am Ende ein wahrhaft „universelles" Proletariat zu erschaffen. Lebendige Proletarier*innen müssen irgendwo ihren Fuß hinsetzen können, brauchen Raum, von dem aus sie streiken können, müssen sich irgendwo ausruhen und irgendwohin zurückziehen können. Der Klassenkampf findet nicht abstrakt auf einer Tafel statt, wo man die Gewinne und Verluste zusammenrechnet, sondern er braucht sein konkretes Terrain.

Im Jahr 1867 sah Marx nicht die Macht, die aus der gemeinschaftlichen Organisation des Lebens von Millionen Menschen in Afrika, Asien, Ozeanien und Amerika herrührt. Dieser Denkfehler wurde bis heute in der marxistische Theorie nicht überwunden. Marxist*innen in der „Dritten Welt" reden noch immer vom progressiven Charakter der ursprünglichen Akkumulation. Obwohl sie pro forma gegen die neuen Einhegungen des Kapitals kämpfen,

3 Der „International Paper Strike" begann im Juni 1987 in der Kleinstadt Jay, dauerte 16 Monate und endete in einer Niederlage. Der Streik wurde zum Symbol der Probleme und Schwierigkeiten der organisierten Arbeiter*innenbewegung in den Achtzigerjahren. (Anm. des Übersetzers)

träumen sie von einer Zeit, in der sie selbst mit ihrer Partei und ihrem Staat die Einhegungen noch effizienter durchziehen können. Auch sie glauben, dass gemeinschaftlich genutztes Land und lokale Märkte keinen Platz in einer revolutionären Gesellschaft hätten. Sie wollen das Land verstaatlichen und die lokalen Märkte ausrotten und den IWF und die nationale Bourgeoisie aus dem Land werfen. Infolgedessen krachen sie mit vielen Menschen zusammen, die gegen die neuen Einhegungen kämpfen. Das Durcheinander spitzt sich in Zeiten der erfolgreichen Kämpfe zu, wenn entweder staatliche Plantagen, wie in Mosambik, oder kapitalistische Farmen, wie in Simbabwe, auf Kosten der gemeinschaftlichen Möglichkeiten und Wirklichkeiten geschaffen werden sollen. Zwangsläufig reifen die Bedingungen für eine Konterrevolution, während es unmöglich wird, wirtschaftliche Maßnahmen für mehr Autarkie zu setzen, weil die Strukturen, die unter Umständen die Selbstversorgung ermöglichten und den konterrevolutionären Kräften das Land nicht überließen, von den revolutionären Kräften selbst zerstört wurden. Die Krise der Linken in der „Dritten Welt" ist daher nicht nur eine Folge der Intrigen der CIA, sondern auch diesem Scheitern der marxistischen Perspektive auf die Einhegungen geschuldet. Im Gegensatz dazu steht, wie die neuen Einhegungen vom Kapital angesichts des Zusammenbruchs des sozialistischen Modells und der Krise der Revolution in der „Dritten Welt" gelesen werden, nämlich als das „Ende der Geschichte", als Triumph des Weltmarktes und als Markstein der globalen Kommodifizierung, die als „Verwestlichung" und „Demokratisierung" gefeiert wird.

Wie ernst wir diesen Postmodernismus aus dem *State Department* nehmen sollten, ist strittig, aber das vorgeschlagene Szenario ist einfach. Der Klassenkampf steht wieder dort, wo er vor dem Ersten Weltkrieg war, und den Arbeiter*innen in den OECD-Ländern werden nur zwei Möglichkeiten geboten: „Liberalismus" oder „Imperialismus“. Die liberale Option akzeptiert den „Marktmechanismus“, und wir finden uns als Funktionen des Arbeitsprozesses wieder, in einer triageähnlichen Umgebung, in der die Verbesserung unserer Überlebensfähigkeiten das einzige Ziel im Leben ist. Die imperialistische Option befürwortet die Internationalisierung der Eroberung und Plünderung, wodurch wir zu Kompliz*innen unserer Chefs bei der Ausbeutung anderer Proletarier*innen werden und Erfolg einen Deal wie in Südafrika meint: bessere Löhne und ein Zuhause, das vom Kriegsrecht, von Folterzellen und einer Waffe in der Handtasche geschützt wird. Wahrscheinlicher ist, dass wir eine ekelhafte Mischung aus beiden Optionen bekommen!

Die Schuldenkrise, Afrika und die neuen Einhegungen

In diesem kurzen Moment schien die Welt anzuhalten und zu warten. Kein Mucks war zu hören. Die Männer Umuofias wurden eins mit der stummen Kulisse der Bäume und Lianen und verharrten. Der Bote durchbrach den Bann.
„Lasst mich durch!", befahl er.
„Was willst du hier?"
„Der weiße Mann, dessen Macht du nur allzu gut kennst, befiehlt, die Versammlung aufzulösen."
Chinua Achebe: Things Fall Apart (1959)

Die internationale Schuldenkrise kann folgendermaßen beschrieben werden: Mehr als drei Milliarden Dollar an Krediten werden zu hohen Zinssätzen an Länder der Dritten Welt vergeben, die aufgrund des Einbruchs der Rohstoffpreise und des intensiven Wettbewerbs im Handel mit Industriegütern weder die Zinsen und noch viel weniger die ursprünglichen Darlehen bedienen können. Was diese Krise bedeutet und welche Folgen sie hat, wird auf zweierlei Art interpretiert.

Auf der einen Seite gibt es die Interpretation der Rechten, die diese Krise für den Fall, dass wichtige Schuldnerländer der Dritten Welt pleite gehen, als potenzielle Gefahr für das internationale Bankensystem verstehen. Die Linke, auf der anderen Seite, verurteilt die Krise als Haupthindernis für die Entwicklung der Dritten Welt. In beiden Fällen beruhen die vorgeschlagenen Lösungen auf dem jeweiligen Verständnis der „Probleme", die sich durch die Krise stellen. Die Rechte sieht in der Schuldenkrise eine beinahe ontologische Gefahr für die Geldform auf internationaler Ebene und eine Rechtfertigung für die harte Politik, die der IWF den Ländern der Dritten Welt aufgezwungen hat, damit sie zahlen. Linke Ökonomen beklagten hingegen nicht nur die menschlichen Kosten dieser Politik, sondern behaupteten, dass die Schuldenkrise noch verlängert werde, weil sie die Entwicklung der Volkswirtschaften in der Dritten Welt blockiere. Kurz gesagt, für die Rechte gefährdet die Schuldenkrise das „stabile Wachstum" der Gläubigerländer, während die Schuldenkrise von der Linken als Haupthindernis für die wirt-

schaftliche Entwicklung der Schuldnerländer verstanden wird. Diese gegensätzlichen Auffassungen teilen eine gemeinsame Annahme: Die Schuldenkrise sei in den Neunzigerjahren eine Gefahr oder ein Hindernis für die kapitalistische Entwicklung. Wir stimmen dieser Annahme nicht zu und behaupten, dass die Schuldenkrise für die Kapitalistenklasse sowohl der Schuldner- als auch der Gläubigerländer eine produktive Krise war. Denn die Schuldenkrise war ein zentrales Instrument des Kapitals, um das Kräfteverhältnis der Klassen an beiden Polen des Schuldenverhältnisses zu seinen Gunsten zu verschieben und dadurch seine Produktivitätskrise zu lösen.

Dass die Schuldenkrise für das Kapital eine produktive Krise ist, ist nirgendwo sonst so deutlich wie in Afrika. Hier können wir sehen, wie die Politik, die zur Schuldenkrise führte, darauf abzielte, die Klassenbeziehungen zu „rationalisieren", angefangen bei der umstrittensten Frage der kapitalistischen Entwicklung: Wem gehört das Land? Es gehört zu den Grundüberzeugungen der Entwicklungstheorie, dass eine kapitalistische Industrie niemals ohne die „Rationalisierung" der Landwirtschaft geschaffen werden könne. Dabei geht es nicht nur um den Einsatz von Traktoren und Düngemitteln. Noch viel wichtiger ist die Privatisierung des Landes. Die Schuldenkrise war in Afrika ein entscheidendes Instrument für diese „Rationalisierung".

Die Landfrage klären

Warum ist die „Landfrage" in Afrika so wichtig? Die Antwort ist einfach. In Afrika sind gemeinschaftliche Besitzverhältnisse bis heute stark vertreten. Der kolonialen Herrschaft gelang es nicht, die bestehenden gemeinschaftlichen Verhältnisse, beginnend mit der Beziehung, die Menschen zu diesem Land haben, zu zerstören. Dieser Zustand wird von rechten wie auch von linken Entwicklungstheoretikern als Hauptgrund für die „wirtschaftliche Rückständigkeit" Afrikas beklagt. Der in London erscheinende *Economist* veröffentlichte im Mai 1986 eine Studie zu Nigeria, in der betont wurde, wie wichtig die „Landfrage" in der Region nach wie vor sei. Im Abschnitt „Kapitalistischer Mangel" lesen wir, dass „mit zwei Ausnahmen, nämlich Kenia und Simbabwe, wo die Landwirtschaft durch den weißen Mann europäischen Eigentums- und Erbgesetzen unterworfen wurde, praktisch überall in Afrika traditionelle Landrechte vorherrschen, die den alten, gemeinschaftlichen Anspruch auf Grund und Boden anerkennen." (Economist, 3. Mai 1986)

Das bedeutet, dass ein potenzieller Investor mit der Community verhandeln und diese „für jeden Baum, das Recht Feuerholz zu sammeln, das Weiderecht für die Ziegen und für das Grab des Großvaters" entschädigen müsse. Das gilt sogar für Länder wie Nigeria, wo der der Staat 1978 eigentlich den gesamten Boden verstaatlicht hatte. Zur Veranschaulichung dieses Skandals wurde der Bericht mit dem Bild von Kühen illustriert, die inmitten einer nigerianischen Stadt neben Autos weiden.

Wenig überraschend kommt der *Economist* zum Schluss, dass das Land in Afrika „eingehegt werden muss und die traditionellen Nutzungsrechte zu beseitigen sind", denn überall „ist es das Privateigentum an Land, das das Kapital zum Arbeiten bringt". (Economist 1986) Die Expropriation des Landes ist sowohl die Vorbedingung für die kommerzielle Landwirtschaft als auch für die Schaffung eines lohnabhängigen und disziplinierten Proletariats notwendig.

Die Studie übersieht jedoch, dass die Expropriation des Landes keineswegs nur auf die Siedlerökonomien beschränkt war und dass die Privatisierung des Landes nicht zuletzt durch die Entwicklungsprojekte der Weltbank, die im Gewand der „Modernisierung" nicht nur Traktoren, sondern neue Klassenbeziehungen in den ländlichen Gegenden durchsetzten, schon in den 1970er- und

1980er-Jahren mit beschleunigtem Tempo erfolgte. Auch die Regierung beförderte neue Eigentumsverhältnisse, wenn sie Land für den Bau von Infrastruktur oder die Ölförderung enteignete, wobei der massive Urbanisierungsprozess und nicht zuletzt die zunehmende Weigerung der jungen Generation, ihr Leben wie ihre Eltern „im Busch" zu verbringen, eine Rolle spielten.

Nichtsdestotrotz leben bis heute mindestens 65 Prozent der sub-saharischen Bevölkerung Afrikas von der Subsistenzlandwirtschaft, die hauptsächlich von Frauen betrieben wird. (Vgl. Hanson 2008) Selbst in urbanisierten Gebieten erwarten sich viele Menschen Unterstützung aus dem Dorf, woher man Essen bekommen kann, wenn man im Streik ist, oder wohin man im Alter zurückkehren kann oder wo man im Notfall ein Stück ungenutztes Land von einem Dorfoberen zugeteilt bekommt oder einen Teller Suppe von Verwandten erhält. Das Dorf ist das Symbol einer gemeinschaftlichen Lebensorganisation, die trotz der ständigen Angriffe nicht zur Gänze verschwunden ist. Man muss sich dazu ansehen, wie hoch die Verantwortung gegenüber der dörflichen Gemeinschaft bei denjenigen ist, die in die Städte gezogen sind, eine Verantwortung, die schnell zur Last wird, aber dazu dient, Menschen zu unterstützen, die sonst zurückblieben. In Nigeria legt man beispielsweise in den Dörfern häufig Geld zusammen, um die Gebühren für den Schulbesuch von Kindern zu bezahlen, in der Erwartung, dass sie, sobald sie einen Abschluss haben, den Menschen im Dorf helfen.

„Das Dorf" bildet bis heute in vielen afrikanischen Ländern das reproduktive Rückgrat der Gesellschaft, insbesondere für das Proletariat, das, wenn es einmal urbanisiert ist, den „Lifestyle" der Kernfamilie, der für die Mittelschicht typisch ist, meist nicht leben kann. Aber auch in der Mittelschicht befindet sich die Kernfamilie noch immer in einem Wettbewerb mit dem Dorf, das sich (vor allem dank der Frauen) weigert, als aufgelassene „Fabrik" behandelt zu werden. Dieser Konflikt zwischen Stadt und Dorf ist das Thema vieler Geschichten, in denen Angehörige die verstädterten Kinder durch unverschämte Erwartungen ins Verderben treiben. Aber in Wirklichkeit übten diese „unverschämten" Forderungen Druck auf die Löhne in den Städten aus und sicherten sowohl im Dorf als auch in den Städten ein höheres Konsumniveau, wodurch man in jedem Dorf über den kulturellen und materiellen Reichtum Bescheid weiß, der weltweit geschaffen wird.

Das Weiterbestehen gemeinschaftlicher Beziehungen und die mangelnde Abhängigkeit vom Lohn zeitigen für die politische Ökonomie Afrikas zahlreiche Folgen. Erstens befördern sie ein Gefühl dafür, dass es Aufgabe des Staates sei, den gesellschaftlichen Reichtum zu verteilen. Zweitens waren sie dafür verantwortlich, dass der Großteil des afrikanischen Proletariats die Gesetze des Kapitals nicht als Naturgesetze empfindet, obwohl das Ringen um den Zugang zu den Möglichkeiten industrieller Entwicklung mittlerweile ein wichtiger Faktor gesellschaftlichen Wandels ist.

Das muss an dieser Stelle betont werden, weil es in den Vereinigten Staaten die Tendenz gibt, Afrikaner*innen entweder als hilflose Opfer (von Korruption oder Naturkatastrophen) oder als Protagonist*innen rückwärtsgewandter Kämpfe zu betrachten, in denen die Stammeszugehörigkeit entscheidend ist, ein Mythos, der durch westliche Medien gepflegt wird, um im Falle von sozialen Kämpfen einer Interventionspolitik das Wort zu reden. In Wirklichkeit sind diese sozialen Kämpfe, die auf den Feldern, in den Fabriken, auf den Märkten und in den Schulen stattfinden, angesichts der hohen Bereitschaft, zu kämpfen, oft beispiellos und in ihren Inhalten überaus „modern". Das Ziel dieser Kämpfe ist nicht die Rettung einer mythenhaften Vergangenheit, sondern die Neudefinition dessen, was Entwicklung für das Proletariat bedeutet: Zugang zum Reichtum, der international geschaffen wird, aber nicht zu dem Preis, den das Kapital dafür verlangt.

Es gibt zahlreiche Beispiele für diese Bereitschaft, zu kämpfen, und die Modernität der proletarischen Kämpfe in Afrika, beginnend mit dem Widerstand gegen Volkszählungen – denn in Nigeria ist eine solches Vorhaben beispielsweise für die Regierung noch immer eine „Utopie" – über den Widerstand gegen die Einhebung von Steuern, die häufig nur unter Personenschutz erfolgen kann, bis zum Widerstand gegen Landenteignungen, der sich nicht selten zu einem offenen Krieg ausweitet. Obwohl das Land in Nigeria verstaatlicht wurde, muss die Regierung, wenn sie ein Stück Land braucht, noch immer mit den Dorfoberen darüber verhandeln, und es ist noch nicht lange her, dass für die Bäume und die Ernten Entschädigungen geleistet werden mussten. Zu guter Letzt geht der Widerstand gegen die Lohnarbeit weit über das hinaus, was zu zu erwarten ist, wenn gerade einmal 20 Prozent der Bevölkerung Lohnarbeit verrichten.

Der Widerstand des afrikanischen Proletariats gegen die Gesetze des Kapitals spitzte sich in der Generation, die in der Zeit der Befreiungsbewegungen (Guinea-Bissau 1975, Angola, Mosambik 1976, Simbabwe 1980) aufwuchs, weiter zu, und sie sieht den „Westen" jetzt durch die Augen von Soweto. Diese Jugend trieb das internationale Kapital, das eine Steigerung der Disziplin und der Produktivität in Afrika durchsetzen wollte, in den letzten Jahrzehnten in die Verzweiflung.

Während der 1970er- und 1980er-Jahre, also vor der Schuldenkrise, herrschte auf Seiten des internationalen Kapitals die Überzeugung, dass Afrika ein hoffnungsloser Fall sei und die einzige Hoffnung für seine Zukunft in einer drastischen Reduktion seiner Bevölkerung bestehe. „Afrikas Widerstand gegen die Entwicklung" saß auf der Anklagebank. Das *Wall Street Journal* berichtete, dass Afrika die einzige Region der Welt sei, die in der Nachkriegszeit kein Wachstum verzeichnen konnte. Das Festhalten der Afrikaner*innen an „ihren traditionellen Gepflogenheiten" – ein Code für antikapitalistisches Verhalten – und ihre Forderung nach einem höheren Lebensstandard, insbesondere in Ländern wie Nigeria oder Sambia, die in den 1970er-Jahren aufgrund der Öl- und Kupferpreise einen Sprung nach vorne machten, müsse bekämpft werden, wenn irgendeine Form der kapitalistischen Entwicklung in der Region stattfinden solle. Als Antwort auf diese politischen und strukturellen Probleme verfolgte das internationale Kapital eine Politik der geplanten Unterentwicklung, in dessen Zentrum die Abschaffung gemeinschaftlicher Landrechte stand. Unternehmen flohen nicht nur aus Afrika, um in den sicheren Häfen amerikanischer oder schweizerischer Banken anzulegen, sondern auch die Zahl ausländischer Investoren reduzierte sich auf einige wenige. Der afrikanische Kontinent war in den 1970er- und 1980er-Jahren die Region mit den geringsten Investitionen. Die Entwicklungshilfe und die afrikanischen Exporte brachen ebenfalls ein. Mittlerweile ist die Gefahr der „Bevölkerungsexplosion", als Vorbote der Revolution verstanden, Teil der Litanei internationaler Organisationen und afrikanischer Politiker. Infolgedessen „erlebt Afrika heute die schlimmste Depression aller Weltregionen seit dem Zweiten Weltkrieg", sagt Alden W. Clausen, Präsident der Weltbank. So gesehen, bildet Afrika aus der Perspektive des Kapitals die Spitze des Eisbergs, wo wir auf den stärksten Widerstand gegen die Entwicklung treffen.

Wie sehr das Kapital an der Profitabilität der afrikanischen Ökonomie verzweifelt, wird zum einen am düsteren Ton deutlich, der angeschlagen wird, wenn über Afrika gesprochen wird, und zum anderen an der Missachtung, die das internationale Kapital für der Erhaltung der Arbeitskraft in Afrika zeigt. In Afrika werden medizinische Tests für Impfstoffe gegen AIDS durchgeführt.[1] Afrika ist die Müllhalde der Welt für chemische und nukleare Abfälle und pharmazeutische Produkte, die abgelaufen sind oder in Europa und den USA verboten wurden.[2] Innerhalb dieses Szenarios müssen wir die Entwicklung der Schuldenkrise verstehen,

1 In den 1980er-Jahren führten medizinische Forschungszentren aus Frankreich und den USA Tests im Kongo und in anderen Teilen Afrikas mit Lebendimpfstoffen durch. Ein Grund für die Wahl Afrikas als Testgebiet war laut Dr. Robert W. Ryder, dem Direktor des amerikanischen AIDS-Forschungsprogramms: „Was können wir hier [Zaire] tun (…) Das, was wir in den Vereinigten Staaten nicht tun können. Tausende und Abertausende von AIDS-Opfern finden, weil die Löhne niedrig genug sind, um dies zuzulassen." (New York Times vom 2. August 1988.) Noch eindeutiger wurde das von Dr. Jeffrey C. Laurence ausgesprochen, einem Forscher des Cornell Center, der meinte, dass „wenn die Forscher neue Techniken entwickeln (…) es beinahe unvermeidlich ist, dass die Wissenschaft ein bisschen schmutzig wird." (Altman 1987) Afrika ist noch immer das Experimentierfeld für Impfstoffe gegen AIDS. Für November 2016 wurde von Anthony S. Fauci, dem Direktor des US-amerikanischen Zentrums für Krankheitskontrolle, eine umfangreiche Testreihe angekündigt. (Vgl. National Institutes of Health 2016)

2 Als der Text verfasst wurde, exportieren die USA giftige Abfälle nach Afrika. Die USA waren auch eines der wenigen Länder, das sich viele Jahre später, im Jahr 1998, weigerte, die Entscheidung der Europäischen Union über das Exportverbot giftiger Abfälle in die Länder der Dritten Welt anzuerkennen.

die in den frühen 1980er-Jahren mehr als 25 afrikanische Länder betraf.

Die Schuldenkrise als produktive Krise für das Kapital

Es lässt sich nur schwer bestimmen, wie weit die Zuspitzung der Schuldenkrise eine Folge des Drucks proletarischer Forderungen war, der die Regierungen Afrikas in den 1970er-Jahren Geld von ausländischen Banken zu leihen zwang, oder ob sie stärker von den internationalen Banken bestimmt wurde, die drastische politische Reformen durchzusetzen suchten. Sicher ist aber, dass die Schuldenkrise dem nationalen und internationalen Kapital die einmalige Gelegenheit bot, die Klassenbeziehungen umfassend neu zu strukturieren, um die Arbeitskosten zu senken, die Produktivität zu steigern, die „sozialen Erwartungen" umzukehren und den Kontinent zu öffnen, damit dieser vollständig kapitalistischen Verhältnissen unterworfen werden kann, wofür die kapitalistische Nutzung des Landes als Grundlage dient.

Die Krise entfaltete sich in Afrika, wie in anderen Teilen der Dritten Welt auch, in zwei unterschiedlichen Etappen, die sich durch das mehr oder weniger direkte Eingreifen ausländischer Regierungen und die Rolle internationaler Organisationen unterscheiden. Es gab eine Arbeitsteilung zwischen dem Internationalen Währungsfonds (IWF) und der Weltbank, die weniger der Logik vom „guten und bösen Polizisten" folgte, sondern mit unterschiedlichen Ebenen des proletarischen Widerstands, dem Schlüsselfaktor in der Dialektik von Entwicklung und Unterdrückung, umzugehen suchte. Die erste Etappe, die in etwa von 1980 bis 1984 dauerte, war von der „monetaristischen Politik" des IWF geprägt. In dieser Phase, als ein Land nach dem anderen mit seinen Zinszahlungen in Rückstand geriet, wurden mit dem IWF Vereinbarungen über Beistandskredite getroffen, um die Liquidität sicherzustellen, wofür aber die berühmt-berüchtigten Konditionen des IWF akzeptiert werden mussten: Kürzungen bei den Subventionen für Lebensmittel, Sozialabbau, Lohnkürzungen, Kürzungen im öffentlichen Sektor und eine massive Abwertung der nationalen Währungen, die in vielen Fällen die betroffenen Volkswirtschaften geradezu entmonetarisierte. Um das Jahr 1984 waren der Widerstand gegen weitere Sparmaßnahmen und der Hass auf den IWF so groß, dass eine neue Strategie entwickelt werden musste, womit auch gleich der Aufseher ausgetauscht wurde und die Weltbank diese Rolle übernahm. Die zweite Phase, die 1984 begann, fand in Form eines von der Weltbank unterstützten „Konjunktur- und Entwicklungsplans“ statt.

Die Weltbank ist eine alte Bekannte des afrikanischen Kontinents, die nach der Unabhängigkeit die abtretende Kolonialverwaltung ersetzte. In den 1980er-Jahren spielte sie die Rolle der grauen Eminenz des Kapitals. Kaum ein Plan, der verabschiedet, kaum ein Vertrag, der geschlossen wurde, ohne dass die Weltbank in der Rolle der Kreditgeberin, Beraterin oder Kontrolleurin und in ihrem neuesten Selbstverständnis als „Wissensbank“ eingegriffen hätte. Im Jahr 1984 kündigte die Bank an, dass sie eine Milliarde US-Dollar an „weichen Darlehen“ für die sub-saharischen Staaten zur Verfügung stelle, sofern diese ihr Rezept für einen „wirtschaftlichen Aufschwung“ akzeptierten und den Reformweg einschlügen. Diese „besondere Gelegenheit für Afrika“, die unter dem Namen „Strukturanpassungsprogramm“ (SAP) das Modell für den Baker-Plan wurde, der im Oktober 1985 in Seoul bei einem Treffen von IWF und Weltbank beschlossen wurde[3], entwickelte sich zum Vehikel der viel gepriesenen Umstellung auf eine freie Marktwirtschaft, die viele afrikanische Länder seit 1985 durchliefen.

3 James Baker, in dieser Zeit Finanzminister der USA, veröffentlichte in Seoul einen Plan, der als Lösung im Kampf gegen die Schuldenkrise verkauft wurde.

Strukturanpassungsprogramme sind aber in Wirklichkeit nichts andere als die auf die Dritte Welt adaptierte Laissez-Faire-Politik der Reagonomics. Das Modell dafür ist das Programm, das Milton Friedman nach dem Sturz der Regierung Allende für Chile entwickelte und das darauf abzielte, all das, was den Lebensstandard der Arbeiter*innenklasse sichern konnte, zu beseitigen und die Arbeiter*innen dazu zu zwingen, unter Bedingungen zu leben, die sie weltweit in Konkurrenz zu allen anderen Arbeiter*innen bringen. So legt der internationale Arbeitsmarkt, unterstützt durch die staatliche Repression, die Höhe der Löhne fest, um sicherzustellen, dass sie nie „internationales Niveau" erreichen.

Strukturanpassungsprogramme erfordern ein hohes Maß an Repression. In Chile kostete deren Implementierung dreißigtausend Arbeiter*innen das Leben, abgeschlachtet als Tribut für die neue Freiheit des Marktes. Ein Strukturanpassungsprogramm bedeutet auch, dass ein Land im Austausch für „wachstumsorientierte" Kredite die Liberalisierung der Importe, die Privatisierung der staatlichen Industrie, die Aufhebung aller Beschränkungen des Devisen- und Rohstoffpreises, den Wegfall jeglicher Subventionsprogramme und vieles mehr akzeptieren muss. Zusätzlich wird eine Abwertung der Währung verlangt, damit mit den Darlehen diese Programme finanziert werden können und ein exportorientierter Agrar- und Industriesektor aufgebaut werden kann. Laut den Unternehmern und der Weltbank werden, wenn erst die Preise für Waren, Dienstleistungen und Arbeitskräfte dem „Marktwert entsprechen" und importierte Waren auf den Märkten verfügbar sind, alle dazu animiert, mehr zu produzieren, die Auslandsinvestitionen werden florieren, die Exporte steigen, es wird in harter Währung verdient, und schlussendlich gelingt der Aufschwung. In Wirklichkeit bedeuten Strukturanpassungsprogramme jedoch, dass Millionen von Afrikaner*innen, deren Monatslohn im Durchschnitt höchstens dreißig Dollar beträgt, amerikanische Preise für die Waren und Dienstleistungen zahlen müssen, die sie benötigen. Selbst die lokalen Lebensmittelpreise erreichen ein unerschwingliches Niveau, da das Land zunehmend mit Feldfrüchten bewirtschaftet wird, die nicht für den lokalen Verbrauch bestimmt sind.

Strukturanpassungsprogramme sind in Wirklichkeit das Instrument, um das afrikanische Proletariat in den Weltmarkt zu integrieren, auf eine Art und Weise, die der Kolonialzeit nicht unähnlich ist, weil von ihnen erwartet wird, dass sie Nutzpflanzen produzieren, die sie selbst nicht konsumieren werden, und weil sie für das, was sie brauchen, Preise zahlen müssen, die sich auf internationalem Niveau bewegen, und das just in dem Moment, in dem die Löhne aufgrund der Kürzungen nicht nur sinken, sondern angesichts der astronomischen Abwertung bedeutungslos geworden sind. Die Integration des afrikanischen Proletariats in den Weltmarkt wird nicht zuletzt an den neuen Chefs deutlich. Mit dem Versuch, die Produktivität zu steigern, wurde die „Indigenisierung" rückgängig gemacht, und die ausländischen Manager und Techniker kehren, wie in den Zeiten der Kolonisierung, zurück. Die Hoffnung ist, dass die weißen Herren die Menschen effizienter zur Arbeit bringen, als es ihre afrikanischen Kollegen taten.

Die wichtigsten Akteure dieser Trendumkehr waren ausländische Institutionen wie der IWF, die Weltbank, der Club von Paris, der Club von London und die Handelsbanken. Die durchgesetzten Maßnahmen schrieben ein neues Kapitel neokolonialer Beziehungen, in dem die Banken und Agenturen die imperiale Rolle der alten Kolonialmächte übernahmen. Der Vergleich mit der Kolonialzeit ist nicht unbegründet. Wenn ein Land einmal im Griff von IWF und Co. ist, verliert es jegliche wirtschaftliche und politische Unabhängigkeit. IWF-Vertreter*innen sitzen im Vorstand der Zentralbank, wirtschaftliche Großprojekte bedürfen ihrer Zustimmung, und regelmäßig tauchen Horden von ausländischen Beamten auf und überprüfen die Rechnungsbücher. Regierungen sind nicht in der Lage, einen unabhängigen politischen Weg zu beschreiten, selbst wenn sie das versuchen, weil sie davon abhängig sind, sich alle paar Monate bei ausländischen Agenturen um Umschuldung oder neue Kredite zu bemühen.

Liberias Bitte an Washington, ein Team von Managern zu senden, das ihre Wirtschaft übernehmen sollte,[4] ist zwar ein extremes Beispiel, aber überaus bezeichnend für das, was heute in Afrika passiert. Ähnlich vielsagend sind die Annäherungsversuche afrikanischer Regierungen wie jener von Kamerun, der Elfenbeinküste oder Nigeria an Israel und Südafrika, zu denen lange Zeit
nur geheime Beziehungen bestanden. Man kann also von einer Neukolonialisierung Afrikas unter der Hegemonie westlicher Mächte sprechen und davon, dass die Krise dazu benutzt wurde, das wiederzugewinnen, was nach den antikolonialen Kämpfen verloren gegangen war.

All das sollte aber nicht darüber hinwegtäuschen, dass sowohl die Krise als auch die ausländische Hilfe von den dominierenden Sektoren der herrschenden Klasse Afrikas begrüßt wurde. Diese nutzten die Auslandsverschuldung dazu, die Zugeständnisse, die sie den Arbeiter*innen nach der Unabhängigkeit machen mussten, rückgängig zu machen und die Militanz der neuen Generation einzudämmen. Ohne Zweifel hatten die politischen Führer Afrikas einige bittere Pillen zu schlucken. Für die herrschende Klasse Afrikas ist die Verflechtung mit dem internationalen Kapital, die sie heute eingehen, etwas ganz anderes als der Deal, denn sie nach

4 Die USA stimmten 1987 der Entsendung von 17 Finanzexperten nach Liberia zu, die „entsprechende Vollmachten hatten, die von Schulden geplagte Wirtschaft des Landes zu verwalten." (New York Times vom 5. März 1987)

der Unabhängigkeit geschlossen hatten. Früher war das kapitalistische Gegenüber um einiges weniger einheitlich, die USA konkurrierten mit den alten Kolonialmächten und der Sowjetunion um politischen Einfluss auf dem Kontinent. Heute sind die wichtigen Sektoren des internationalen Kapitals eng verflochten. Daher sind die nationalistischen Spielräume, die die Staats- und Regierungschefs Afrikas zu nutzen wussten, indem sie sich öffentlich der Blockfreiheit und des Panafrikanismus rühmten, während sie, wie beispielsweise Nigeria, hinter verschlossenen Türen mit Südafrika Handel trieben und Gelder aus „Ost" und „West" annahmen, nun verschlossen. Genauso wenig können sie heute zwischen der Scylla

des demagogischen Sozialismus und der Charybdis der Verschwendung von Kapital für offensichtlich unproduktive Zwecke manövrieren.

Afrikanische Politiker wurden auch vor Gericht gestellt. Ihnen wurde vorgeworfen, eine persönliche Bindung zum Kapital eingegangen zu sein, man beschuldigte sie also der Korruption und mangelnder Managementfähigkeiten. Diese Schelte betrachtet man in vielen Teilen Afrikas als durchaus nützlich. Die Schuldenkrise war ein „Bewusstseinsbildungsprozess" für die Staats- und Regierungschefs Afrikas, denn sie begriffen, dass sie ohne die Hilfe von Washington, London und Paris nicht regieren können. Die Krise machte deutlich, wie sehr sich diese Politiker ähnlich waren, ohne Rücksicht darauf, wie sehr sich einige von ihnen einer sozialistischen Rhetorik bedienten. Deshalb unterwarfen sie sich so rasch den Forderungen des ausländischen Kapitals. Nicht wegen ihrer Hilflosigkeit gegenüber Washington und London, sondern wegen ihrer Hilflosigkeit gegenüber den Menschen in Afrika. Es ist kein Zufall, dass, abgesehen von Tansania unter Präsident Nyerere, die afrikanischen Regierungen nirgendwo versuchten, während der Schuldenkrise die Bevölkerung zu mobilisieren, die dazu sicher bereit gewesen wäre. Im Gegenteil, die mörderische Austeritätspolitik wurde „weitergereicht" und ein erheblicher Teil der ohnehin knappen Fremdwährungsreserven in Armee und Polizeikräfte gesteckt, um diese mit der neuesten Ausrüstung zur Aufstandsbekämpfung auszurüsten, während sie dem IWF vorgaukelten, hilflos zu sein. Die Schuldenkrise machte deutlich, dass die Regierungen Afrikas zur Aufrechterhaltung ihrer Herrschaft auf die Unterstützung von Washington, London und Paris angewiesen sind.

Ein Ergebnis der Schuldenkrise war die Neuordnung des kapitalistischen Kommandos, angefangen bei der Vereinheitlichung von „metropolitanem" und „peripherem" Kapital. Die Bereitschaft der Staats- und Regierungschefs Afrikas, sich dem internationalen Kapital zu unterwerfen und zum Teil Sparmaßnahmen umzusetzen, die noch strenger waren als jene, die von der Weltbank und dem IWF gefordert wurden, war so groß, dass einige afrikanische Länder (z. B. Marokko, Ghana und Nigeria) Vorzeigeprojekte der multinationalen Institutionen wurden.

Der Wendepunkt erfolgte im Frühjahr 1986, als die „Organisation für Afrikanische Einheit" (OAU) entschied, das Schuldenthema vor die Vereinten Nationen zu bringen und die westlichen Länder um Hilfe zu ersuchen. Zu diesem Zeitpunkt waren fast alle Länder des Kontinents mit ihren Zinszahlungen in Verzug und viele mussten 30 bis 40 Prozent ihres Staatshaushalts für den Schuldendienst aufbringen, was laut linken Ökonom*innen der wirtschaftlichen Katastrophe Tür und Tor öffnet.

Dieser beispiellose Schritt war für die Mächte des Westens ein wichtiger ideologischer Erfolg, weil sie sich nach Jahrzehnten antiimperialistischer Rhetorik in ihren Bedenken hinsichtlich der Unabhängigkeit bestätigt fühlen konnten. („Wir haben euch doch gesagt, dass ihr noch nicht bereit seid!") Als sie bei dieser Sondersitzung der Vereinten Nationen eine Resolution ablehnten, in der es um ihre Verantwortung für die Afrikakrise ging, stellten sie klar, dass sie nichts mehr davon hören wollten, wie sehr der Kolonialismus Afrika in die Armut getrieben habe. So ist es in den US-amerikanischen Medien weitgehend Konsens, dass der Kolonialismus keine Verantwortung dafür trage, was heute in Afrika passiert.

Die Sitzung der Vereinten Nationen 1986 war der Canossagang der Regierungen Afrikas. Sie gaben öffentlich zu, selbst nicht in der Lage zu sein, den Kontinent zu regieren. Die Sitzung bot den alten und neuen Kolonialmächten wie Japan die Gelegenheit, die Zügel in die Hand zu nehmen. Der „Siegeszug" des Außenministers der USA, George P. Shultz, durch Afrika im Juni 1986 und die Ermordung von Thomas Sankara, des Präsidenten von Burkina Faso und Symbols für Panafrikanismus und Antiimperialismus, besiegelten das Abkommen.

Seit damals entfaltete sich die Schuldenkrise in Afrika in all ihrer mathematischen Logik und zeigte, dass es irreführend ist, sie als eine quantitative Krise zu verstehen, wie das in der Regel der Fall ist. Der Trugschluss in diesem mathematischen Ansatz besteht darin, dass aus Sicht des Kapitals „wirtschaftlicher Aufschwung" gleichbedeutend mit „Schuldenabbau" ist. Wäre das der Fall, dann wäre fast alles, was im Zusammenhang mit Schulden passiert, vollkommen unverständlich. In den meisten Ländern nahm die Verschuldung dramatisch zu, nachdem die Maßnahmen des IWF und der Weltbank, die den wirtschaftlichen Aufschwung ermöglichen sollten, akzeptiert worden waren. Die Verschuldung Nigerias stieg beispielsweise nach der Implementierung der Strukturanpassungsprogramme von 20 auf 30 Milliarden US-Dollar. Der Grund für dieses scheinbar paradoxe Ergebnis ist, dass die Schuldenkrise nicht von der Höhe der Schulden bestimmt wird, sondern von den Prozessen, die davon ausgelöst werden: Das Einfrieren der Löhne, der Kollaps der lokalen Industrie, die nicht mit ausländischem Kapital verbunden ist und harte Währung bringen soll, die es für Technologie- und Kapitalinvestitionen braucht, das

Verbot von Gewerkschaften, die Abschaffung kostenloser Bildung, sogar auf Ebene der Grundschule, die Einführung drakonischer Gesetze, die aus Streiks und anderen sozialen Kämpfen einen Akt der wirtschaftlichen Sabotage machen, das Verbot militanter Student*innenorganisationen und vor allem die Privatisierung des Landes. Die Funktion der Schuldenkrise lässt sich wahrscheinlich am deutlichsten am bestens finanzierten Ausbau repressiver Mittel ablesen. Die Schuldenkrise brachte die neuesten Repressionstechnologien nach Afrika. Einzig und allein Ausgaben für die „Verteidigung" wurden den afrikanischen Regierungen von den internationalen Organisationen erlaubt, während sie zugleich jeden Cent umdrehen mussten, wenn es um Ausgaben für Gesundheit oder Bildung ging. „Krise" ist aus der Perspektive des Kapitals ein vollkommen unzutreffender Begriff, aber es ist ohne Zweifel eine Krise aus der Perspektive der Arbeiter*innenklasse.

Am Beispiel Ghanas, einer Erfolgsgeschichte des IWF im Hinblick auf die Liberalisierung des Handels und die Wachstumsraten der Wirtschaft, können wir sehen, was das für die Menschen tatsächlich bedeutet. Seit 1983, als Ghana sich dem IWF zu unterwerfen beschloss, verlor die Landeswährung Cedi beinahe 100 Prozent seines Werts. Die Banknoten sind praktisch wertlos, die Mehrheit der ghanaischen Bevölkerung wurde entmonetarisiert. Die Gewerkschaften wurden eingeschüchtert, damit sie diese Politik unterstützen und Streiks verhindern, auch dank Jerry Rawlings früherem Image als „Mann des Volkes". Das Eingreifen des internationalen Kapitals zwang die Ghanaer*innen also, die Geldbeziehungen hinter sich zu lassen. Heute kann ein mittlerer Angestellter mit seinem monatlichen Gehalt gerade noch ein Drittel der Lebensmittel seiner Familien bezahlen. Sie sind also gezwungen, andauernd irgendwelche Geschäfte zu machen, was überaus energieraubend ist. Wobei die Erfahrung, ständig neue Möglichkeiten der Reproduktion finden zu müssen, langfristig zu unerwarteten Ergebnissen führen kann.

Heute behalten in Ghana viele nur deswegen ihren bezahlten Job, weil sie hoffen, in der Arbeit etwas „auf die Seite schaffen“ und die Ressourcen ihres Arbeitsplatzes für ihre Reproduktion nutzen zu können. Mit oder ohne Lohn ist das Leben ein endloser Kampf, in dem Prostitution, Geschäfte mit Touristen, Subsistenzlandwirtschaft und Überweisungen aus dem Ausland für die meisten die einzige Alternative zu Kriminalität oder Hungertod sind. In den letzten vier Jahren wanderten zwei Millionen Menschen, beinahe 20 Prozent der Bevölkerung, nach Italien, Island und Australien aus, viele andere machten sich auf den Weg. Man nennt sie „Menschen der Straße“, sie sind globale Nomad*innen, die über Bord geworfen werden, wenn sie illegal ein Schiff nehmen, ziehen von einem Hafen zum anderen, immer auf der Suche nach einem Land, das sie aufnimmt, bereit, die schlechtesten Arbeitsbedingungen zu akzeptieren, weil die Handvoll Dollar, die man beim Verkauf von Uhren oder Taschen in den Straßen von New York verdient, eine Familie in Accra oder Dakar ernähren kann. Die Flucht aus allen Teilen Afrikas nahm ein derartiges Ausmaß an, dass sich daraus ein eigener Job entwickelte und sich Menschen darauf spezialisierten, Wege zu finden, um an ein Visum für ein anderes Land zu gelangen.

Überall, von Nigeria bis Tansania, ist eine neue Diaspora damit beschäftigt, Millionen Menschen zur Arbeit nach Europa und in die USA zu schicken. Diese Diaspora stellt für das europäische und amerikanische Kapital eine Goldmine dar. Das Kapital vertraut auf die Faustregel aus der Zeit des alten Sklavenhandels: Menschen sind produktiver, wenn sie ihr Zuhause verloren haben. Mittlerweile überwachen die Demographen der Weltbank die Zahl und den Zustand der Migrant*innen, und sie registrieren mit beinahe nazistischer wissenschaftlicher Präzision, welche Länder unter den für die Arbeit notwendigen Kalorienverbrauch gefallen sind, und wo es zum „bloßen Überleben" gerade noch reicht. Der Hunger taucht an unerwarteten Orten wie beispielsweise in Nigeria, traditionell der „Süßkartoffelkorb" Afrikas, und sogar in der Zeit von Rekordernten wieder auf. Nicht nur das Fleisch verschwindet von den Mittagstischen, sondern sogar das Gari, das Maniokmehl, das billigste und wichtigste Grundnahrungsmittel, wird zumindest in den Ballungszentren unerschwinglich, weil es mit Lastkraftwagen dorthin transportiert werden muss, die wiederum mit Benzin betrieben werden, das mittlerweile so teuer ist wie früher der Whiskey. Im Zentrum der Schuldenkrise steht, da es das Ziel des IWF und der Weltbank ist, das Land und die Menschen intensiver auszubeuten, die Zerstörung des dörflichen und gemeinschaftlichen Landbesitzes, des alten afrikanischen Reproduktionssystems des Lebens und der Arbeitskraft.

Die erste Phase der Schuldenkrise – die Entmonetarisierung der afrikanischen Volkswirtschaften – machte den Afrikaner*innen klar, dass sie – aus kapitalistischer Perspektive – tot und die Zeiten, in denen sie in den Nischen zwischen Dorf und Weltmarkt leben konnten, vorbei sind. Die Hungersnöte der Jahre 1984 und 1985 verdeutlichten das in ganz Afrika mit brutaler Gewalt. Die zweite Phase der Schuldenkrise, die Phase der Strukturanpassungsprogramme, war und ist die Zeit der Einhegungen des Landes. Die Botschaft war hierbei ganz klar: Entweder wird auf dem Land für den nationalen und internationalen Markt produziert oder jeder andere, der das tun will, kann es in Besitz nehmen. Wenn diese „Strukturanpassung" gelingt, ist „Mutter Afrika" am Ende.

Neue Soziale Kämpfe

Die Schuldenkrise ist ein Fall aus dem Lehrbuch für die alte Wahrheit, dass wirtschaftlicher Liberalismus mit sozialem Faschismus nicht nur vereinbar ist, sondern ihn in kritischen Momenten sogar erfordert. Heute wird in den meisten liberalisierten, strukturell angepassten Ländern Afrikas der chilenische Weg des Wirtschaftsaufschwungs beschritten. Das chilenische Rezept wurde geradezu auswendig gelernt: Student*innenorganisationen müssen verboten und in den Untergrund getrieben, Gewerkschaften eingeschüchtert und die Sicherheitskräfte reformiert werden, in der Regel mit Beratern aus den USA, Großbritannien, Frankreich und Israel im Hintergrund. Neue Gesetze zur Verbrechensbekämpfung sind ebenfalls Standard. In Nigeria wurde das „Dekret 20" verabschiedet, das Streiks auf den Ölfeldern als „Wirtschaftssabotage" definiert und für Saboteure die Todesstrafe vorsieht. Durch das

„Dekret 2" können vorbeugende Haftstrafen von bis zu sechs Monaten verhängt werden. Die Todesstrafe wird zunehmend als Waffe im „Krieg gegen bewaffnete Raubüberfälle", dem nigerianischen Gegenstück zum „Krieg gegen die Drogen", eingesetzt. Am nigerianischen Beispiel sehen wir auch, wie wenig „Redefreiheit" geblieben ist. Sogar bei Seminaren über die Strukturanpassungsprogramme, an denen Nobelpreisträger wie Wole Soyinka teilnehmen, stehen bewaffnete Sicherheitskräfte vor der Tür.

Aber keine dieser Maßnahmen konnte den Widerstand gegen die „Maßnahmen zur wirtschaftlichen Erholung" beenden. Im Dezember 1986 erlitt der IWF in Sambia erstmals Schiffbruch, nur wenige Monate nach der UN-Konferenz über Afrika. Die Regierung Sambias musste sich unter den Tränen ihres Präsidenten Kenneth Kaunda vom IWF abwenden, nachdem es im Norden des Landes, im Herzen des Kupferabbaus, zu massiven Unruhen gegen den IWF und die Austeritätspolitik gekommen war. Nach weiteren Preiserhöhungen und der Abwertung der Landeswährung Kwacha brachen die gewalttätigsten Proteste seit der Unabhängigkeit aus. Die Regierung schickte das Militär in die Region und machte die Grenzen dicht. Der Auslöser für die Unruhen war die Ankündigung der Regierung, der Forderung des IWF nachzu-

kommen und den Preis für Maismehl zu verdoppeln. Als Hausfrauen, Jugendliche und Arbeitslose davon Wind bekamen, gingen sie massenhaft auf die Straße und griffen die Lagerhäuser an, wo der Mais gelagert wurde, und innerhalb kürzester Zeit war jedes Geschäft ein potentielles Ziel der Proteste. Die aufgebrachte Menge eignete sich Fernseher, Stereoanlagen und sogar Autos an, die Polizei wurde mit Steinen beworfen, Regierungsbehörden wurden angegriffen, und das Hauptquartier des Präsidenten in Kalulushi wurde niedergebrannt, daher die Tränen Kaundas. Zehn Menschen sollen während der Ausschreitungen getötet worden sein. Schlussendlich musste die Regierung einlenken, den Preis für Maismehl senken und dem IWF mitteilen, dass sie seiner Forde-
rung nicht nachkommen könne.

Der Widerstand in Nigeria war ebenso gewalttätig und hartnäckig. Seit die Regierung Verhandlungen mit dem IWF aufgenommen hatte, gingen Student*innen, Marktfrauen und Arbeiter*innen auf die Straße, um gegen die Abschaffung des kostenlosen Zugangs zu Bildung, gegen die Bedingung, Steuernachweise zu erbringen, die erforderlich waren, wenn die Kinder in die Schule gehen wollten, gegen Lohnstopps und gegen die Abschaffung von Subventionen für das im Inland verkaufte Erdöl zu protestieren.

Die Beteiligung von Student*innen an den Unruhen in Sambia und Nigeria ist wenig überraschend. Überall in Afrika standen Student*innen an der Spitze der Proteste gegen die Strukturanpassungsprogramme. (Vgl. Federici et.al. 2000) Obwohl sie eine privilegierte Minderheit sind und häufig ihre politischen Überzeugungen nach dem Studium aufgeben, um einen Regierungsjob zu ergattern, zwingen die IWF-Vorgaben zur Bildungspolitik viele Student*innen zu einer radikaleren Haltung, weil der IWF beispielsweise eine drastische Reduktion der Zahl der Absolvent*innen vorschreibt. Die Strukturanpassung ist der Todesstoß für den

„Gesellschaftsvertrag", der den Absolvent*innen nach der Unabhängigkeit eine sichere Zukunft versprach. Heute ist die Arbeitslosigkeit weit verbreitet, und viele Absolvent*innen, sogar Ingenieure, schätzen sich schon glücklich, zumindest einen Job als Taxifahrer zu finden. Es ist also kein Zufall, dass die Durchsetzung der IWF-Sparmaßnahmen mit einem Angriff auf die Student*innen und ihre Organisationen einherging.

Ein Beispiel für diese gewaltsame Unterdrückung ist der 26. Mai 1986. Nach einer friedlichen Demonstration an der Ahmadu Bello-Universität in Zaria (Nordnigeria) und eine Woche bevor die Vertreter des IWF und der Weltbank in Lagos eintrafen, um

Budgets und Wirtschaftspolitik des Landes zu prüfen, drangen Lastwagen voller Polizisten in den Campus ein und erschossen Student*innen und Besucher*innen. Mit Maschinengewehren bewaffnete Polizisten verfolgten die Student*innen bis in die Schlafsäle, wo später unzählige Verwundete und Tote gefunden wurden, und in die umliegenden Dörfer, wo sie Zuflucht gesucht hatten. Mehr als vierzig Menschen wurden getötet und viele weitere verletzt. Das Massaker war aber nicht das Ende der Proteste. In den folgenden Tagen explodierten die Unruhen im ganzen Land. Student*innen in Lagos, Ibadan und an anderen Universitäten blockierten die Straßen, griffen Regierungsgebäude und Gefängnisse an, wo sie hunderte Gefangene befreiten, von denen einige im Todestrakt saßen, und verwüsteten die Räumlichkeiten der Zeitungen, die den Protest totgeschwiegen hatten.

Seit damals wurden die Proteste gegen die Strukturanpassungsprogramme in Nigeria endemisch und gipfelten im Mai und Juni 1989 in neuen Aufständen in den großen Städten des Südens wie Lagos, Bendel und Port Harcourt. Wieder stellten sich Student*innen, Frauen und Arbeitslose gemeinsam der Polizei entgegen und brannten Regierungsgebäude nieder. In Bendel wurde das Gefängnis geplündert, hunderte Gefangene wurden befreit und die Lebensmittel den Krankenhäusern übergeben, wo Patient*innen immer wieder verhungern, wenn sie nicht für ihre eigene Versorgung aufkommen können. Berichten zufolge wurden in Nigeria in der Zeit, als die Proteste auf dem Platz des Himmlischen Friedens in Peking stattfanden, mehr als 400 Menschen getötet, obwohl kaum ein Wort über diese Unruhen und Massaker in den US-Medien zu finden war.

Auch in Zaire gab es Proteste gegen den IWF. Im Dezember 1988 wurden protestierende Frauen von Regierungstruppen mit Maschinengewehren erschossen. Im Februar 1989 wurden zahlreiche Student*innen in Kinshasa und an der Universität von Lumumbashi getötet oder verwundet, nachdem es zu Protesten gegen die Anhebung der Preise für den Öffentlichen Verkehr gekommen war und einige Student*innen einen Bus der Regierung gekapert hatten. Auch in Ghana standen Konfrontationen zwischen Student*innen und der Regierung seit der Umsetzung des IWF-Abkommens auf der Tagesordnung.

Diese Aufstände sind nur ein Teil des Widerstands gegen Sparmaßnahmen und Strukturanpassung. Ein tagtäglicher Kleinkrieg wird gegen die Erhöhung der Transportpreise ausgefochten, dieser Kleinkrieg setzt sich an den „bukas", den Imbissständen am Straßenrand fort, wenn die Leute auf ein Stück Fleisch in ihrer Suppe bestehen, wie auch auf den Märkten, wo sich die Menschen dagegen wehren, dass die Regierung „illegale" (d.h. nicht steuerpflichtige) Anbieter verbieten möchte. Neben diesen kleinteiligen Kämpfen gegen die IWF-Politik nehmen bewaffnete Raubüberfälle, der Schmuggel und der Krieg um Grund und Boden rapide zu. Diese Kämpfe waren nicht vergebens. Die jüngste Entscheidung des OECD-Gipfels in Paris anlässlich des 200. Jahrestages des Sturms auf die Bastille, einen Teil der Schulden jener Länder, die Strukturanpassungsprogramme einführten, zu streichen, bestätigt ihre Macht.

Ablass, Moratorien und das Ende der Schuldenkrise

Ich habe zu zeigen versucht, dass sowohl die linke als auch die rechte Analyse der Schuldenkrise ungeeignet ist, deren Dynamik zu erfassen und deren Ende zu bestimmen. Die Linke und die Rechte sehen in der Schuldenkrise ein Problem der Akkumulation. Aber beide Seiten können nicht erklären, warum die Krise genau zu diesem Zeitpunkt auftrat und warum sie zu einem chronischen Aspekt der gegenwärtigen kapitalistischen Entwicklung wurde. Und beide können keine Vorschläge machen, wie die Krise zu beenden sei. Der Grund dafür ist, dass linke wie rechte Analysen nicht erkennen können, dass das Ziel der Schuldenkrise gar nicht die offiziellen Schuldner, also die Länder der Dritten Welt, die Banken und Unternehmen, sind, sondern diejenigen, die auf den ersten Blick gar nicht vorkommen: die Arbeiter*innen Afrikas. In Afrika ist dieses Versagen am leichtesten zu erkennen, weil die Vorstellung, dass beispielsweise ein Lohnarbeiter aus Lagos oder ein Bauer aus der Provinz Kano beim IWF verschuldet sein soll, absurd erscheint. Wenn wir die Schuldenkrise jedoch als eine betrachten, die sich gegen jene richtet, die gar nicht verschuldet sind, wird schnell klar, warum die Krise trotz der Machenschaften von Brady oder Baker chronisch wurde. Niemand aus der Klasse der Kapitalisten, weder innerhalb noch außerhalb Afrikas, hat ein Interesse daran, die Schuldenkrise in Afrika zu beenden. Es geht darum, sie zu verwalten. Denn die Verschuldung erfüllt ihre Aufgabe als Teil des Kreditsystems, das „die materielle Entwicklung der Produktivkräfte und die Herstellung des Weltmarkts“ (MEW 25, 457) beschleunigt.

So gesehen, ist die Schuldenkrise vielmehr ein gefährliches Instrument, weil seine internationale Verallgemeinerung einem weltweiten Kampfzyklus Tür und Tor öffnen könnte, der auch Osteuropa, die UdSSR und sogar China erfasst. Damit könnten im internationalen Proletariat neue Formen der Solidarität entstehen. Der Schwindel von der Schuldenkrise könnte dann in die „Auflösung der alten Produktionsweise“[5] verwandelt werden, wie das einst von einem alten – ebenso hochverschuldeten – Mann vorhergesagt wurde.

5 Ich beziehe mich hier auf den dritten Band des Marxschen „Kapitals“, wo er schreibt: „Das Kreditwesen beschleunigt daher die materielle Entwicklung der Produktivkräfte und die Herstellung des Weltmarkts. (…) Gleichzeitig beschleunigt der Kredit die gewaltsamen Ausbrüche dieses Widerspruchs, die Krisen, und damit die Elemente der Auflösung der alten Produktionsweise.“ (MEW 25, 457)

China: Die eiserne Reisschale zerschlagen

Die Bourgeoisie reißt durch die rasche Verbesserung aller Produktionsinstrumente, durch die unendlich erleichterte Kommunikation alle, auch die barbarischsten Nationen in die Zivilisation. Die wohlfeilen Preise ihrer Waren sind die schwere Artillerie, mit der sie alle chinesischen Mauern in den Grund schießt, mit der sie den hartnäckigsten Fremdenhaß der Barbaren zur Kapitulation zwingt.
Karl Marx und Friedrich Engels:
Das kommunistische Manifest (1848/49)

Warum hungern die Menschen?
Weil die Herrscher das Steuergeld verzehren.
Deswegen hungern Menschen.
Warum sind die Menschen rebellisch?
Weil die Herrscher sie unterdrücken.
Deswegen sind sie rebellisch.
Warum denken die Menschen so wenig an den Tod?
Weil die Herrscher ihrem Leben zu viel abverlangen.
Deswegen nehmen die Menschen den Tod leicht.
Wenn man wenig zu leben hat, weiß man besseres zu tun
als das Leben überzubewerten.
Lao Tzu, Tao Te Ching

Die Niederschlagung der Proteste von Arbeiter*innen und Student*innen in China wird von den Medien und der US-Regierung als weiteres Beispiel für die Fallgruben des real existierenden Sozialismus begriffen, sowie als eindeutiges Indiz dafür, dass sich das chinesische Proletariat zu einer freien Marktwirtschaft bekenne. Uns wird gesagt, dass die Student*innen und Arbeiter*innen auf dem Platz des Himmlischen Friedens für Freiheit und Demokratie und für eine beschleunigte Liberalisierung der chinesischen Wirtschaft kämpften, die wir schon seit fünfzehn Jahren beobachten können.

Es ist keine Überraschung, dass die Ereignisse in China auf diese Art und Weise dargestellt werden. Sowohl die chinesische als auch die US-amerikanische Regierung haben auf diese Weise einiges zu gewinnen. Aus der Perspektive der USA dient die Darstellung, dass es in den Kämpfen ausschließlich um politische Liberalisierung gehe, dazu, deren wirtschaftliche Dimension zu verbergen. Die Reporter*innen fragten die Student*innen nicht nach ihren Lebensbedingungen oder den Forderungen der „Workers Autonomous Association", einer neuen unabhängigen Gewerkschaft, die zusammen mit den Student*innen ein Zelt auf dem Platz des Himmlischen Friedens errichtete. Diese Darstellung dient dazu, die Sichtweise zu stärken, dass es um die Wahl zwischen Freiheit (d.h. Kapitalismus) und Totalitarismus gehe, und damit die Ideologie des Kalten Krieges wiederzubeleben, die derzeit durch Gorbatschows Flirt mit dem „freien Markt" und der „Verwestlichung" Osteuropas Gefahr läuft, entlarvt zu werden. Das allzu rasche Ende der Spannungen des Kalten Krieges beunruhigt die US-Regierung, weil es ihr Beharren auf einem nuklearen Waffenarsenal in Europa untergräbt, das – woran Henry Kissinger kürzlich erinnerte – eine Bedingung für die Hegemonie der USA ist. (Daher rühren die Bemühungen von Kissinger und Bush, die Regierung Deng zu stärken und sie zugleich als ideologischen Feind aufzubauen.) Aus dieser Perspektive muss das Gespenst eines totalitären, blutrünstigen Kommunismus aufrechterhalten werden, insbesondere im Umgang mit Verbündeten wie den Deutschen, die nach einer sofortigen Reduktion der US-Kurzstreckenraketen in Europa verlangten, während sie von der Arbeit der „kommunistischen" Arbeiter*innen Osteuropas profitieren.

Für die chinesische Regierung liegt es nahe, die Bewegung als eine ausländische, konterrevolutionäre Verschwörung darzustellen. Sie weiß, dass man, wie in anderen Ländern der Dritten Welt auch, stets die richtige Karte spielt, wenn man antiimperialistische

Gefühle mobilisiert. Sie profitiert von der zunehmenden Feindseligkeit gegenüber der wirtschaftlichen Liberalisierung, obwohl sie entschlossen ist, diesen Weg fortzusetzen, umso mehr als der Widerstand dagegen, wenn er schon nicht niedergeschlagen wurde, zumindest einen Dämpfer erlitt.

War die Bewegung im Frühjahr 1989 in China nun pro-kapitalistisch, wie die USA und chinesische Medien behaupten? Dienten die Massaker, Hinrichtungen und Inhaftierungen von Student*innen und Arbeiter*innen durch die chinesische Regierung der Verteidigung des Sozialismus? Wir glauben nicht. Die Übereinstimmung zwischen den US-amerikanischen und chinesischen Medien basiert auf einer Lüge, die schon an den Artikeln ablesbar ist, die von der *New York Times* in den Monaten vor den Ereignissen des Frühjahrs 1989 veröffentlicht wurden.

Wie wenig mit dem Vorgehen gegen die Student*innen und Arbeiter*innen „sozialistischen Zielen" Rechnung getragen wurde, wird an den rastlosen Bemühungen der kommunistischen Führer deutlich, die ausländischen Investoren, sobald die Straßen Pekings vom Blut gesäubert waren, wieder ins Land zu holen, die, so wird uns erzählt, nicht weit weg, in Hongkong, der Dinge harrten. Ihr Ruf blieb nicht ungehört. Die Anleger strömen derart rasch zurück, dass die japanische Regierung sich genötigt sah, ihre Geschäftsleute zu bitten, doch etwas diskreter vorzugehen.

Mehrere Artikel weisen darauf hin, dass es in den Monaten vor den Demonstrationen in China eine Debatte über die Unzufriedenheit der Arbeiter*innen mit dem Liberalisierungsprozess gab und dass die chinesische Führung zwischen dem Wunsch nach einer weiteren Liberalisierung und der Angst vor sozialen Aufständen gefangen war. Unter dem Druck ausländischer Investoren, die sich beschwerten, dass „China seinen Unternehmen gegenüber immer noch paternalistisch agiert", diskutierten die chinesischen Führer im März ein neues Insolvenzgesetz, das dafür sorgen sollte, unrentable Unternehmen nicht mehr zu retten, sondern bankrott gehen zu lassen und ihre Arbeiter*innen zu entlassen. Dass die Insolvenzfrage mit der Disziplin der Arbeiter*innen zu tun hat, wurde in einem Artikel vom 7. März 1989 mit dem Titel „Der Sozialismus greift nach dem Knüppel: Insolvenz in China" deutlich. Hier heißt es: „Laut chinesischen Funktionären sind die Insolvenzgesetze vor allem deswegen wichtig, um eine klare Botschaft an die Beschäftigten zu senden: Wirtschaftlichkeit zählt, sogar in der sozialistischen Gesellschaft." Es wird auch erwähnt, dass chinesische Unternehmen mit dem Problem kämpften, dass sie „wegen der Altersvorsorge eine enorme Last zu tragen haben und sie zum Teil viermal so viele Rentner unterstützen müssen als sie Beschäftigte haben." Die Experimente, die in einigen Städten, wie beispielsweise in Shenyang, mit Entlassungen gemacht worden seien, hätten nicht zu „zufriedenstellenden Ergebnissen" geführt. Die Unternehmen müssten dort in einen Sozialfonds zur Unterstützung der entlassenen Arbeiter*innen einzahlen, wodurch die Risiken aufgrund eines Konkurses beseitigt werden sollten. „Tatsächlich konnten die Arbeiter*innen beachtliche Lohnerhöhungen erreichen, auch wenn sie ihren Arbeitsplatz freiwillig räumten." Der Artikel schließt mit den Worten: „Während einige Ökonomen der Ansicht sind, dass Insolvenzen eine Sanktionsmaßnahme sein sollten, die häufiger zum Einsatz kommt, müssen sie anerkennen, dass, wenn die Regierung Unternehmen schließt, die Verluste machen, sie ernsthafte Probleme bekommen könnte. Ein westlicher Diplomat, der das Shenyang-Experiment verfolgte, stellte fest, dass die Arbeiter*innen, die ohnehin schon wegen der hohen Inflation aufgebracht waren, ernsthafte Unruhe verursachen könnten, wenn sie ihren Arbeitsplatz verlieren."

Die Probleme mit den Arbeiter*innen waren in den letzten Jahren eines der schwierigsten Themen für die chinesische Regierung. Berichte aus China lieferten immer wieder Hinweise auf einen bevorstehenden Showdown mit den Arbeiter*innen. In einem Artikel der *New York Times* vom 10. Januar 1989 mit dem Titel „Drei chinesische Ökonomen fordern ein Ende der staatseigenen Industrie" heißt es: „Unternehmen versuchen, die Vorteile für die Mitarbeiter zu maximieren, und nicht die Profite und die Produktivität." Kurz vor Beginn der Demonstrationen auf dem Platz des Himmlischen Friedens am 6. April 1989 veröffentlichte die *New York Times* einen Artikel mit dem Titel „Bedenken über Laissez Faire oder einfach unfair" (Kristof 1989c) und berichtete folgendes: „Inflation und Korruption, sowie die Angst vor Arbeitslosigkeit und die Verbitterung über die Neureichen führen anscheinend dazu, dass die chinesischen Bauern und Arbeiter die Vorteile umfassender wirtschaftlicher Veränderungen nun anders sehen. Einige chinesische Offizielle und ausländische Diplomaten sind zunehmend besorgt darüber, dass die Bevölkerung Chinas die Marktwirtschaft nicht befördern, sondern behindern wird."

Im Artikel findet eine Fabrik Erwähnung, die von sechzig „eifersüchtigen" Menschen angegriffen worden sei, die die Fenster zertrümmert und die Stromversorgung gekappt hätten. Rund hundert Einwohner*innen der Stadt, in der sich die Fabrik befinde, hätten den Fabrikbesitzer zwingen wollen, die Profite zu teilen. Der Artikel spricht von einem neuen Phänomen, der sogenannten „Rote-Augen-Krankheit“, die nach Angaben der chinesischen Behörden diejenigen ereile, die auf die Reichen eifersüchtig seien. Es heißt, dass die Regierung in der Inneren Mongolei ein Team von Leibwächtern zusammenstelle, um Unternehmer vor Nachbar*innen mit der „Rote-Augen-Krankheit“ zu schützen, und in Shenyang, wo mit der Modernisierung und Liberalisierung experimentiert werde, habe ein Arbeiter letztes Jahr seinen Chef getötet. Der Täter sei zwar hingerichtet worden, aber später zum Volkshelden geworden, weil der Chef als Tyrann gegolten habe. Zusammenfassend heißt es in dem Artikel, dass die Chinesen den Markt zuvor als „gemütlichen Ort des Wohlstands“, nicht als „Quelle des Schmerzes“ angesehen hätten, aber „alle in China scheinen heutzutage zu meckern, und sogar die Regierung erkennt, wie weit die Unzufriedenheit geht.“ Der Artikel zitiert die Prognose der Zeitung *People's Daily*, dass es nicht nur eine ökonomische, sondern auch eine politischen Krise werden könne, und hält fest, dass Bewohner*innen der Städte mit einem festen Einkommen durch die Inflation von 27 Prozent massiv getroffen würden.

Viele Menschen in China zeigen sich besorgt, wenn sie von der Regierung hören, dass die „eiserne Reisschüssel zerschlagen“ werden solle, ein „System lebenslanger Beschäftigung, das für gewöhnlich mit der Faulheit in den chinesischen Fabriken verbunden wird“. Die Manager in den Fabriken verlangen das Recht, Arbeiter*innen entlassen zu können, wenn diese keine Leistung erbringen oder die Zeiten gerade schlecht sind. Obwohl sich die Regierung „behutsam in diese Richtung bewegt, gab es bislang keine größeren Entlassungswellen, selbst in Shenyang nicht, wo dieser Plan am weitesten fortgeschritten ist.“ Ein westlicher Diplomat befürchtet, dass, wenn die Liberalisierung des Arbeitsrechts zu einer größeren Zahl an Entlassungen führe, wilde Streiks und soziale Unruhen die Folge sein könnten. „Viele Menschen wollen die ‚eiserne Reisschüssel' behalten", sagte ein asiatischer Diplomat, denn „es ist ein gutes System für all jene, die nicht hart arbeiten wollen."

Die „eiserne Reisschüssel" ist nicht die einzige Sicherheit, die den Arbeiter*innen genommen werden soll. Der Verlust der Wohnung droht ebenfalls. In einem Artikel der *New York Times* vom 1. März 1989 mit dem Titel „Extrem lange Wartezeiten auf eine Wohnung in China" wird uns mitgeteilt, Zhao Ziyang habe beschlossen, die Wohnungsreform zu einer der „Hauptsäulen der Volkswirtschaft" zu machen. „Die Entscheidung zur Privatisierung des Wohneigentums wurde nicht leichtfertig getroffen, weil sie die bisherigen gesellschaftlichen Grundlagen in Frage stellt. In den letzten vierzig Jahren wurde der Wohnraum so gut wie kostenlos durch die Danwei oder den Arbeitgeber zur Verfügung gestellt und war für das städtische Leben in China von so grundlegender Bedeutung wie Reis oder Nudeln. Wohnen war früher eine Form des Sozialsystems, sagt ein Firmenchef: ‚Früher haben wir sehr günstig vermietet, aber es gab einen schrecklichen Mangel. Jetzt ermutigen wir die Arbeiter, Häuser zu kaufen.'" Abschließend heißt es in dem Artikel: „Es herrscht Einigkeit, dass die Mieten zu niedrig sind. Die Miete für eine vierköpfige Familie beträgt im Durchschnitt 60 Cent pro Monat." Durch die Reform kosten die Häuser, die auf den Markt kommen, überall zwischen 13.000 und 41.000 US-Dollar. „Das sind ungeheure Summen in einem Land, in dem der monatliche Lohn im Durchschnitt bei 25 US-Dollar pro Monat liegt."

All das erklärt, warum die chinesischen und US-amerikanischen Medien über die „neue Gewerkschaftsbewegung", die gemeinsam mit den Student*innen auf dem Platz des Himmlischen Friedens war, den Mantel des Schweigens breiteten. Es erklärt auch, warum sich der Zorn der Regierung vor allem gegen die Arbeiter*innen richtete, obwohl so getan wurde, als wären die Demonstrationen von Student*innen getragen worden. Der größte Teil derer, die wegen verschiedener „Verbrechen" während der Proteste hingerichtet wurden, waren junge Arbeiter*innen und arbeitslose Männer. Aber die Probleme auf dem Arbeitsmarkt sind nur eines unter vielen, mit denen der Staat in seinem Bemühen, die chinesischen Massen von den Vorteilen des Laissez-Faire zu überzeugen, konfrontiert war.

Eine der wohl tiefsten Ursachen für den aktuellen Aufstand sind die Veränderungen in den ländlichen Gebieten aufgrund eines jahrzehntelangen Prozesses der Privatisierung des Landbesitzes und der Kommerzialisierung der Landwirtschaft. Das hatte, zusammen mit der Exportorientierung der chinesischen Wirtschaft, tiefgreifende strukturelle Folgen für die Lebensbedingungen auf dem Land und in der Stadt, vor allem, weil die Menschen vom Land vertrieben werden. China erlebt also einen massiven Prozess der Einhegung, der in jedem anderen Land seinesgleichen sucht.

Man geht davon aus, dass die „Überschussbevölkerung" bis zum Ende des Jahrhunderts von 100 auf 200 Millionen anwachsen wird, während die Regierung schätzt, dass es 50 Millionen entwurzelte Bäuer*innen gibt, die immer wieder in die Städte kommen, obwohl sie nicht das Recht haben, sich dort aufzuhalten. Man vermutet, dass 1987 in Shanghai durchschnittlich 1,3 Millionen dieser Wanderarbeiter*innen lebten, in Guangzhou eine Million und in Peking 1,1 Millionen, von denen die Hälfte mindestens drei Monate in der Hauptstadt blieb. Sogar die Stadtverwaltung räumt ein, dass diese Wanderarbeiter*innenschaft durchaus gute Seiten hat, weil sie Gelegenheitsjobs macht und nicht betteln geht. Die Wanderarbeiter*innen sollen aber für ein Drittel der Kriminalität in den Städten verantwortlich sein, und sie verzehren einen Teil der subventionierten Lebensmittel, die eigentlich für die Menschen bestimmt sind, die permanent dort leben: 400.000 Kilogramm Gemüse und 130.000 Kilogramm Fleisch pro Tag in Guangzhou. Ein anderes Problem ist die „Belastung der öffentlichen Dienstleistungen." Einige chinesische Ökonomen unterbreiteten daher den Vorschlag, dass das Subventionswesen abgeschafft und ein System eingeführt werden solle, das auf dem „Wertgesetz" beruhe. „Wenn man ihnen freie Hand gibt," schreibt der *Economist*, „dann wird es schnell zu größeren Einkommensungleichheiten, einer höheren Inflation und urbanen Unruhen kommen."

Durch die Kommerzialisierung der Landwirtschaft stiegen auch die Preise, zum ersten Mal seit dem „Großen Sprung vorwärts" sind die Chines*innen mit Hunger konfrontiert. In einem Artikel der *New York Times* vom 28. Oktober 1988 wurde berichtet, dass die Regierung im Mai dieses Jahres die Preiskontrolle vieler Agrarprodukte aufgehoben habe „und es dem Markt überließ, die Preise der Waren und Dienstleistungen zu bestimmen", wodurch sie weiter anstiegen und es zu Panikkäufen kam. In einigen Städten lag die Inflationsrate sogar bei 50 Prozent. Das *Wall Street Journal* beschrieb in der Ausgabe vom 10. Oktober 1988 die Folgen der steigenden Inflation: Der Lebensstandard fiel 1987 in den Städten um 21 Prozent, was zu Panikkäufen, einem Ansturm auf die Banken und in einigen staatlichen Fabriken sogar zu Streiks führte. Die Wut auf die Regierung nahm in den Städten weiter zu. All das sind Hinweise darauf, dass die Proteste im Frühjahr 1989 nur der letzte und massivste Ausbruch eines lange bestehenden Widerstands gegen die Laissez-Faire-Politik der Regierung waren, der mit den Aufständen gegen die „Strukturanpassungsprogramme" in der „Dritten Welt" vergleichbar ist, etwa mit den Unruhen und Massendemonstrationen in Venezuela, Argentinien, Burma und Nigeria, wo ebenfalls im Frühjahr 1989 gegen Preiserhöhungen, die Streichung von Subventionen und die Liberalisierung der Wirtschaft protestiert wurde.

Es ist wenig überraschend, dass die Initiative von den Student*innen ausging, denn auch sie litten unter der Inflation der letzten Jahre. In den Medien gab es versteckte Hinweise darauf, dass die Regierung die Ausgaben für Bildung erhöhen könnte. Angesichts der Erfahrungen, die wir weltweit mit der Politik des Laissez-Faire und der Liberalisierung gemacht haben, kann man sich leicht ausmalen, wie Student*innen von der Streichung der Subventionen betroffen sein werden. Es ist interessant, dass in einem Artikel der *New York Times* vom 25. Mai 1989 mit dem Titel „Vielversprechende Parteiführer an der Spitze der Revolte" berichtet wurde, dass die Anführer des Aufstands nicht an der Universität von Peking studierten, sondern an der proletarischeren, weniger verwestlichten Volksuniversität, und dass diese Student*innen die Folgen der Kürzungen wohl stärker zu spüren bekämen. Ein weiterer Hinweis auf die Nöte der Student*innen findet sich in einem anderen Artikel der *New York Times* vom 25. März 1989, in dem ein Student zu Protokoll gibt, dass sich im Gegensatz zu Peking in Kanton immer Möglichkeiten fänden, mit einem Nebenjob über die Runden zu kommen: „Man findet rasch einen Job in einem Hotel oder fährt Taxi."

Ohne Zweifel finden sich unter den Student*innen einige, die dem vorherrschenden Bild der Medien entsprechen und als pro-westliche, antikommunistische Intellektuelle vor allem unter den Einschränkungen der Meinungsfreiheit leiden. Insgesamt zeigen die Medienberichte aber, dass sich die Student*innenbewegung in China in denselben Bahnen bewegt wie die Bewegungen in anderen Teilen der Dritten Welt, wie beispielsweise in den unmittelbaren Nachbarländern Südkorea und Burma.

So nutzten die burmesischen Student*innen ihre soziale Position und ihre organisatorischen Möglichkeiten, um den Grundstein für die Massenproteste gegen die korrupte Regierung zu legen. Mehr als ein Jahr protestierten sie gemeinsam mit

Arbeiter*innen und Arbeitslosen, obwohl sie durch Massaker und Folter eingeschüchtert wurden. Ihr Slogan ähnelte dem der Chines*innen, die unter der „Rote-Augen-Krankheit" litten: „Schluss mit der Korruption!" Das bezieht sich auf die Kapitalisierung der Kommunistischen Partei Chinas, die aus Funktionären Kapitalisten macht. Die *New York Times* vom 25. Mai 1989 beschreibt in einem Artikel mit dem Titel „Umbruch in China. Chinesen nehmen Anstoß an Maos Porträt", wie dieser Aspekt der Proteste auch symbolisch seinen Ausdruck finde, denn die „Arbeiter und Studenten begannen, Anstecker und Buttons von Mao zu tragen, um ihrer Sehnsucht nach den maoistischen Tagen des Egalitarismus, der Ehrlichkeit und der Selbstlosigkeit Ausdruck zu verleihen."

Schlussendlich sollten wir noch zwei Artikel aus der *New York Times* erwähnen, die am 6. Juni 1989, nur zwei Tage nach den Massakern in Peking, erschienen und die drohende Gefahr eines Bürgerkriegs diskutieren: „Durchgreifen in Peking. Bürgerkrieg für die Armee" und „Durchgreifen in Peking. Eine Armee mit eigenen Beschwerden." Der erste Artikel berichtet folgendes: „Alle leitenden Offiziere Chinas hatten umfangreiche Kontakte mit dem amerikanischen Militär und besuchten Kurse an amerikanischen Militärakademien." Und weiter: „Das neue Denken im chinesischen Militär basiert auf dem amerikanischen Modell, und Chinas Modernisierungsprogramm ist weitgehend von amerikanischer Technologie und Ausrüstung abhängig." An der militärischen Basis herrsche unterdessen Unzufriedenheit. Der zweite Artikel weist darauf hin, dass dem chinesischen Militär aufgetragen worden sei, sich selbst zu versorgen. „Infolgedessen haben einige Einheiten ihre Lastwagen verwendet, um Transportunternehmen zu gründen, ihre Werkstätten für gewerbliche Aktivitäten genutzt, und ihre Krankenhäuser nahmen zahlende Privatpatienten auf." Der Artikel berichtet trocken: „Manchmal wurden sogar kranke

Soldaten abgewiesen, um Patienten zu versorgen, die zahlen können. (…) Das führte zu einer umfassenden Demoralisierung.“

Wenn wir also die Artikel aus den Medien zusammenfügen, die an jedem gut sortierten Zeitungsstand der USA verfügbar sind, können wir sehen, dass die Bewegung der Student*innen und Arbeiter*innen nicht die letzte Episode eines sterbenden Sozialismus ist, sondern die erste Manifestation des postsozialistischen antikapitalistischen Kampfes in China. Der Protest der Student*innen auf dem Platz des Himmlischen Friedens eröffnete den Arbeiter*innen und der Regierung den Raum für die direkte, aber schon erwartete Konfrontation. Die USA verstanden die Repression als willkommenes und „unvermeidliches“ Ergebnis, wie die Medien schon in den Monaten zuvor berichteten, denn die Frage war nicht, ob die antikapitalistischen proletarischen Forderungen zurückgewiesen würden, sondern nur, wie.

Vom Commoning zu den Schulden

Finanzialisierung, Mikrokredite und die Veränderungen der Kapitalakkumulation

Finanzialisierung und der Aufstieg der „Schuldenökonomie"

Schulden spielen, wie David Graeber (2011) uns erinnert, in der Geschichte der Menschheit und der Klassenkämpfe eine zentrale Rolle. Bereits im Athen des 6. Jahrhunderts vor unserer Zeitrechnung kam es regelmäßig zu Aufständen von Schuldner*innen, die einen Schuldenerlass und das Verbot der Schuldknechtschaft durchsetzten. (Vgl. Graeber 2011, 230–31) In Rom führte Catilina, der Anführer der Populares, im Jahr 63 vor unserer Zeitrechnung ein Heer von Schuldner*innen gegen die Patrizier. (Vgl. Caffentzis 2012) In der Neuzeit wurde die Staatsverschuldung „einer der energischsten Hebel der ursprünglichen Akkumulation", wie Marx (MEW 23, 782) schreibt.[1] Shays' Rebellion in Massachusetts im Jahr 1786, drei Jahre nach dem Ende des Unabhängigkeitskrieges, richtete sich gegen die Schuldeneintreiber. (Vgl. Zinn 1980, 3) Hundert Jahre später war es die Populistische Partei, die die Wut der Bäuer*innen zum Ausdruck brachte, denen ihre Farmen von den Bankern weggenommen wurden, weil sie ihre Schulden nicht bezahlen konnten. (Vgl. Zinn 1980, 284) Auch die

1 „Der einzige Teil des sogenannten Nationalreichtums, der wirklich in den Gesamtbesitz der modernen Völker eingeht, ist – ihre Staatsschuld." (MEW 23, S.782)

„Penny Auctions"[2], die sich während der Weltwirtschaftskrise ausgehend von Wisconsin in weiten Teilen des Mittleren Westens ausbreiteten, waren eine Reaktion auf die Schulden und die vielen Zwangsvollstreckungen. Kurz gesagt, Schulden waren im Laufe der Jahrhunderte ein Mittel der Ausbeutung und Versklavung und damit ein Instrument der Klassenherrschaft. Es wäre jedoch falsch, sie als eine „allgemeine politisches Konstante" zu begreifen. Schulden erfuhren wie die Klassengesellschaften, in denen sie entstanden, im Laufe der Zeit bedeutende Veränderungen.

Das gilt besonders für die gegenwärtige Situation, da mit der neoliberalen Wende der kapitalistischen Entwicklung eine neue „Schuldenökonomie"[3] entstand, die nicht nur die Architektur der kapitalistischen Akkumulation, sondern auch die Form der Klassenverhältnisse und der Schulden veränderte. Schulden wurden allgegenwärtig und betreffen heute Millionen von Menschen auf der ganzen Welt. Schulden werden mittlerweile von den Regierungen und Geldgebern nicht nur verwendet, um Reichtum anzuhäufen, sondern auch, um solidarische Beziehungen und die Bewegungen zu schwächen, die sich weltweit um die Schaffung von Commons und Alternativen zum Kapitalismus bemühen.

Es war wegen der „Schuldenkrise"[4], die 1979 ausgelöst wurde, als die US-Notenbank den Zinssatz für den Dollar erhöhte und die Weltbank und der Internationale Währungsfonds (IWF) als Repräsentanten des internationalen Kapitals sich anschickten,

2 Bei den sogenannten „Penny-Auktionen" verhinderten Bäuer*innen, dass andere Bieter das Mindestgebot von einem Penny überboten, um auf diesem Weg die Zwangsversteigerung zu verhindern. (Anm. des Übersetzers)

3 Ich übernehme das Konzept der „Schuldenökonomie" von Maurizio Lazzarato (2012).

4 Die Literatur zur Schuldenkrise ist mittlerweile sehr umfangreich. Siehe beispielsweise: Altvater (1991), Caffentzis (1995), Federici (1990) und Cleaver (1990).

einen großen Teil der ehemals kolonisierten Welt „strukturell anzupassen", was de facto einer neuerlichen Kolonisierung gleichkam, dass ganze Regionen in die Schuldenfalle gestürzt und die Schulden im Laufe der Jahre nur noch größer wurden, anstatt getilgt zu werden.[5] In zahlreichen Ländern machte die „Schuldenkrise" die Errungenschaften rückgängig, die durch die antikolonialen Bewegungen erkämpft worden waren, und setzte eine neue Wirtschaftsordnung durch, die ganze Bevölkerungen zu einem Leben in bis dahin nicht gekannter Armut verdammte. Auf dieser Grundlage konnte eine Umstrukturierung der Weltwirtschaft auf den Weg gebracht werden, die es ermöglichte, die Ressourcen Afrikas, Lateinamerikas und all der anderen Länder, die sich im Griff der „Schuldenkrise" befanden, systematisch nach Europa, in die USA und in jüngerer Zeit nach China zu schleusen.

Die „Schuldenkrise" war bei der Rekolonisierung großer Teile der „Dritten Welt" derart erfolgreich, dass ihre Instrumente inzwischen auch zur Disziplinierung der nordamerikanischen und (in jüngerer Zeit) europäischen Arbeiter*innen eingesetzt werden, wie wir an den drastischen Sparmaßnahmen in Griechenland (Vgl. TPTG 2011 und Graeber 2011), Spanien, Italien und dem Vereinigten Königreich sehen können, während die öffentliche Verschuldung mittlerweile sogar kleinste Gemeinden[6] heimsucht und „dadurch ganze Gesellschaften verschuldet sind". (Lazzarato 2012, 8)

5 Lateinamerika bildet die Ausnahme. Hier ist die Auslandsverschuldung im Durchschnitt von 59 Prozent des BIP im Jahr 2003 auf 32 Prozent im Jahr 2008 zurückgegangen. (Vgl. Latin Macro Watch)

6 Seit den Siebzigerjahren des letzten Jahrhunderts verschuldeten sich Staaten und Kommunen zunehmend, weil es ihnen durch entsprechende Gesetzesänderungen erlaubt wurde, ihre Geldprobleme dadurch zu lösen, die Notenpressen anzuwerfen und auf die privaten Finanzmärkte zurückzugreifen. (Vgl. Lazzarato 2012, 18)

Am offensichtlichsten wird die Logik der neuen Schuldenökonomie jedoch an den neuen Formen individueller Verschuldung, die mit der neoliberalen Wende rasant angestiegen sind. Student*innendarlehen, Hypotheken, Kreditkartenschulden und nicht zuletzt Mikrokredite betreffen mittlerweile weltweit Millionen von Menschen.

Was ist nun aber das Neue an diesen Schulden, wenn man bedenkt, dass Schulden das älteste Mittel der Ausbeutung sind? Ich behaupte, dass die Verschuldung von Einzelpersonen und Gruppen nicht nur die *wirtschaftlichen Auswirkungen der Staatsverschuldung verstärkt*, sondern die Beziehungen zwischen Kapital und Arbeit, sowie zwischen den Arbeiter*innen selbst verändert, die Ausbeutung stärker auf eine selbstorganisierte Grundlage stellt und die Communities, die entstehen, um sich gegenseitig zu unterstützen, zu einem Vehikel gegenseitiger Versklavung macht. Das ist der Grund, *warum* das neue Schuldenregime so verheerend und es für uns von entscheidender Bedeutung ist, die Mechanismen zu verstehen, die es zu seiner Durchsetzung braucht.

Das Ende des Wohlfahrtsstaates und die Krise der Lohn-Commons

Durch die Subprime-Krise des Jahres 2008 erlangte die Verschuldung von Einzelpersonen und Privathaushalten größere Aufmerksamkeit, und es entstand eine umfangreiche Literatur, die sich mit den Ursachen und sozialen Auswirkungen, dem Verhältnis zur zunehmenden Finanzialisierung des Alltags (Vgl. Martin 2002) und der Reproduktion (Vgl. Marazzi 2010) beschäftigt, und wie dadurch neue Formen der Subjektivität (Vgl. Lazzarato 2012) und vor allem die Formen der politischen Gegenmobilisierung bestimmt werden, die am wirksamsten sind. (Vgl. Caffentzis 2012)

Die Durchsetzung der „schuldenbasierten" Wirtschaft war ein zentraler Bestandteil jener neoliberalen Strategie, die als Reaktion auf den Kampfzyklus zum Einsatz kam, der den Kapitalismus in den 1960er- und 1970er-Jahren in die Krise gestürzt hatte, und durch die Aufkündigung des fordistischen Gesellschaftsvertrags zwischen Kapital und Arbeit ausgelöst wurde. Die Kämpfe der Frauen, Student*innen und Arbeiter*innen führten der Kapitalistenklasse deutlich vor Augen, dass sich Investitionen in die Reproduktion der Arbeiter*innenklasse „nicht auszahlen", weder im Sinne einer höheren Arbeitsproduktivität noch im Sinne einer disziplinierteren Arbeitskraft. Infolgedessen war es nicht ausreichend, nur den „Wohlfahrtsstaat" zu zerschlagen, sondern es bedurfte der „Finanzialisierung der Reproduktion", wodurch immer mehr Menschen (Student*innen, Sozialhilfeempfänger*innen, Rentner*innen) gezwungen wurden, sich Geld bei Banken zu leihen, um Dienstleistungen (Gesundheit, Bildung, Pensionen) in Anspruch nehmen zu können, die der Staat davor subventioniert hatte, was am Ende dazu führte, *dass eine große Zahl reproduktiver Tätigkeiten heute ganz unmittelbar Orte der Kapitalakkumulation sind.*

Diese Entwicklungen sind bestens bekannt, und es herrscht Einigkeit, dass Schulden der Durchsetzung der Austeritätspolitik, der Privatisierung der Reproduktionsmittel und der Herrschaftssicherung dienen. (Vgl. Lazzarato 2012) Es besteht auch Einigkeit darüber, dass die Finanzialisierung der Reproduktion, die zur Verschuldung von Einzelpersonen und Haushalten führte, die Realwirtschaft nicht überlagert, sondern *die „Realwirtschaft" selbst ist,* weil sie ja die Arbeit der Menschen direkt organisiert. In der neueren Literatur wurde aber der Rolle, die diese neuen Formen der Verschuldung im Hinblick auf die Zerstörung solidarischer Beziehungen haben, noch zu wenig Aufmerksamkeit geschenkt, denn hier gibt es beträchtliche Unterschiede zu früheren Formen der proletarischen Verschuldung. Wir dürfen nicht vergessen, dass Schulden schon immer ein ganz gewöhnlicher Teil proletarischen Lebens waren. Vom neunzehnten Jahrhundert bis nach dem Zweiten Weltkrieg lebte die Arbeiter*innenklasse einen guten Teil des

Jahres „auf Pump". Der Ladenbesitzer erhielt sein Geld erst dann, wenn man seinen Lohn bekommen hatte, und man lieh einander Geld, um über die Runden zu kommen. Schulden waren in diesem Kontext also häufig eine Form der gegenseitigen Hilfe, mit der die Communities ihre knappen Ressourcen an ihre bedürftigsten Mitglieder umverteilten. Selbst in den Städten, die von einem einzelnen Unternehmen beherrscht wurden, das auch Kredite vergab, waren die Schuldner*innen nicht voneinander isoliert, weil die geteilte Knechtschaft sie in der Wut gegen ihre Ausbeuter vereinte. Die Bedeutung der Schulden begann sich schon in den 1920er-Jahren (Vgl. Cross 1993, 148) durch die Erfindung der Ratenkäufe und vor allem nach dem Zweiten Weltkrieg zu verändern, als vor allem weiße Arbeiter Hypotheken auf ihre Häuser aufnehmen konnten und die Löhne, die vom Staat und den Gewerkschaften sichergestellt wurden, als Sicherheit dienten. Hypotheken- und Konsumschulden waren zugleich Sieg und Niederlage. Ein Sieg, weil die Ausweitung des Kredits an die Arbeiter*innen das ontologische Prinzip des Kapitalismus, dass man erst bezahlt wird, nachdem gearbeitet wurde, umkehrte, weil sonst ja gilt, dass die Proletarier*innen auf Kredit arbeiten. Eine Niederlage, weil die Ausweitung des Kredits an den Lohn, an Leistung und in vielen Fällen an „Rassenprivilegien" gebunden waren, was dazu beitrung, dass der Zusammenhalt in den Communities weiter zurückging.[7]

Spätestens in den 1980er-Jahren waren die Schulden der Arbeiter*innen jedoch ein sicherer Maßstab für den Verlust an gesellschaftlicher Macht. Die 1980er waren die Zeit der „großen Transformation", wodurch die Infrastruktur für die neue Schulden-

7 Über den Zusammenhang von steigenden „Konsumausgaben" und Privatisierung der sozialen Beziehungen in der Arbeiter*innenklasse siehe: Cross (1993, 168–183).

ökonomie geschaffen wurde. In diesen Jahren veränderte sich der Charakter der Schulden als soziales Verhältnis aufgrund der Ausweitung des Bankkredits auf Arbeiter*innen und durch den Zugang zu Kreditkarten. Zugleich wurde die Arbeit prekarisiert, während man in vielen Staaten die Gesetze gegen den Wucher aufhob und der Bildungsbereich und die Gesundheitsversorgung kommerzialisiert wurden. Als das Kreditwesen angesichts sinkender Löhne und der Anreize, sich Grundbedürfnisse des Lebens über den Markt zu organisieren, zunahm, wurden die materiellen Grundlagen der Solidarität weiter untergraben. Die Ironie an der Geschichte ist, dass, während es zunehmend schwieriger wurde, einen sicheren Job zu

bekommen, es nun um vieles einfacher war, sich zu verschulden. Zudem wissen wir, dass häufig mit betrügerischen Methoden gearbeitet wurde, um unzählige Menschen unter die Kontrolle der Banken zu bringen. Was für mich aber zählt, sind weniger die Machenschaften der Finanzwelt, sondern die Tatsache, dass *eine Schuldenökonomie geschaffen wurde, die das soziale Gefüge auseinandernahm, nicht zuletzt mit der Illusion, dass die Finanzinstrumente, die vom internationalen Bankensystem geschaffen wurden, auch von Arbeiter*innen genutzt werden könnten, nicht nur, um die Grundbedürfnisse des Lebens zu stillen, sondern um in diesem System voranzukommen.*

Es ist an dieser Stelle nicht meine Absicht, der komplexen Klassendynamik auf den Grund zu gehen, die diesen Prozess ermöglichte. Es genügt festzuhalten, dass die Massenverschuldung und der neoliberale Angriff auf Löhne und soziale Sicherheiten nicht möglich gewesen wären, wenn nicht ein Teil der Arbeiter*innen die neoliberale Ideologie, dass der Markt Wohlstand schaffe, akzeptiert hätte. Aus dieser Perspektive ergänzen sich die eskalierenden Bankschulden damit, dass viele Arbeiter*innen anstelle von Löhnen Unternehmensanteile akzeptierten und ihre sich verschlechternde wirtschaftliche Lage zum Teil durch Darlehen kompensierten, die sie mit ihrem Eigenheim absicherten. Das erklärt zum Teil, warum es keinen massenhaften Widerstand gab, als der Staat sich weigerte, seine Ressourcen einzusetzen, um unsere Reproduktion zu gewährleisten.

Der Crash an der Wall Street des Jahre 2008 zeigte dramatisch, dass sich die Hoffnung, die „Finanzialisierung" könnte eine Lösung oder eine Alternative für verschwundene Arbeitsplätze und Löhne darstellen, nicht erfüllte. Die Entscheidung, die Banken und nicht die verschuldete Arbeiter*innenklasse zu retten, führte vor Augen, dass Schulden auf eine Art und Weise gestaltet wurden, dass sie, wie schon in der Frühzeit der Industrialisierung, eine Grundkonstante proletarischen Lebens sind. Nur haben Schulden heute, wenn wir sie aus der Perspektive der Solidarität
innerhalb der Klasse betrachten, viel weitreichendere Konsequenzen. Denn der Kreditgeber ist nicht mehr der Ladenbesitzer oder der Nachbar, sondern der Bankier, und aufgrund der hohen Zinsen nimmt die Verschuldung wie bei einer Krebserkrankung unaufhörlich zu. Darüber hinaus gab es seit den 1980er-Jahren eine ideologisch motivierte Kampagne, die so tut, als wäre die Kreditnahme zur Sicherung der eigenen Reproduktion eine Form des Unternehmertums, wodurch die Klassenverhältnisse und die Ausbeutung verschleiert werden. Demzufolge haben wir anstelle eines Kampfes zwischen Kapital und Arbeit, der über den Kredit vermittelt wird, *Millionen von Kleinunternehmer*innen, die in ihre Reproduktion „investieren"*, auch wenn es dabei nur um ein paar hundert Dollar geht, die angeblich, abhängig von Fleiß und Scharfsinn, „frei" sind, sich zu vermehren oder nicht.

Nicht nur die „Reproduktion" wird als eine „Investition in sich selbst" dargestellt. Wenn die Schuldenmaschinerie zum wichtigsten Reproduktionsmittel wird, entsteht ein neues Klassenverhältnis. Die Ausbeuter sind dann weniger sichtbar und weiter entfernt, die Mechanismen der Ausbeutung werden individualisiert, und der Einzelne trägt die Schuld an seinem Versagen. Anstatt mit der Arbeit, der Ausbeutung und vor allem den „Chefs", die in der Welt der Schornsteine so prominent waren, konfrontiert zu sein, stehen die Schuldner*innen heute nicht einem Arbeitgeber, sondern einer Bank gegenüber, mit der sie sich alleine und nicht als Teil eines Kollektivs und eines kollektiven Verhältnisses, wie es bei den Lohnarbeiter*innen der Fall war, auseinandersetzen müssen. Dadurch wird der Widerstand der Arbeiter*innen diffus, wirtschaftliche Katastrophen erhalten eine moralische Dimension, und die Funktion der Schulden als Instrument zur Extraktion von Arbeitskraft wird, wie wir gesehen haben, hinter der Illusion von der „Investition in sich selbst" versteckt.

Mikrofinanzen und Makroschulden

Bisher habe ich in groben Zügen beschrieben, wie die Verschuldung der Arbeiter*innenklasse in den Vereinigten Staaten vonstatten ging. Die Funktionsweise der Kredit-Schulden-Maschine lässt sich aber am besten am Beispiel der *Mikrokredite oder des Mikrofinanzwesens* zeigen. Dieser Plan wurde vom Ökonomen Muhammad Yunus durch die Gründung der Grameen Bank bereits in den 1970er-Jahren lanciert, bekam von Anfang an viel Aufmerksamkeit und breitete sich in den Folgejahren weltweit aus. Das Mikrofinanzwesen, das als Mittel zur „Bekämpfung der Armut" beworben wird, erwies sich in Wirklichkeit als Motor zur Schaffung von Schulden, woran ein breites Netz von nationalen und lokalen Regierungen, NGOs und Banken, angefangen bei der Weltbank, beteiligt ist, das in erster Linie dazu dient, die Arbeit, die Energien und den Erfindungsreichtum der „Armen"[8], vor

8 Ich setze „arm" unter Anführungszeichen, um auf die Mystifizierungen hinzuweisen, die in diesem Begriff stecken. Es gibt keine „Armen". Es sind Menschen und Bevölkerungsgruppen, die verarmt wurden. Dies mag als geringfügiger Unterschied erscheinen, ist jedoch notwendig, um

allem der Frauen, zu erfassen. María Galindo von der Gruppe „Mujeres Creando“[9] schreibt im Hinblick auf Bolivien, dass das Mikrofinanzwesen als (finanz-)politisches Programm darauf abziele, sich die Überlebensstrategien, die von armen Frauen in Reaktion auf die Krise der Erwerbstätigkeit der Männer entwickelt wurden und die eine Folge der Strukturanpassungsprogramme in den 1980er-Jahren waren, anzueignen und zu zerstören. Den Frauen wurde versprochen, selbst ein kleiner Kredit könnte ihre wirtschaftlichen Probleme lösen. Das führte dazu, dass ihre informellen Aktivitäten, mit anderen armen und erwerbslosen Frauen zu tauschen, wieder der formellen Wirtschaft untergeordnet und sie gezwungen wurden, jede Woche eine entsprechende Geldsumme aufzubringen, um ihren Kredit zurückzuzahlen. (Vgl. Galindo 2012, 8) Galindos Beobachtung, dass das Mikrofinanzwesen ein Mechanismus sei, um Frauen unter die Kontrolle der formellen Wirtschaft zu bringen, lässt sich auf andere Länder übertragen, ebenso wie ihr Argument, dass der Kredit für Frauen eine Falle darstelle, aus der sich nur wenige befreien könnten.

Es ist bezeichnend, dass diese Kredite, bei denen es sich in der Regel um sehr kleine Beträge handelt, hauptsächlich an Frauen und besonders an Frauengruppen vergeben werden, obwohl es in vielen Fällen die Ehemänner oder andere männliche Familienmitglieder sind, die das Geld in Anspruch nehmen.[10] Finanzplaner

der Normalisierung und Naturalisierung der Verarmung eine Absage zu erteilen, die der Begriff der „Armen“ beinhaltet.

9 „Mujeres Creando“ ist die wichtigste autonome feministische Organisation Boliviens und besteht seit 2002. Sie engagiert sich im Kampf gegen Mikrofinanzschulden und forscht über das Mikrofinanzwesen. (Vgl. Galindo 2012)

10 Lamia Karim fand in ihrer Forschung über Bangladesch heraus, dass „95 Prozent der Kreditnehmerinnen ihren Ehemännern oder anderen Männern Geld leihen.“ (Karim 2011, 86)

bevorzugen Frauen, weil sie wissen, dass Frauen bei ökonomischen Angelegenheiten verantwortungsbewusster handeln und wegen der Reproduktion ihrer Familien viel stärker auf stabile ökonomische Verhältnisse angewiesen und zugleich verwundbarer bei Einschüchterungen sind. Sie untersuchten die Communities der Frauen, „eigneten sich ihr System sozialer Beziehungen für ihre Zwecke an" (Galindo 2010, 10), behandelten dieses wie *soziales Kapital* und ermutigten Frauen, sich zusammenzuschließen, wenn das noch nicht Fall war.

Mikrokredite werden an Gruppen vergeben, weil dadurch jedes einzelne Mitglied für die Rückzahlung des Kredits verant-

wortlich wird, und für den Fall, dass jemand ausfällt, wird von den anderen Mitgliedern einzuspringen erwartet. Die gemeinsame Verantwortung bewirkt, wie Lamia Karim (2011, 73) schreibt, die Zunahme von Disziplinierungstechnologien, die Frauen überwachen einander ständig und informieren, wenn nötig, die Verantwortlichen über mögliche Probleme. „Durch dieses System", so María Galindo, „wird das soziale Gefüge, das Frauen in ihrem Alltag unterstützen soll, zur Begleichung der Schulden genutzt." (Galindo 2010, 10) Das erwies sich als überaus wirksamer Mechanismus, weil Mikrokredite vor allem in Gesellschaften mit ruralen Gepflogenheiten vergeben werden, die von traditionellen Überlebenstechniken geprägt sind, was die Rückzahlung des Kredits zu einer Sache der Ehre macht, und insbesondere die Ehre der Frauen ist für das Ansehen einer Familie in diesen Communities von großer Bedeutung. Die Ehre der Frau funktioniert, wie Karim schreibt, tatsächlich als eine Art Sicherheit für den Kredit. (Vgl. Karim 2011, 198) Das Paradoxe ist somit, dass bei diesen Kreditnehmer*innen, obwohl sie zu den Ärmsten der Welt gehören, die Rückzahlungsquoten am höchsten sind.

Die kollektive Selbstkontrolle ist nur zum Teil für diesen „Erfolg" verantwortlich zu machen. Die Strategien, die bei Zahlungsverzug zum Einsatz kommen, spielen eine ebenso wichtige Rolle. Banken, internationale Institutionen und NGOs entwickelten nachgerade eine *Ethnographie der Schande* und untersuchten die Mechanismen, mit denen diese Communities ihre ethischen Standards kulturell durchsetzen, um sie dann, unterstützt von Drohungen und körperlicher Einschüchterung, einzusetzen. Durch Hausbesuche und Verleumdungen werden säumige Schuldner*innen zur Zahlung gezwungen. In einigen Ländern, wie dem Niger, wurden Fotos von Frauen, die mit ihren Zahlungen im Rückstand waren, an den Türen der Banken aufgehängt.[11] In Bolivien gingen einige der Unternehmen dazu über, die Häuser säumiger Schuldner*innen zu kennzeichnen und Plakate in ihren Wohnvierteln anzubringen. (Vgl. Toro Ibanez 2010, 135) In Bangladesch ist es üblich, dass in das Haus eingebrochen wird und die Vertreter der NGO die Türen, Fußböden und das Dach entfernen, um durch den Verkauf den Kredit zu bedienen. „Zu diesen öffentlichen Bestrafungen und Sanktionen gehören aber auch (…) Peitschenhiebe, die Person mit heißem Öl zu übergießen, den Frauen den Kopf zu scheren (…) oder sie jedes Mal, wenn sie vorbeikommt, anzuspucken.“ (Karim 2011, 85) NGOs wandten sich zur Unterstützung auch an die Polizei, die Gerichte und die lokalen Eliten. Wer befürchten muss, seine Zahlungen nicht leisten zu können, lebt also in einem Zustand dauernder Gefahr, der die Ressentiments und Feindseligkeiten unter den Frauen verstärkt, die sich manchmal sogar an diesen Sanktionsmaßnahmen beteiligen. Das erklärt, warum die Rückzahlungsquoten so hoch sind, obwohl nur wenige von sich behaupten können, mit dem erworbenen Kapital viel Erfolg gehabt zu haben.

11 Ich habe diese Informationen in einem Interview mit Professorin Ousseina Alidou, Direktorin des Zentrums für Afrikastudien an der Rutgers University-New Brunswick, im September 2012 erhalten.

„Empowerment" durch Mikrokredite ist kein einfaches Unterfangen, zumindest für die Mehrheit der Empfänger*innen. In Wahrheit werden Armut und Elend nicht durch Mangel an Kapital verursacht, sondern durch die ungerechte Verteilung des gesellschaftlichen Reichtums, und das ist ein Problem, das einige hundert Dollar nicht lösen oder auch nur lindern können. Ein paar hundert Dollar in den Händen von Familien, die Tag für Tag am Rande der Katastrophe leben, sind schnell verschwunden und werden nur selten investiert, um mehr Geld zu verdienen. Der Ehemann wird krank, die Ziege stirbt, die Kinder haben keine Schuhe, um zur Schule zu gehen. Es dauert nicht lange, und die Kreditnehmer*innen können ihre Rückzahlungen nicht mehr leisten und nehmen weitere Kredite auf, um andere zu tilgen. Sie sind weit davon entfernt, sich durch eine „rechtschaffene" Investition selbst aus der Armut befreien zu können, vielmehr rutschen sie immer tiefer ab, und aus kleinen Schulden werden größere, und am Ende führt das nicht selten in den Suizid.[12] Wenn sie nicht physisch sterben, sterben viele von ihnen gesellschaftlich. Nicht wenige verlassen voller Scham ihr Dorf, weil sie ihre Schulden nicht zurückzahlen können. In Bangladesch wurden Frauen, nachdem man sie öffentlich bloßgestellt hatte, von ihren Männern verlassen. Die Zahlungsrückstände sind nicht nur eine Folge des permanenten Krisenzustands, sondern auch durch die exorbitant hohen Zinssätze von 20 Prozent oder mehr bedingt. (Vgl. Toro Ibanez 2010, 146-52) Diese hohen Zinssätze werden damit begründet, dass die Kreditvergabe an die Armen eine arbeitsintensive Angelegenheit sei und es angeblich eines umfangreichen Appara-

12 Es gab viele Selbstmorde, darunter auch vieler Männer, die für die Schulden ihrer Frauen gebürgt haben. Laut Vandana Shiva gehören viele der mehr als fünfzigtausend Bauern, die in den letzten Jahren in Indien wegen der Schuldenlast Suizid begingen, in diese Kategorie (Vgl. Shiva 2004)

tes bedürfe, damit sie dem Zugriff ihrer Gläubiger nicht entkommen könnten, und wenn sie das Geld nicht zurückzahlen können, müssen sie ihren letzten Tropfen Blut geben, ob das nun in Form eines kleinen Stückes Land, einer winzigen Hütte, einer Ziege oder eines Topfes und einer Pfanne ist. In Bangladesch bestraft man Frauen dadurch, dass man ihnen den großen Kochtopf wegnimmt, in dem sie den Reis für ihre Familien zubereiten. Das ist die ultimative Schande für eine Frau in ihrer Community, die dazu führen kann, dass der Ehemann sie verlässt oder sie Selbstmord begeht. (Vgl. Karim 2011, 91) Genau dem wurden viele Frauen ausgesetzt. Man brach in ihre Häuser ein, zuweilen wurden sie sogar körperlich angegriffen.

Angesichts dieser Umstände stellt sich die Frage, warum sich Mikrokredite noch immer derart großer Beliebtheit erfreuen. Was bringt Menschen dazu, diese Kredite in Anspruch zu nehmen, und was wird durch diese Ausweitung der Schulden erreicht? Die Antwort lautet, dass heute nur wenige Menschen, sogar in überwiegend landwirtschaftlich genutzten Gebieten, von ihrer Subsistenz leben können. Enteignungen von Land, Währungsabwertungen, der Verlust von Arbeitsplätzen und der Abbau sozialer Sicherheiten sowie die generelle Ausweitung von Marktbeziehungen zwingen sogar Bevölkerungsgruppen, die hauptsächlich von der Landwirtschaft leben, nach irgendeiner Form von monetärem Einkommen zu suchen. NGOs lernten auch, die Kredite mit passenden Verkaufsstrategien zu kombinieren, und sie boten ihre Kredite zusammen mit Medikamenten oder Lebensmitteln an, damit die Kreditnehmer*innen in Versuchung gebracht werden, zuzuschlagen.[13] Manche Kreditnehmer*innen schaffen es tatsächlich, ihre

13 In Bangladesch schlossen NGOs mit Unternehmen wie Danone Verträge, um den Verkauf von Joghurt als ein für Kinder gesundes Lebensmittel zu fördern. (Vgl. Karim 2011, 196). In Indien gab es große Proteste, als

Situation zu verbessern, aber sie sind eine kleine Minderheit, und es gelingt ihnen nur, weil sie mit den NGOs zusammenarbeiten, um andere Kreditnehmer*innen zu überwachen oder Schulden einzutreiben.[14] Hier gibt es eine Parallele zwischen den Frauen in Bolivien oder Bangladesch und der Situation von Student*innen in den USA, die sehr oft bereit sind, sich sehr hohe Schulden aufzubürden, weil sie glauben, ihr Studienabschluss werde ihnen einen höheren Lohn bescheren, obwohl viele von ihnen Schwierigkeiten haben werden, irgendeinen Job zu finden, geschweige denn einen, der ihnen jenen Lohn bietet, den sie sich erhofft hatten und der es ihnen erlaubte, ihre Schulden zurückzuzahlen.

Die Gründe, warum Investoren trotz der wachsenden Kritik und der Belege, dass diese Programme die Armut nicht reduzieren, weiterhin an diesen Programmen festhalten, sind mannigfaltig.[15] Die gute Rendite, die das investierte Geld verspricht, sind nur ein Beweggrund. Gleichermaßen wichtig sind die Veränderungen in den Klassenbeziehungen und in den Beziehungen innerhalb des Proletariats, die durch die Schulden bewirkt werden. Das Mikrofinanzwesen versetzt das internationale Kapital in die Lage, das Weltproletariat direkt zu kontrollieren und auszubeuten, indem die Vermittlung durch den Nationalstaat umgangen und sichergestellt wird, dass die Gewinne direkt zu den Banken fließen und

NGOs versuchten, mit Monsanto einen Deal zu schließen, um die Gewährung eines Kredits mit der Vermarktung des Saatguts zu kombinieren. (Vgl. UNIBIG 1998; Shiva 1998; Karim 2011, XX).

14 Wie María Galindo betont, übernehmen die Frauen, die sich in dieser Rolle der Überwachung und Kontrolle bewähren, eine Führungsrolle in der Community und werden Mitarbeiterinnen der NGO. Sie meint, dass „Empowerment" ganz konkret auch Kontrolle beinhalte. (Vgl. Galindo 2010, 10).

15 Siehe dazu Crossette (1998); Bateman (2010); Bloomberg Business Week (2010); Chant (2010), Toyama (2011).

nicht von lokalen Regierungen angeeignet werden. In gleichem Maße können die männlichen Verwandten als Vermittler umgangen werden und die Arbeit und die Ressourcen der Frauen, die im Zuge der „Strukturanpassung" neue Subsistenzformen erschlossen, die außerhalb oder am Rande der Geldwirtschaft liegen, können direkt ausgebeutet und durch den Mikrokredit unter die Kontrolle der Banken und des Geldes gebracht werden. Das Mikrofinanzwesen ist nicht zuletzt, – neben anderen Maßnahmen zur Schaffung von Schulden – ein Mittel, um mit verschiedenen sozialen Beziehungen zu experimentieren, mit denen die Überwachung und die Kontrolle der Community oder der Familie „internalisiert" wird, die Ausbeutung als selbst organisiert erscheint und ein etwaiges Scheitern als individuelles Problem und Schande erlebt wird.

Auch hier lässt sich eine Parallele zwischen den Erfahrungen verschuldeter Frauen in Ägypten, Niger, Bangladesch oder Bolivien und den verschuldeten Student*innen oder Opfern der Subprime-Krise in den USA ausmachen.

In beiden Fällen werden der Staat und die Arbeitgeber als unmittelbare Nutznießer der Extraktion von Arbeitskraft und als Adressaten von Forderungen und Konflikten unsichtbar. Durch die Ideologie des Kleinunternehmertums werden Arbeit und Ausbeutung noch weiter verschleiert. Wir erleben die Individualisierung von Erfolg und Misserfolg, die zu einer Politik der Schuld führt, wenn man sich versteckt, sich selbst zum Schweigen verurteilt und es vermeidet, offen darüber zu sprechen.

Bisher war diese Strategie überaus erfolgreich, sie ist aber auf lange Sicht nicht tragfähig, und ihre Grenzen lassen sich bereits erkennen, nicht nur für die Armen. Es ist einigermaßen bezeichnend, dass, insofern das Mikrofinanzwesen die Armut verschärft und es wenig Möglichkeiten gibt, die Armen noch mehr unter Druck zu setzen, die Mikrokredit-Netzwerke nach und nach gen

Norden ziehen und sich zunehmend auf wohlhabendere Bevölkerungsgruppen ausdehnen. So hat die Grameen Bank bereits Filialen in zehn US-amerikanischen Städten eröffnet, als allererstes in New York.[16] Langfristig betrachtet, bringt die Schuldenstrategie den Kapitalismus aber in Bedrängnis, denn nirgendwo auf der Welt kann diese absolute Verarmung so vieler Menschen aufrechterhalten werden, wenn die globale Produktion nicht weiter stagnieren und schrumpfen soll. Entscheidend ist aber, dass der Kapitalismus wohl den Punkt erreicht, an dem die Vorteile, die er aus der Verelendung und Enteignung der Massen zieht, durch den Widerstand, den er erzeugt, wieder zunichte gemacht werden.

Die Bewegungen gegen die Verschuldung haben Lateinamerika erreicht

„El Barzon", das Joch, war in den Neunzigerjahren die größte Bewegung gegen die Verschuldung in Mexiko. Innerhalb weniger Jahre breitete sie sich mit dem Slogan „Ich bin verschuldet, ich leugne das nicht. Aber ich bezahle, was richtig ist." (Samperio 1996, 87) im ganzen Land aus. Eine Mobilisierung der Schuldner*innen fand auch in Bolivien statt, wo im Mai 2001 Tausende Menschen, hauptsächlich Frauen, die Banken in den Straßen von La Paz für fünfundneunzig Tage belagerten. (Vgl. Toro Ibañez 2010, 137–

16 Laut ihrer Werbung bietet „Grameen America" Mikrokredite in der Höhe von maximal 1.500 USD. Gemeinsam mit kommerziellen Partnerbanken bietet sie auch Sparkonten an, auf denen die Mitglieder Transaktionen tätigen müssen. In der Regel muss eine Person, die um einen Kredit ansucht, unterhalb der Armutsgrenze leben, in einer Gegend wohnhaft sein, wo Grameen America eine Zweigestelle betreibt, und bereit sein, eine fünfköpfige Gruppe gleichgesinnter Personen zu gründen oder sich dieser anzuschließen. „Die Kreditnehmer müssen auch an wöchentlichen Sitzungen teilnehmen, bei denen sie ihre Kredite zurückzahlen." (Wikipedia: Grameen America)

44) Mittlerweile ist die Grameen Bank in Bangladesch vollkommen verhasst, ihr Gründer und die Mitarbeiter*innen gelten als gewöhnliche Geldverleiher, die sich auf Kosten der Armen bereichern. (Vgl. Karim 2011, 192–93) Die Bewegung gegen die Schulden wächst auch in den Vereinigten Staaten, wie das am Beispiel von „StrikeDebt!“[17], das in vielen Städten der USA Zulauf erhält, und dem Erfolg von „Rolling Jubilee“, das im November 2012 in New York lanciert wurde, deutlich wird.[18] Auch wenn sich noch nicht sagen lässt, wie sich diese Formen des Widerstands entwickeln werden, ist die Entstehung dieser Bewegungen an sich ein großer Erfolg, weil die Macht der Schuldenökonomie zu einem Gutteil daher rührt, dass ihre Folgen als soziale Isolation erfahren werden, wie das im „Debt Resisters Operations Manual“ beschrieben wird: „Es gibt so viel Scham, Frustration und Angst wegen unserer Schulden, dass wir selten mit anderen offen darüber reden.“ (Strike Debt 2014)

Tatsächlich müssen wir diesen Mantel aus Angst und Schuld, der die ganze Welt umhüllt, ablegen, wie es „El Barzon“ in Mexiko und die Frauen in Bolivien getan haben. Studierende, vor allem in den USA, spielen in diesem Prozess eine besondere Rolle, da viele der kulturellen Werkzeuge, die von NGOs und Banken eingesetzt

17 „Strike Debt!“ wurde in New York im Zuge der Occupy-Bewegung gegründet und will die Legitimität der Schulden, die Menschen aufgenommen haben, in Frage stellen. Sie gehen davon aus, dass grundlegende Bedürfnisse wie Wohnen, Bildung und Gesundheit nicht nur denjenigen vorbehalten sein sollten, die dafür zahlen können. (Vgl. Strike Debt and Occupy Wall Street 2014)

18 „Rolling Jubilee“ ist eine Kampagne von Strike Debt!, bei der auf Sekundärmärkten hohe Schulden zu Diskontzinsen gekauft wurden, um das Bewusstsein dafür zu schärfen, dass Millionen Menschen zum Teil für den Rest ihres Lebens bei Banken versklavt sind. Strike Debt! startete 2014 die zweite Phase, das Debt Collective. (https://debtcollective.org.)

werden, um Frauen davon zu überzeugen, Schulden zu machen, von denen die Menschen dann so beschämt werden, dass sie sogar den Tod in Kauf nehmen, an unseren Universitäten geschaffen werden. Insbesondere Anthropolog*innen übernahmen dabei die Rolle der „Hebammen" und lenkten die Aufmerksamkeit auf die Fähigkeit der Armen, trotz „Entfremdung, Entbehrung und Marginalisierung" (Elyachar 2002, 499) zu überleben. Julia Elyachar wies darauf hin, dass es die Anthropolog*innen waren, die den Ökonomen zeigten, wie man trotz aller Widrigkeiten überleben kann, und wie wichtig dafür Netzwerke und Beziehungen untereinander sind. Manche der Nebeneffekte des Mikrofinanzwesens, meint Elyachar, hätten sich die Forscher*innen sicherlich nicht gewünscht, aber es sei eben nur ein kleiner Schritt von der Anerkennung der Kultur und der gesellschaftlichen Beziehungen als wirtschaftlicher Ressource zur Ausarbeitung eines „Aktionsprogramms". (Vgl. Elyachar 2002, 508)

Elyachar führt vor Augen, wie wichtig unsere Universitäten für die Entwicklung neuer Modelle der Disziplinierung und der Ausbeutung von Arbeitskraft sind.[19] Aus dieser Perspektive stellen sich für eine studentische Bewegung gegen die Schulden zwei Aufgaben: Einerseits muss sie die Schulden, die durch die Darlehen für das Studium entstanden, als illegitim betrachten, weil Bildung keine Ware sein darf, die gekauft und verkauft werden kann. Auf der anderen Seite muss sie sich weigern, bei der Produktion des Wissens mitzuarbeiten, das diese Schulden produziert, sowie bei jener des Wissens, das als Instrument eingesetzt wird, um die Menschen dazu zu bringen, die Schulden zu begleichen

19 Unter den Wissensformen, die für die Verwaltung von Schuldner*innen hilfreich sind, befindet sich laut Karim (2012, 164–177) beispielsweise die „Armutsforschung", die „ein Archiv intimen Wissens über die Armen" hervorbringe.

oder zur psychologischen Folter für diejenigen zu werden, die es nicht schaffen.

Auch der Kampf gegen Mikrokredite verschärft sich. In Nicaragua bildete sich eine Bewegung mit dem Namen „No Pago", „Ich zahle nicht". Die Proteste gegen Mikrokredite erreichten mittlerweile auch Indien, wo sich im Jahr 2010 die Schuldner*innen weigerten, ihre Kredite zurückzuzahlen, und damit die ganze Branche an den Rande des Ruins brachten. (Vgl. Polgreen und Bajaj 2010) In Bangladesch, der Geburtsstätte der Mikrofinanzen, äußerte laut dem *Economist* sogar Premierminister Sheik Hasina Wazed den Vorwurf, „dass im Namen der Armutsbekämpfung das Blut der Armen ausgesagt werde" und die Menschen in Bangladesch wie „Versuchskaninchen" behandelt würden. In Bolivien machte die Gruppe „Mujeres Creando" die Forderung nach einem Schuldenerlass zu ihrem Hauptanliegen. Sie beschuldigt die Banken und NGOs, den Frauen die Arbeit, die Zeit und die Hoffnung auf eine Zukunft zu stehlen, und fordert die Frauen auf, zu ihren traditionellen Formen der Kredits zurückzukehren: „Geld fließt von einer Frau zur anderen, auf der Grundlage von Freundschaft und Gegenseitigkeit." (Toro Ibañez 2010, 135) Neue Bewegungen, wie „Strike Debt!" in den Vereinigten Staaten, formieren sich, und Schulden könnten ein Feld der Neuzusammensetzung der Klasse werden, wo diejenigen zusammenkommen, die gegen Hypotheken und Zwangsvollstreckungen kämpfen, verschuldete Student*innen, Menschen, die ihre Mikrokredite und Kreditkartenschulden nicht zahlen können. Aber wie Galindo eindrucksvoll zeigte, wird der Erfolg dieser Bewegungen davon abhängen, ob sie nicht nur gegen die Schulden protestieren, sondern auch die durch die Schulden zerstörten Commons neu erfinden und neu erschaffen.

Teil 2

Wie die Commons selbst geben auch die Beiträge in diesem Abschnitt kein einheitliches Bild wieder. Vielmehr unternehmen diese Texte Ausflüge an verschiedene Orte und versuchen, die Prinzipien gemeinschaftlich organisierter Gesellschaften kenntlich zu machen, sowie die Herausforderungen zu benennen, denen wir uns bei der Verteidigung bestehender und der Schaffung neuer Commons gegenüber sehen. Auch hier ist das Bild, das ich zeichnen werde, beileibe nicht vollständig. Mir geht es vor allem darum, das Potenzial gemeinschaftlicher Beziehungen zu zeigen, nicht nur, weil sie unser Überleben garantieren und unsere Widerstandskraft steigern, sondern vor allem deswegen, weil sie ein Weg sind, um unsere Subjektivität zu transformieren und die Fähigkeit zu erlangen, die Welt um uns herum – die Natur, andere Menschen, die Tierwelt – nicht als Bedrohung, sondern als Quell von Wohlstand und Wissen zu begreifen. Diese Texte wurden zwar zu unterschiedlichen Anlässen und im Laufe mehrerer Jahre geschrieben, trotzdem sollten sie im Zusammenhang gelesen werden. Der rote Faden ist das Bemühen, das Prinzip der Commons auf die gesellschaftliche Reproduktion anzuwenden. Wobei ich nicht vergessen habe, was Menschen, die bereits eine entsprechende Erfahrungen leben, dazu sagen würden: „Man lebt die Commons einfach, man kann nicht über sie sprechen, und noch weniger kann man sie theoretisieren.“ Ich denke, das kommt daher, weil es schwierig ist, Worte für diese gewaltige und so seltene Erfahrung zu finden, wenn man Teil von etwas ist, das größer als unser individuelles Leben ist, und wenn wir uns auf diesem Planeten nicht, wie es der Kapitalismus von uns verlangt, als Fremde oder Eindringlinge bewegen, sondern ihn zu unserem Zuhause machen. Aber Worte sind notwendig, besonders für diejenigen unter uns, die dort leben, wo sich die gesellschaftlichen Beziehungen beinahe vollständig aufgelöst haben.

Unter den Vereinigten Staaten: die Commons

„Zwei naturwüchsig entstandne Tatsachen beherrschen die Urgeschichte aller oder doch fast aller Völker: Gliederung des Volks nach Verwandtschaft und Gemeineigentum am Boden."
Friedrich Engels: Die Mark (1882)

„Diese altertümliche Stimme, die uns von der Gemeinschaft erzählt, kündigt zugleich eine andere Welt an. Die Gemeinschaft – als gemeinschaftliche Produktions- und Lebensweise – ist die älteste aller amerikanischen Traditionen, sie ist die amerikanischste von allen. Sie gehört zum Anbeginn der Zeit und zu den ersten Menschen, aber sie gehört auch zur Zeit, die kommen wird und sie nimmt eine andere Welt vorweg."
Eduardo Galeano: Traditions of the Future (1991)

*„Würde die amerikanische Gesellschaft die Traditionen der verschiedenen Ureinwohner*innen vernünftig darstellen, befänden sich die Frauen im Zentrum der Gesellschaft, die Verteilung von Gütern und Macht wäre egalitär und ältere Menschen würde man, ob ihres wichtigen sozialen und kulturellen Beitrags, respektieren, ehren und schützen."*
Paula Gunn Allen: Who Is Your Mother? Red Roots of White Feminism (1988)

In den Dreißigerjahren entdeckten kommunistische Historiker wie Paul Kosok, die sich dem Studium des Ursprungs von Klassengesellschaften verschrieben hatten, dass das Land der Nazca in Zentralperu Überreste und Zeugnisse eines alten Bewässerungssystems aufwies. Sie gingen davon aus, dass der Ursprung des Staates und der Klassenverhältnisse angesichts dieser Entdeckung in ein neues Licht gerückt werden müsse. Diese Überreste waren für das bloße Auge nicht erkennbar, erst beim Überfliegen des Territoriums konnte man komplizierte Muster erkennen, denen nicht einmal die jahrelange Erosion etwas anhaben konnte.

Dieses Beispiel kommt mir mit all seiner metaphorischen Kraft in den Sinn, wenn man in den USA ein Buch über die Commons schreibt, weil man unweigerlich mit dem beginnen muss, was wir den ersten Commoners des Kontinents zu verdanken haben. Die amerikanischen Ureinwohner*innen bewirtschafteten das Land über Jahrhunderte gemeinsam, hielten es in Ehren, feierten seine Fülle und nahmen gerade so viel, dass sie davon leben konnten, ohne den Reichtum zu zerstören, der, wie es die traditionelle Weisheit vorgab, für die nächsten sieben Generationen erhalten bleiben sollte. Den Durchschnittsamerikaner erinnert heute wenig an diese Commons, wenn man von einigen Namen absieht, die wir häufig auf Autobahnschildern finden und deren Namensgeber vor langer Zeit vertrieben wurden. Nur die Reservate bleiben scheinbar bestehen, aber auch diese werden ständig durch den Landdiebstahl der Regierung und die Umweltverschmutzung aufgrund des Abbaus von Ressourcen missachtet. Doch ist, woran uns Paula Gunn Allen erinnert, ein beträchtlicher Teil des Reichtums dieses Landes – die Nahrungsmittel, die Medikamente, die Heilpraktiken und sogar einige seiner Institutionen – gleich den Linien, die von den Historikern im Land der Nazca entdeckt wurden, auf diese ersten Bewohner*innen des Kontinents zurückzuführen. Was aber von diesen Menschen am lebendigsten ist, ist ihre *Auffassung der Beziehung des Menschen zu Besitz und Land, die unsere Vorstellungskraft noch immer beflügelt.*

Die indigenen Commons sind im Übrigen weit davon entfernt, ausgelöscht worden zu sein. Nicht nur im Süden des amerikanischen Kontinents gibt es große Gebiete, die von kommunitären Regimes regiert werden, sondern es werden sogar, wie wir am Beispiel der zapatistischen Bewegung sehen, neue gemeinschaftliche Formen der gesellschaftlichen Organisation geschaffen.

Während in der bürgerlichen politischen Philosophie das Privateigentum die Bedingung für die Freiheit war und als Unterscheidungsmerkmal zwischen Zivilisation und Wildheit diente, hing die Freiheit für die Ureinwohner*innen von dessen Abwesenheit ab.[1] Als die Europäer auf dem amerikanischen Kontinent landeten, war der gemeinschaftliche Besitz so allgegenwärtig, dass, wie Kolumbus anmerkte, sogar der Kochtopf jedem zur Verfügung stand, der daraus essen wollte, selbst dann, wenn gerade Hunger herrschte. Zwei Jahrhunderte später schrieb Thomas Morton[2]

1 William Brandon geht davon aus, dass der Begriff der Freiheit, verstanden als Selbstbestimmung, im siebzehnten Jahrhundert durch die unzähligen Berichte aus der „Neuen Welt" über indigene Bevölkerungen, die ohne Herren und in einem Zustand der Gleichheit lebten, der Dein und Mein vergessen ließ, in das europäische Denken gelangte. (Vgl. Brandon 1986, 23f).

2 Thomas Morton war ein früher amerikanischer Kolonist, der 1626 Merrymount gründete. Diese Siedlung wurde von den puritanischen Nachbar*innen wegen ihrer lockeren moralischen Sitten und ihrer positiven Haltung gegenüber den benachbarten Algonkin, die Morton bewunderte und respektierte, als Skandal begriffen. Besonders skandalös erschien den Autoritäten der Plymouth-Kolonie, dass der Maifeiertag begangen wurde und die Kolonisten nach einer alten englischen bäuerlichen Tradition gemeinsam mit einheimischen Frauen um den Maibaum tanzten. Zu Thomas Morton siehe Linebaugh (2016, 15f und 85f).

über die Bewohner*innen Neuenglands: „Obwohl jeder Eigentümer sein Eigen kennt (…), wird alles, solange es in Verwendung ist, gemeinsam genutzt." (Zit. nach Cronon 2011, 61) Die Vorstellung, Land zu besitzen, war den amerikanischen Ureinwohner*innen so fremd, dass sich niemand die Mühe machte, das genutzte Land zu befestigen, und sie häufig zu anderen Feldern weiterzogen und bereit waren, es mit Neuankömmlingen zu teilen. Kirkpatrick Sale schreibt: „Land zu besitzen oder zu verkaufen, schien eine Idee zu sein, die so fremd war, als ob man die Wolken oder den Wind besitzen oder verkaufen wollte." (Sale 1990, 314) Auch William Cronon kommentiert ähnlich: „Dieser lockere Umgang mit persönlichem Besitz war in ganz Neuengland typisch." (Cronon 2011, 61) Wie wir wissen, wurde diese Bereitschaft, sich von persönlichem Besitz zu trennen, von den Europäern missverstanden, und diese gingen davon aus, dass es kein Eigentum gäbe und das Land Niemandsland wäre. In Wirklichkeit hatten die Familien aber sehr wohl einen gesicherten Zugriff auf ihre Felder und auf das Land, auf dem ihre Zelte standen. Aber das waren keine Besitztümer auf Dauer. Es wurde keine Anstrengung unternommen, dauerhaft Grenzen um ein Feld zu ziehen, das eine Familie nutzte, und die Felder wurden nach einigen Jahren aufgegeben und wieder der Natur überlassen. Was die Menschen ihr Eigentum nannten, war das Nutzungsrecht auf das Land und die Ernte. Damit konnte gehandelt werden, in dieses Nutzungsrecht durfte nicht eingegriffen werden. Verschiedene Gruppen von Menschen konnten Ansprüche auf dasselbe Land anmelden, je nachdem, wie und wofür sie es verwendeten. (Vgl. Hanson 1998) Mehrere Dörfer konnten in denselben Flüssen fischen und sich gegenseitig ihr Recht dazu anerkennen. Und wenn jemand den Clan verließ, ließ man alles, was man besessen hatte, zurück. Trotzdem waren diese nomadischen Stämme eine weitaus tiefere Bindung mit dem Land und der Landwirtschaft eingegangen als die Europäer, die es privatisierten. Sie brachten dem Land so viel Respekt entgegen, dass, obwohl sie „seit sehr langer Zeit ihren Lebensunterhalt auf diesem Land bestritten, darauf jagten, Lebensmittel sammelten, pflanzten, fischten, bauten und umherzogen", die Europäer „noch immer und ohne Ausnahme eine üppige und fruchtbare Wildnis vorfanden, in der es reichlich wild lebende Tiere im Wasser, in den Wäldern und in der Luft gab." (Sale 1990, 315)

Diese fehlende Bindung an Privateigentum unter den amerikanischen Ureinwohner*innen hatte zur Folge, dass sie eine gemeinschaftliche Perspektive entwickelten, die Kooperation, Gruppenidentität und Kultur wertschätzte. Bei der Landung der Europäer galt, dass, wenn einer hungerte, alle hungerten. Das macht die Hilfe, die sie den Kolonisten zuteil werden ließen, noch bemerkenswerter. Die Abneigung gegen die individuelle Anhäufung von Gütern war so groß, dass sie das Ritual des Potlatch erfanden, bei dem das Vermögen regelmäßig neu verteilt wurde, um sich davon zu befreien. Die Heilkunst war und ist eine kollektive Praxis, die – in der Schwitzhütte – nicht nur die Körper, sondern auch die Erde, das Feuer und die Kraft, die aus dieser tiefgreifenden gemeinsamen Erfahrung hervorgeht, miteinander verbindet.

Diese Geschichte und ihr Vermächtnis heute zu würdigen, bedeutet nicht, wie zuweilen behauptet wird, ein künstlich geschaffenes indianisches Subjekt zu romantisieren oder eine ethnisierte Identität zu naturalisieren, die erst der koloniale Blick geschaffen hat. Es geht darum, den Menschen, die in der Geschichte am stärksten unter den Einhegungen des amerikanischen Kontinents zu leiden hatten und dagegen kämpften, Anerkennung teil werden zu lassen, und wir dürfen die Ansprüche der Menschen, die einst dieses Land bewohnten, das wir als zukünftige Stätten unserer Commons denken, keinesfalls vergessen. In den Vereinigten Staaten wird eine nennenswerte politische Veränderung nur dann möglich sein, wenn wir den beiden großen Ungerechtigkeiten, auf denen dieses Land errichtet wurde – die Enteignung der und der Genozid an den amerikanischen Ureinwohner*innen sowie die Versklavung von Millionen Afrikaner*innen, deren Entrechtung sich in anderen Formen bis heute fortsetzt – ins Auge sehen und Entschädigungen leisten. Zudem ist, wie Paula Gunn Allen anmerkt, der Verlust der Erinnerung der Ursprung der Unterdrückung, da die Welt, in der wir uns bewegen, ohne Kenntnis der Vergangenheit bedeutungslos wird und der Raum, in dem wir leben, von jeglicher Bedeutung befreit wird, da wir vergessen, welchen Preis der Boden hatte, auf dem wir gehen, und wessen Geschichten in die Steine, Felder und Gebäude, die uns umgeben, eingeschrieben sind. (Vgl. Gunn Allen 1998, 18–20) Der Verlust der Erinnerung erzeugt angesichts der Kakophonie der kommerziellen Medien und der politischen Lügen, die unter militärischem Schutz stehen, eine Stille, in der unsere Kämpfe wenig Aussicht auf Erfolg haben.

Es gibt zwei weitere Gründe, warum es in einer Diskussion des Feminismus und der Commons unerlässlich ist, sich der Geschichte des Commoning der Ureinwohner*innen des amerikanischen Kontinents anzunehmen. Der Bau der Keystone-Pipeline auf dem Territorium der Lakota zeigte, dass der Raub und die Zerstörung dieser Commons weitergehen.[3] Überall in Lateinamerika befinden sich die von Indigenen geschaffenen kommunitären Sys-

3 Die Keystone-Pipeline, die der TransCanada Corporation gehört und als modernste Pipeline Nordamerikas beworben wird, wird über eine Strecke von rund zweitausend Kilometern von Alberta (Kanada) nach Texas verlaufen. Sie quert dabei das Land der Ureinwohner*innen und bedroht ihre Gewässer und heiligen Stätten. Umweltorganisationen schlossen sich ebenfalls dem Protest an und beschuldigten TransCanada, hinsichtlich der ökologischen Folgen des Projekts mit falschen Informationen zu arbeiten.

teme in einem Überlebenskampf. Sie halten aber an den gesellschaftlichen Institutionen fest, die es ihnen erlauben, ihre Beziehung zum Land aufrecht zu erhalten, sich selbst zu regieren und ihre Communities nach einer ganz anderen Logik als der des Staates zu organisieren.[4] Dementsprechend ist die Frage, wie unser Verhältnis zu den Commons der Ureinwohner*innen aussieht, politisch immens wichtig. Darüber hinaus finden wir in der Geschichte dieser Commons das beste und konkreteste Beispiel *der gemeinschaftlichen Nutzung von Ressourcen ohne den Anspruch auf Privateigentum* oder ein Regelwerk, das Menschen ausschließen würde.

Für dieses Buch ist die Macht, die Frauen in diesen Communities hatten, von einer besonderen Bedeutung, die wohl damit in Zusammenhang steht, dass es das Streben nach Privateigentum und Akkumulation nicht gab. Lewis Henry Morgan[5] berichtete,

4 Zu den Kämpfen der kommunitären Regime um die Beibehaltung ihrer Beziehung zum Land und zur Selbstverwaltung siehe die Arbeit der K'iche'-Aktivistin Gladys Tzul Tzul (2016, 2018). Tzul Tzul untersucht die gemeinschaftlichen Institutionen, die dazu dienten, die Beziehung der indigenen Bevölkerung zum Land zu erhalten, insbesondere unter den K'iche, die in 48 Kantonen von Totonicapán in Guatemala leben. Tzul Tzul betont die Bedeutung kollektiver Arbeit, kollektiver Entscheidungsfindung und seit langer Zeit bestehender Rituale wie Festen in der Schaffung autonomer Formen des Lebens und der gesellschaftlichen Beziehungen.

5 Lewis Henry Morgan (1964) fand in seiner Studie und bei seinem Kontakt mit den Bevölkerungen Neuenglands wie auch in den Territorien der Dakota heraus, dass bei der Ankunft der Europäer Abstammung über die weibliche Linie verlief. Frauen hatten Stimme und Sitz im Rat, die er als demokratische Versammlung bezeichnete, in der „jedes erwachsene weibliche und männliche Mitglied eine Stimme zu allen Fragen hatte, die ihm vorgelegt wurden". (Morgan 1964, 65) Er stellte auch fest, dass es die Aufgabe der Frauen war, die Namen für ihre Kinder oder Mitglieder des Clans, wenn sie diesen im Laufe ihres Lebens ändern mussten, zu verge-

dass die Macht der Frauen bei den Irokes*innen so groß war, dass sie über Krieg oder Frieden entscheiden konnten. Paula Gunn Allen zufolge beeinflusste der Wert, den die Ureinwohner*innen der Freiheit, der Abwesenheit von Hierarchien und egalitären Beziehungen beimaßen, nicht nur das sozialistische Denken in Europa und Amerika, sondern auch den amerikanischen Feminismus maßgeblich. Dieser Einfluss wird symbolisch daran deutlich, dass die erste feministische Konferenz der USA auf ehemaligem indigenen Land stattfand: in Seneca Falls.[6]

Es ist daher kein Zufall, dass das erste neu geschaffene Territorium auf dem Kontinent, das nach den Prinzipien der Commons organisiert wurde, von amerikanischen Ureinwohner*innen – den Zapatistas – aufgebaut wurde und dass ihr Revolutionäres Frauengesetz, das den Frauen umfangreiche Rechte zugesteht, die seinesgleichen in jedem anderen Land suchen, von zentraler Bedeutung ist.[7] Ebensowenig ist es ein Zufall, dass es auf dem

ben, und alle Mitglieder des Clans führten ihre Abstammung auf eine gemeinsame weibliche Urahnin zurück. Er merkte jedoch an, dass sich die Dinge zum Zeitpunkt seiner Begegnung aufgrund des Einflusses und des Drucks der Europäer änderten, zum Beispiel gingen einige Stämme von der Matrilinearität zur Patrilinearität über.

6 Die erste Frauenrechtskonferenz der Vereinigten Staaten fand im Juli 1848 in Seneca Falls im Norden von New York auf dem Gebiet der Six Nations statt.

7 Das Revolutionäre Frauengesetz wurde 1992 zur Zeit des zapatistischen Aufstands verabschiedet. Es sieht sieben wichtige Rechte der Frau vor, darunter das Recht, am revolutionären Kampf teilzunehmen, wie sie es wünscht und braucht, zu arbeiten und einen gerechten Lohn zu erhalten, zu entscheiden, wie viele Kinder sie haben und betreuen möchte, an den Aktionen der Community teilzunehmen und Ämter zu bekleiden, sofern diese frei und demokratisch gewählt sind, das Recht auf Bildung, die Wahl des Partners und dass Gesundheit und Ernährung entsprechende Aufmerksamkeit geschenkt wird. (Vgl. Klein 2015).

gesamten lateinamerikanischen Kontinent – von Feuerland bis Amazonas, von Chiapas bis South Dakota – die Frauen sind, die den Kampf zur Verteidigung der Commons anführen und dabei neue Formen der Kommunikation schaffen. Als in Standing Rock ein breites Bündnis zusammenkam, um sich gegen die Bohrungen auf dem heiligen Boden des Reservats zu wehren, waren es vor allem die Frauen, die die Infrastruktur aufbauten und es dadurch mehr als siebentausend Menschen ermöglichten, monatelang in einem der kältesten Teile des Landes auszuharren, wo die Temperaturen im Winter weit unter Null liegen und die Bereitstellung von Nahrungsmitteln, Kleidung und Unterricht für Kinder entsprechend schwierig ist. Die Frauen entwickelten aber auch die Slogans für den Kampf. Der Mut und die Kreativität, die diese „Wasserschützer*innen" bewiesen, ist sicherlich ein Grund für die breite Unterstützung, die das Camp erhielt. Nicht nur Repräsentant*innen von vierhundert Stämmen schlossen sich an, sondern auch Aktivist*innen, Männer und Frauen jeden Alters, reisten aus allen Teilen des Landes an. Damit durchbrachen sie die Isolation, mit der sich die Ureinwohner*innen in der Vergangenheit konfrontiert sahen, wenn sie sich dem Weißen Mann entgegenstellten, und verdeutlichten das gemeinsame Interesse an der Verteidigung und Wiederherstellung der amerikanischen Commons.

Mit den Commons gegen den Kapitalismus und darüber hinaus[1]

Aus unserer Perspektive können wir nicht einfach sagen: „Ohne Gemeinschaft keine Commons". Wir müssen auch sagen: „Ohne Wirtschaft keine Commons". Im Sinne der oikonomia, d. h. der Reproduktion von Menschen innerhalb des sozialen und natürlichen Haushalts. Die Neuschaffung der Commons ist daher mit der Neuschaffung des Gemeinwesens und einer auf den Commons basierenden Wirtschaft verbunden.
Maria Mies und Veronika Bennholdt-Thomsen: The Subsistence Perspective (1999)

Die Commons sind heutzutage in der Sprache der Politik, der Wirtschaft und sogar der Immobilienbranche geradezu omnipräsent. Linke und Rechte, Neoliberale und Neo-Keynesianer, Konservative und Anarchist*innen verwenden den Begriff in ihrer politischen Arbeit. Im April 2012 verlangte die Weltbank, dass alle Forschungsarbeiten, die von ihr erstellt oder durch ihre Unterstützung ermöglicht werden, „frei verfügbar sein sollten und von Creative Commons, einer gemeinnützigen Organisation, deren Urheberrechtslizenzen darauf ausgelegt sind, den Zugang zu Informationen im Internetzeitalter zu erweitern, lizenziert sein sollten." (World Bank 2012) Sogar ein Titan des Neoliberalismus wie die Zeitung *The Economist* zeigte in seinem Nachruf auf Elinor

1 Dieser Text wurde gemeinsam mit George Caffentzis verfasst.

Ostrom, die Doyenne der Commons-Forschung und Kritikerin des Markttotalitarismus, eine Schwäche für ebendiese:

„Für Elinor Ostrom schien die Welt eine Menge an kollektiver Vernunft in sich zu tragen. Wenn Menschen sich selbst überlassen sind, finden sie einen vernünftigen Weg, um zu überleben und miteinander auszukommen. Obwohl das kultivierbare Land, die Wälder, das Wasser und die Fischereigründe auf diesem Planeten endlich sind, war es möglich, all das zu teilen, ohne es dabei über Gebühr in Anspruch zu nehmen, und sich darum zu kümmern, ohne darum kämpfen zu müssen. Während andere pessimistisch von der Tragödie der Commons sprachen und nur sehen wollten, dass die Fischereigründe und Ackerflächen überbeansprucht wurden, weil alle ihrer Gier freien Lauf ließen, war Ostrom mit ihrem lauten Lachen das fröhliche und konträre Pendant dazu."

Schlussendlich können wir die überbordende Verwendung von Begriffen wie „Common" und „Commons" im Diskurs der Immobilienwirtschaft, wenn sie von Universitäten, Einkaufszentren und Gated Communities spricht, nur schwer ignorieren. Eliteuniversitäten, die ihren Student*innen pro Jahr 50.000 US-Dollar abnehmen, nennen ihre Bibliotheken „Informations-Commons". Es ist beinahe ein Gesetz unserer Gesellschaft, dass die Commons, je massiver sie angegriffen werden, desto intensiver gepriesen werden.

Wir wollen uns die Ursachen für diese Entwicklungen näher ansehen und einige der wichtigsten Fragen beantworten, mit denen antikapitalistische Commoners heute konfrontiert sind: Was verstehen wir unter „antikapitalistischen Commons"? Wie können wir eine neue Produktionsweise auf Grundlage der in unseren Kämpfen entstehenden Commons schaffen, die nicht mehr auf der Ausbeutung der Arbeitskraft beruht? Wie können wir verhindern, dass die Commons kooptiert werden und, anstatt eine Alternative zum Kapitalismus zu bieten, der untergehenden Kapitalistenklasse als Rettungsinsel dienen?

Geschichte, Kapitalismus und die Commons

Wir beginnen mit einer historischen Perspektive auf die Commons, wobei uns bewusst ist, dass die Geschichte selbst ein Common ist, vorausgesetzt, dass sie von vielen unterschiedlichen Stimmen erzählt wird, weil sie uns auch vor Augen führt, wie wir voneinander getrennt wurden. Die Geschichte ist unser kollektives Gedächtnis, unser Körper, der uns mit einer Vielzahl von Kämpfen in Verbindung setzt, unserer politischen Praxis Sinn gibt und uns Macht verleiht.

Die Geschichte lehrt uns, dass das „Commoning" die Grundlage ist, wie Menschen seit Tausenden von Jahren ihr Leben auf

diesem Planeten organisierten. Peter Linebaugh erinnert uns daran, dass es kaum eine Gesellschaft gibt, deren Herz nicht die Commons gewesen wären. (Vgl. Linebaugh 2008) Auch heute gibt es in vielen Teilen der Welt, insbesondere unter den indigenen Bevölkerungen Lateinamerikas, Afrikas und Asiens, noch gemeinschaftliche Besitzverhältnisse und gesellschaftliche Beziehungen auf der Grundlage des Commoning.

Wenn wir von den Commons sprechen, sprechen wir also nicht nur von einem bestimmten Projekt oder einer Reihe kleiner Experimente, wie den Kommunen der 1960er-Jahre in Nordkalifornien, so wichtig diese auch gewesen sein mögen. (Vgl. Boal 2012) Wir sprechen vielmehr von großräumigen gesellschaftlichen Formationen, die manchmal ganze Kontinente umspannten, wie die Netzwerke von Commons, die sich im vorkolonialen Amerika vom heutigen Chile bis nach Nicaragua und Texas erstreckten und die durch eine Vielzahl von Handelsbeziehungen, aber auch Beziehungen, die auf Geschenk und Tausch von Naturalien beruhten, miteinander verbunden waren. Auch in Afrika konnte der gemeinschaftliche Bodenbesitz bis heute überdauern, selbst angesichts der beispiellosen Landnahme unserer Tage. (Vgl. Pearce 2012) Sogar in England blieb das gemeinschaftlich genutzte Land bis zum Beginn des 20. Jahrhunderts ein wichtiger ökonomischer Faktor. Linebaugh schätzt, dass 1688 ein Viertel der Gesamtfläche Englands und Wales' Gemeindeland war. (Vgl. Linebaugh 2012) Nach mehr als zwei Jahrhunderten der Einhegungen und der Privatisierung von Millionen Hektar Land war das kommunale Land laut der *Encyclopaedia Britannica* aus dem Jahr 1911 auf 600.000 bis 800.000 Hektar, rund fünf Prozent des englischen Territoriums, geschrumpft. Am Ende des 20. Jahrhunderts waren es nur mehr drei Prozent. (Vgl. Common Land)

Diese Hinweise sind nicht deswegen wichtig, weil wir unser Konzept der Commons und der Praxen, die damit verbunden sind, anhand der Vergangenheit modellieren wollen. Wir können eine alternative Gesellschaft nicht durch den nostalgischen Rückgriff auf gesellschaftliche Formen erschaffen, die bereits in der Vergangenheit ungeeignet waren, dem Angriff kapitalistischer Verhältnisse standzuhalten. Die neuen Commons müssen aus unseren Kämpfen entstehen. Der Rückgriff auf die Vergangenheit soll nur deutlich machen, dass die von uns vorgeschlagene Gesellschaft der Commons keine Utopie oder Projekt ist, das nur von kleinen Gruppen verwirklicht werden kann, vielmehr schaffen die Commons einen politischen Rahmen, um über Alternativen zum Kapitalismus nachdenken zu können.

Die Commons existieren nicht nur seit Tausenden von Jahren, vielmehr umgeben uns noch heute die Überreste einer Gesellschaft, die auf der Gemeinschaft beruht, auch wenn diese in letzter Zeit ständigen Angriffen ausgesetzt sind. Für die kapitalistische Entwicklung ist die Zerstörung gemeinschaftlichen Eigentums und gemeinschaftlicher Verhältnisse zwingend erforderlich. Im Hinblick auf die „Einhegungen" des 16. und 17. Jahrhunderts in Europa, den Geburtsakt der modernen kapitalistischen Gesellschaft, der die Bäuer*innen vom Land vertrieb, sprach Marx von „ursprünglicher Akkumulation". Aber heute wissen wir, dass das kein einmaliger, abgeschlossener Prozess war, der zeitlich und räumlich begrenzt gewesen wäre, sondern dass es sich um Prozesse handelt, die seit Jahrhunderten vonstatten gehen und bis heute andauern. In Zeiten der Krise greift die Klasse der Kapitalisten stets auf die Strategie der ursprünglichen Akkumulation zurück, weil die Expropriation der Arbeiter*innen und die Vermehrung der verfügbaren Arbeitskraft die wirksamsten Methoden sind, um das „richtige Kräfteverhältnis" wiederherzustellen und im Klassenkampf die Oberhand zu behalten.

In der Ära des Neoliberalismus und der Globalisierung wurde diese Strategie in einer extremen Form angewandt und zugleich normalisiert, wodurch die ursprüngliche Akkumulation und die Privatisierung des „gemeinsamen Reichtums" ein permanenter Prozess wurde, der nun alle Bereiche unserer Existenz umfasst. Nicht nur das Land, die Wälder und die Fischbestände wurden der kommerziellen Nutzung unterworfen, vielmehr leben wir in einer Welt, in der alles, vom Wasser, das wir trinken, über die Zellen und das Genom unseres Körpers, ein Preisschild bekommt oder patentiert wird, und es wird kein Aufwand gescheut, die Unternehmen mit dem Recht auszustatten, den noch verbliebenen Raum auf diesem Planeten einzuhegen und zu erzwingen, dass wir für Zugang zu ihm bezahlen müssen. Von Neu-Delhi und New York bis Lagos und Los Angeles wird der städtische Raum privatisiert. Der Straßenverkauf, das Sitzen auf einem Bürgersteig oder sich an einen Strand zu legen, ist zunehmend nur mehr gegen Bezahlung erlaubt. An den Flüssen werden Staudämme gebaut, die Wälder werden abgeholzt, das Wasser wird in Flaschen abgefüllt und auf dem Markt verkauft, traditionelle Wissenssysteme werden durch Gesetze für geistiges Eigentum geplündert, und öffentliche Schulen werden zu gewinnbringenden Unternehmen umfunktioniert. Deshalb übt die Idee der Commons eine solche Anziehungskraft auf unsere kollektive Vorstellungskraft aus. Ihr

Verlust stärkt unser Bewusstsein, wie bedeutend sie sind, und unser Wunsch, mehr über sie zu erfahren, wird größer.

Commons und der Klassenkampf

Trotz all der Angriffe hörten die Commons nie zu existieren auf. Massimo De Angelis betont, dass es immer Commons gab, die außerhalb des Kapitalismus überdauerten und in den Klassenkämpfen eine zentrale Rolle spielten und sowohl die utopische/radikale Vorstellungskraft als auch den Bauch vieler Commoners fütterten. (Vgl. De Angelis 2007) Die Vereinigungen der gegenseitigen Hilfe, die von den Arbeiter*innen geschaffen und später durch den Wohlfahrtsstaat ersetzt wurden, sind ein bedeutendes
Beispiel für dieses „Außen". (Vgl. Beito 2000) Die Tatsache, dass andauernd neue Commons geschaffen werden, ist für uns aber noch entscheidender. Von der Bewegung für freie Software bis zur Bewegung für solidarische Ökonomie entsteht eine ganze Welt neuer gesellschaftlicher Beziehungen, die auf dem Prinzip des gemeinschaftlichen Tausches beruhen und von der Überzeugung getragen sind, dass der Kapitalismus für uns nur mehr Arbeit, mehr Krieg, mehr Elend und mehr Spaltung anzubieten hat. (Vgl. Bollier 2015) In einer Zeit permanenter Krisen und ständiger Angriffe auf unsere Arbeitsplätze, Löhne und sozialen Räume wurde die Schaffung von Commons ein unerlässliches Mittel zum Überleben. Es ist kein Zufall, dass in den letzten Jahren in Griechenland, als die Löhne und Renten im Durchschnitt um dreißig Prozent gesenkt wurden und die Jugenderwerbslosigkeit fünfzig Prozent erreichte, verschiedene Formen der gegenseitigen Hilfe auftauchten, wie zum Beispiel kostenlose medizinische Versorgung, die Verteilung von Lebensmitteln der Bäuer*innen in den Städten und die „Reparatur" von Stromleitungen, weil diese gekappt wurden, nachdem die Rechnungen nicht mehr bezahlt werden konnten.

Wir wollen aber betonen, dass diese gemeinschaftlichen Initiativen, die überall entstehen – Zeitbanken, urbane Gärten, solidarische Landwirtschaft, Food-Coops, lokale Währungen, Creative Commons-Lizenzen und Tauschhandel – viel mehr sind als Deiche, um die neoliberale Flut aufzuhalten, die unser Leben bedroht. Es handelt sich dabei um Experimente der Selbstversorgung und um die Keime einer alternativen Produktionsweise. So sollten wir auch die Bewegungen sehen, die sich seit den 1980er-Jahren weltweit in vielen städtischen Peripherien Land aneignen. Sie sind eine Folge der Vertreibungen vom Land, aber zugleich ein Symbol für den wachsenden Teil der Bevölkerung in den Städten,

der sich von der formellen Weltwirtschaft „abkoppelt" und seine Reproduktion nun außerhalb von Staat und Markt bewerkstelligt. (Zibechi 2011, 190) Raúl Zibechi schlägt vor, dass wir diese Landbesetzungen in den Städten besser als einen „Planet der Commons" begreifen sollten, auf dem Menschen ihr „Recht auf die Stadt" ausübten, und nicht als einen „Planeten der Slums", wie Mike Davis (2011) es versteht.

Der Widerstand indigener Gemeinschaften in den Amerikas gegen die Privatisierung ihres Landes konnte dem Kampf um die Commons neue Impulse geben. Während die Forderung der Zapatist*innen nach einer neuen Verfassung, die das Recht auf kollektives Eigentum respektiert, keine Beachtung fand, anerkannte die neue Verfassung Venezuelas aus dem Jahr 1999 das Recht der indigenen Gemeinschaften, die natürlichen Ressourcen ihrer Territorien zu nutzen. Die Verfassung Boliviens aus dem Jahr 2009 anerkennt ebenfalls gemeinschaftliche Eigentumsformen. Wir erwähnen diese Beispiele nicht, um zu sagen, dass wir dem Staat vertrauen können, wenn wir die Gesellschaft der Commons voranbringen wollen. Das wäre ein Widerspruch in sich. Wir wollen aber deutlich machen, wie stark in der Gesellschaft und in den Bewegungen das Verlangen nach neuen gesellschaftlichen Formen und danach ist, die Versorgung mit wichtigen Gütern unter gemeinschaftliche Kontrolle zu stellen und nach dem Prinzip der gesellschaftlichen Kooperation zu organisieren.

Kooptierte und Geschlossene Commons

Angesichts dieser Entwicklungen ist es unsere Aufgabe, zu verstehen, wie wir diese unterschiedlichen Realitäten miteinander verbinden und in der Folge sicherstellen können, dass die von uns geschaffenen Commons tatsächlich die gesellschaftlichen Beziehungen transformieren. Es gibt Commons, die vom Staat kooptiert werden, auf andere haben wir keinen Zugriff, weil sie „geschlossene" Commons sind, und dann gibt es wiederum Commons, die Waren produzieren und letztendlich vom Markt kontrolliert werden.

Wir wollen zwei Beispiele für kooptierte Commons nennen. Seit Jahren fördert ein Teil des internationalen kapitalistischen Establishments, insbesondere die Weltbank, ein sanfteres Privatisierungsmodell, das sich am Prinzip der Commons orientiert. Unter dem Vorwand, die „globalen Commons" bewahren zu wollen, vertrieb die Weltbank beispielsweise Menschen aus Wäldern, in denen sie seit Generationen lebten. Wer dafür bezahlen kann, bekommt aber sehr wohl Zugang, indem behauptet wird, dass der Markt in Form eines Wildparks oder einer öko-touristischen Zone das beste Instrument sei, um diese Wälder zu erhalten. (Vgl. Isla 2009) Die Vereinten Nationen beanspruchen ebenfalls für sich das Recht, den Zugang zu den Ressourcen der Welt wie zu der Atmosphäre, den Ozeanen oder den Wäldern des Amazonas zu organisieren, um das „gemeinsame Erbe der Menschheit" zu erhalten.

Mit dem Gerede von der Gemeinschaft versuchen Regierungen, auch das ehrenamtliche Engagement zu erhöhen. Beispielsweise sollte das „Big Society"-Programm David Camerons, des früheren britischen Premierministers, die Menschen für eine Vielzahl ehrenamtlicher Tätigkeiten gewinnen, um die Kürzungen bei sozialen Dienstleistungen zu kompensieren, die im Zuge der Wirtschaftskrise durchgesetzt wurden. „Big Society" bedeutete für die von Margaret Thatcher in den 1980er-Jahren geschaffene Tradition einen ideologischen Bruch, weil es – wie sie sagte – „so etwas wie Gesellschaft gar nicht gibt" und die Regierung sogar den Schulkindern das Glas Milch wegnahm. Diese Idee der „Big Society" wurde in eine Reihe von Gesetzen gegossen, wie jenes für öffentliche Dienstleistungen aus dem Jahr 2012. Durch diese Gesetze sind staatlich geförderte Einrichtungen wie Kindertagesstätten, Bibliotheken oder Kliniken angehalten, Künstler*innen und junge Menschen zu rekrutieren, die sich ohne Bezahlung dafür engagieren, den „gesellschaftlichen Wert" zu steigern, der als Beitrag zum sozialen Zusammenhalt und zur Senkung der Kosten für die gesellschaftliche Reproduktion begriffen wird. Gemeinnützige Organisationen, die Programme für ältere Menschen anbieten, kommen für eine staatliche Förderung in Betracht, wenn sie nachweisen können, dass sie den sozialen Zusammenhalt stärken und „gesellschaftlichen Wert" schaffen, der durch einen speziellen arithmetischen Faktor gemessen wird und einer sozial und ökologisch nachhaltigen Gesellschaft unter kapitalistischen Rahmenbedingungen nützen soll. (Vgl. Dowling 2009) Damit werden die gemeinschaftlichen Bemühungen, Solidarität und kooperative Formen außerhalb der Kontrolle des Marktes zu schaffen, in ein Programm gezwängt, das darauf abzielt, die Kosten der gesellschaftlichen Reproduktion zu reduzieren und die Entlassungen bei öffentlichen Bediensteten zu erleichtern.

Das sind nur zwei Beispiele, wie der Staat auf nationaler und globaler Ebene die Commons verwendet, um Ziele zu erreichen, die vollkommen im Widerspruch zu ihnen stehen. Daneben gibt es noch ein breites Spektrum von Commons – von einzelnen Wohnsiedlungen über Konsumgenossenschaften bis zu Wohnungsgenossenschaften und Stiftungen, die Land besitzen –, in denen der Zugang zu den gemeinsamen Ressourcen zwar fair und demokratisch geteilt wird, man sich gegenüber „Außenstehenden“ aber gleichgültig, wenn nicht feindlich verhält. Wir bezeichnen diese Commons als „Geschlossene Commons“ und behaupten, dass sie mit den kapitalistischen Verhältnissen sehr wohl vereinbar sind. Manche von diesen verhalten sich einfach wie Unternehmen, und die Commoners verhalten sich wie eine Art von Aktionären. Sie bilden einen schnell wachsenden Sektor von Institutionen, die in ihrem Selbstverständnis Commons sind.

Derartige Commons entstehen aus der Erkenntnis, dass es in Zeiten von Neoliberalismus und triumphierender Marktideologie für den Einzelnen entscheidend ist, sich vor „Scheiten“ und „Katastrophen“ zu schützen. Commons können unsere kollektive Macht, in Märkte einzugreifen, stärken. Daher gibt es in vielen Gated Communities gemeinsam genutzte Schwimmbäder, Golfplätze, Bibliotheken, Werkstätten, Theater und Computerräume. Diese Commoners teilen sich Ressourcen, die sie sich alleine nur schwer oder gar nicht leisten könnten. Diese Ressourcen werden jedoch eifersüchtig vor „Außenstehenden“ beschützt, insbesondere vor denen, die nicht in der Lage sind, sich durch die meist deftigen Gebühren in diese Commons einzukaufen.

Ein Beispiel für diese „Geschlossenen Commons“ sind Wohnbaugenossenschaften. In den USA gibt es mehr als eine Million Wohneinheiten, die genossenschaftlich organisiert sind. Obwohl der größte Teil davon für seine „Shareholder“ Commons-Prinzipien vorsieht, sind sie gesetzlich meist dazu verpflichtet, sich in erster Linie um finanzielle Interessen zu kümmern. Die eigentliche Kooperation verbleibt dabei meist an der Oberfläche und nimmt nur selten transformativen Charakter an.

Diese „Geschlossenen Commons“ stillen aber Tag für Tag die Grundbedürfnisse wie Nahrung, Wohnen und Erholung von Millionen Menschen. Das ist die Kraft kollektiven Handelns. Es werden aber keine anderen gesellschaftlichen Beziehungen hergestellt, und nicht selten werden die Spaltungen entlang von Klasse und „Rasse" noch vertieft.

Warenproduzierende Commons

Neben den „Geschlossenen Commons" gibt es Commons, die Waren für den Markt produzieren. Ein klassisches Beispiel dafür sind die Schweizer Almen, die zwar nicht eingehegt wurden und im Sommer als Weiden für die Milchkühe dienen, wo die Entscheidungen von den Milchbäuer*innen gemeinsam bei Ver-

sammlungen getroffen werden, die Milch aber an die Industrie geliefert wird. Garrett Hardin hätte seine „Tragödie der Commons" nicht schreiben können, wenn er sich bewusst gemacht hätte, wie der Schweizer Käse in seinen Kühlschrank kam. (Vgl. Netting 1968)

Ein anderes bekanntes Beispiel für Commons, die für den Markt produzieren, sind die mehr als tausend Hummerfischer*innen im Bundesstaat Maine. Sie arbeiten an einer Küste, die sich über hunderte Kilometer erstreckt und an der jedes Jahr Millionen von Hummern leben, brüten und sterben. Über den Zeitraum von einem Jahrhundert entwickelten die Hummerfischer*innen ein System zur Aufteilung des Hummerfangs, das die Küste in einzelne Zonen einteilt, die von den lokalen „Gangs" verwaltet werden, die sich selbst eine Obergrenze des zu fangenden Hummers auferlegen. Dieser Prozess war nicht immer friedlich. Die Menschen in Maine sind stolz auf ihren rauen Individualismus, die Vereinbarungen zwischen den verschiedenen „Gangs" sind immer wieder gescheitert, und es kam zu teils gewalttätigen Auseinandersetzungen, um die zugewiesenen Fanggebiete zu erweitern oder die Fangbeschränkungen loszuwerden. Aber die Fischer*innen lernten schnell, dass derartige Kämpfe den Hummerbestand zerstören, und es dauerte nicht lange, bis sie zu ihren Commons-Regelungen zurückkehrten. (Vgl. Woodward 2004)

Mittlerweile akzeptiert sogar die staatliche Fischereiverwaltung von Maine, dass sie auf der Grundlage von Commons-Prinzipien fischen, nachdem diese das über Jahre als Verstoß gegen die Kartellgesetze geahndet hatte. Einer der Gründe für diesen Meinungsumschwung war der unterschiedliche Zustand zwischen den Hummerbeständen und der Fischerei nach Kabeljau, Schellfisch, Flunder und ähnlichen Arten im Golf von Maine und in Georges Bank, wo der Golf auf den Ozean trifft. Während der Hummer in den letzten fünfundzwanzig Jahren, auch während einiger schwerer wirtschaftlicher Krisen, nachhaltig befischt wurde und der Bestand stabil blieb, sind die anderen Fischarten seit den 1990er-Jahren regelmäßig überfischt worden, weshalb die Fischerei in der Georges Bank für mehrere Jahre ganz untersagt werden musste. (Vgl. Woodward 2004, 230) Das liegt auch daran, dass die Fischwirtschaft dort mit ganz anderen Technologien betrieben wird und die Fischgebiete nicht wie bei der Hummerfischerei innerhalb der staatlichen Hoheitsgewässer liegen. Denn das erlaubt es den lokalen „Hummer-Gangs“, entsprechende Zonen zu definieren, was in den Gewässern der Georges Bank nur schwer möglich ist. Die Georges Bank befindet sich außerhalb der 20-Meilen-Grenze, und so durften bis 1977, als diese Grenze auf zweihundert Meilen erweitert wurde, auch nicht-ortsansässige Unternehmen mit großen Trawlern fischen, was zu einem massiven Raubbau an den Fischbeständen führte. Schließlich ist die beinahe archaische Technologie, die von allen Hummerfischer*innen eingesetzt wird, eher wettbewerbshemmend. Im Gegensatz dazu führten die „Verbesserungen“, die es seit Anfang der Neunzigerjahre in der Fischerei gab, wie „bessere“ Netze und elektronische Geräte, um die Fischschwärme effektiver aufzuspüren, zu schweren Verwüstungen in einer Branche, die nach dem Open-Access-Prinzip (Besorge dir ein Boot, und du kannst fischen!) organisiert ist. Effizientere und günstigere Fangtechnologien trafen auf eine Industrie, die nach dem Wettbewerbsprinzip organisiert ist, sich dem Motto „Jeder gegen jeden und alle gegen die Natur“ verschrieben hat und am Ende in der „Tragödie der Commons“ mündete, die sich Hardin 1968 ausgemalt hatte.

Dieser Widerspruch betrifft nicht nur die Fischwirtschaft in Maine, sondern Fischer*innen auf der ganzen Welt, die durch die Industrialisierung des Fischfangs und die Macht der großen Trawler, die mit ihren Schleppnetzen die Ozeane leer fischen, verdrängt werden. (Vgl. Dalla Costa 2015) Die Fischer*innen in Neufundland waren in einer ähnlichen Situation wie an der Georges Bank, mit katastrophalen Folgen für das Leben ihrer Communities.

Die Commons der Hummerfischer*innen sind eine wichtige Alternative zur Wettbewerbslogik. Zugleich sind sie aber Teil des internationalen Fischmarkts, und ihr Schicksal wird letztendlich von diesem bestimmt. Wenn der Markt für Hummer zusammenbricht oder der Staat beschließt, Ölbohrungen im Golf von Maine zuzulassen, werden diese Commons zerstört, weil sie nicht unabhängig von den Märkten organisiert sind.

Eine Definition der Commons

Die Existenz von „Geschlossenen Commons“ und von Commons, die Waren produzieren, zeigt, dass es viele verschiedene Formen von Commons gibt und wir uns darüber klar werden müssen, welche Aspekte des Commoning sich vom Staat und vom Markt unterscheiden und als Grundlage für eine Alternative zur gesellschaftlichen Organisation des Kapitalismus dienen. Auch wenn wir den Vorschlag von Massimo De Angelis (2017), keine „Modelle“ für die Commons zu entwickeln, ernst nehmen, wollen wir doch einige Kriterien bestimmen, die sich aus den Diskussionen mit Genoss*innen und aus den Praktiken, denen wir in unserer politischen Arbeit begegnet sind, ergeben haben:

1. Damit die Commons langfristig dazu beitragen können, neue Produktionsweisen zu schaffen, sollten sie autonome Räume sein sowie die Spaltungen, die zwischen uns bestehen, zu überwinden und die Fähigkeiten, die wir brauchen, um uns selbst zu regieren, zu entwickeln suchen. Heute können wir nur Bruchstücke einer neuen Gesellschaft ausmachen, die möglicherweise im Entstehen begriffen ist, vergleichbar mit den Fragmenten des Kapitalismus, die sich in städtischen Zentren wie Florenz bereits im Spätmittelalter finden lassen, als beispielsweise bereits in der Textilindustrie eine große Konzentration von Arbeiter*innen bestand.

2. Commons sind durch den gemeinschaftlichen Besitz des natürlichen oder gesellschaftlichen Reichtums definiert – Land, Wasser, Wälder, Wissenssysteme und das Vermögen, Care-Arbeit zu leisten –, um unterschiedslos von allen Commoners genutzt zu werden. Sie können aber nicht verkauft werden. Gleicher Zugang zu den erforderlichen (Re-)Produktionsmitteln muss die Grundlage des Lebens in den Commons sein. Das ist wichtig, weil hierarchische Beziehungen die Commons anfällig für Einhegungen machen.

3. Commons sind keine Dinge, sondern gesellschaftliche Beziehungen. Deswegen ziehen es manche, wie beispielsweise Peter Linebaugh (2008, 50), vor, vom „Commoning“ zu sprechen. Dieser Begriff stellt nicht die materielle Grundlage in den Vordergrund, sondern das Teilen selbst und die dabei entstehenden solidarischen Beziehungen. Commoning ist eine Praxis, die aus kapitalistischer Perspektive vollkommen ineffizient erscheint, denn sie erfordert die Bereitschaft, viel Zeit in die Arbeit der Kooperation zu stecken, zu diskutieren, zu verhandeln und mit Konflikten und Meinungsverschiedenheiten umzugehen lernen. Doch nur so kann eine Gemeinschaft geschaffen werden, in der die Menschen ihre wechselseitige Abhängigkeit verstehen.

4. Commons funktionieren auf der Grundlage eines anerkannten Regelwerks, das festlegt, wie der gemeinsame Reichtum

genutzt und gepflegt werden soll, d.h. welche Ansprüche und Pflichten die Commoners haben sollten.

5. Commons erfordern eine Gemeinschaft nach dem Prinzip „Ohne Gemeinschaft keine Commons". Aus diesem Grund können wir nicht von „globalen Commons" sprechen, weil dieser Begriff eine globale Kollektivität voraussetzt.

Unter dem Vorwand, die „globalen Commons" und das „gemeinsame Erbe der Menschheit" zu bewahren, trat die Weltbank eine Privatisierungswelle los, die Menschen, die seit Generationen dort lebten, aus den Wäldern vertrieb. (Vgl. Isla 2009) Die Weltbank übernahm die Rolle, diese globale Kollektivität zu repräsentieren, weil sie ein Teil des Systems der Vereinten Nationen ist, das nach dem Zweiten Weltkrieg eingerichtet wurde, um den Kapitalismus inklusive seiner staatszentrierten Versionen in der Sowjetunion und der Volksrepublik China zu repräsentieren. Die UNO stellt sich selbst nicht als Sprachrohr des kollektiven Kapitals, das ja tatsächlich existiert, sondern als Repräsentantin einer kollektiven Menschheit dar, die aber nicht existiert! Auf dieser Grundlage legitimiert sie sich selbst anstelle einer (noch?) nicht bestehenden Menschheit als Verwalterin des Zugangs zu gemeinsamen Ressourcen, wie Atmosphäre und Ozeane.

Deutlich vor Augen geführt wurde uns dieser Schwindel, der mit dem Konzept der „globalen Commons" verbunden ist, in der Debatte, die am 14. Juni 2012 während der Anhörung im US-Senatsausschuss für auswärtige Angelegenheiten stattfand, als über die Ratifizierung des Seerechtsübereinkommens diskutiert wurde, das die Nutzung der Ozeane außerhalb der Sperrzone von zweihundert Meilen, die von den meisten Nationen für sich beansprucht wird, rechtlich regeln sollte. Der ehemalige Verteidigungsminister Donald Rumsfeld geriet dabei mit den Senatoren John Kerry und Richard Lugar in Konflikt. Rumsfeld war gegen den Vertrag, weil dieser vorsah, dass Unternehmen, die in den „Commons“ der Ozeane, d.h. jenseits der Zweihundert-Meilen-Grenze, nach Rohstoffen suchen wollten, verpflichtet würden, in einen Fonds einzuzahlen, aus dem „weniger entwickelte Länder“, deren Unternehmen nicht über die notwendigen technologischen Mittel oder das Kapital verfügen, entschädigt werden sollten. Er behauptete, dass diese Art der Umverteilung ein „neuartiges Prinzip wäre, das seiner Meinung nach keine klaren Grenzen kennt“ und „ein Präzedenzfall für die Nutzung der Ressourcen des Weltraums werden könnte.“

Kerry und Lugar machten sich stattdessen für die Ratifizierung des Vertrags stark, nicht weil sie die Meere vor kapitalistischer Ausbeutung schützen wollten, sondern weil sie befürchteten, dass der Vertrag den Bergbauunternehmen einen uneingeschränkten Rechtsanspruch auf den Meeresboden einräumen würde. „Das Seerechtsübereinkommen zu ratifizieren, ist das einzige Mittel, um die Ansprüche der USA auf die riesigen Bodenschätze zu schützen und voranzutreiben“, heißt es in einem Brief an Kerry und Lugar, der von Organisationen wie dem American Petroleum Institute und der US-Handelskammer verfasst wurde. (Vgl. Wong 2012) Die „Debatte“ zwischen den „globalen Commoners“ Rumsfeld, Kerry und Lugar bestand also nur darin, ob die Kapitalisten, die nicht in der Lage sind, sich an der Suche nach dem Reichtum, der durch die größte Einhegung der Geschichte zugänglich gemacht wird, zu beteiligen, mit ein wenig Geld bestochen werden müssen. So war es um das „gemeinsamen Erbe der Menschheit“ am 14. Juni 2012 bestellt.

Der Begriff „globale Commons“ ist bloß ein betrügerisches Manöver, dem wir uns verwehren müssen. Das gilt auch für die Städte und Regionen, die von den Vereinten Nationen als „Erbe der Menschheit“ ausgewiesen werden, was die Kommunen und Regierungen verpflichtet, Maßnahmen zum Schutz und zur Aufwertung zu ergreifen, die der Tourismusindustrie zugute kommen und damit Ressourcen abziehen, die es braucht, um die Lebensbedingungen der lokalen Bevölkerung zu verbessern.

6. Commons werden auf der Grundlage von gesellschaftlicher Kooperation, Beziehungen der Gegenseitigkeit und Verantwortung für die Reproduktion des gemeinsamen Reichtums, ob natürlich oder produziert, konstituiert. Der Respekt vor anderen Menschen und die Offenheit für heterogene Erfahrungen, sofern die Regeln der Kooperation eingehalten werden, unterscheiden sie von „Geschlossenen Commons", die zwar die Solidarität zwischen ihren Mitgliedern fördern, sie aber zugleich häufig zu rassistischen und ausschließenden Praktiken verpflichten.

7. Commons werden durch kollektive Entscheidungsprozesse, Versammlungen und andere Formen der direkten Demokratie gestaltet. Die Macht der Basis, die Macht, die von unten nach oben entsteht, und die Macht, die aus erprobten Fähigkeiten kommt, sowie, abhängig von den anstehenden Aufgaben, die ständige Rotation der Führungspositionen sind die Grundlage der Entscheidungsfindung. Das unterscheidet die Commons vom Kommunismus, der die Macht dem Staat übertrug. Commoning bedeutet, die Macht zurückzugewinnen, grundlegende Entscheidungen über unser Leben gemeinsam zu treffen. Dieser Aspekt der Commons ähnelt dem Konzept der „Horizontalität", das während des Aufstands in Argentinien vom 19. bis 20. Dezember 2001 geprägt wurde und seitdem in den Sozialen Bewegungen, insbesondere in Südamerika, weit verbreitet ist. Damit wird die hierarchische Struktur politischer Parteien vermieden, weil die Entscheidungen von Generalversammlungen und nicht von vorab bestimmten Zentralkomitees getroffen und die anstehenden Themen mit dem Ziel, einen Konsens zu erreichen, diskutiert werden. (Vgl. Sitrin 2012)

8. Commons fördern das gemeinsame Interesse in allen Aspekten des Lebens und der politischen Arbeit und sind dazu verpflichtet, gegen Hierarchien in der Arbeit und Ungleichheiten

in den Kämpfen anzugehen und sich der Entwicklung eines wirklich kollektiven Subjekts zu verschreiben.

9. All diese Charakteristika unterscheiden die Commons vom Öffentlichen, das dem Staat gehört, von ihm verwaltet, kontrolliert und reguliert wird und einen besonderen Typus des Privaten darstellt. Das soll nicht heißen, dass wir nicht dafür Sorge tragen sollten, zu verhindern, dass das Öffentliche privatisiert wird. Vorläufig ist es durchaus in unserem Interesse, dass öffentliche Belange nicht von kommerziellen Begehrlichkeiten verschlungen werden, aber wir sollten dabei den Unterschied nicht aus den Augen verlieren. Wir können den Staat nicht abschaffen, solange er der Ort ist, wo der Reichtum unser vergangenen und gegenwär-
tigen Arbeit angehäuft wird. So sind die meisten von uns noch immer auf das Kapital angewiesen, um überleben zu können, da die meisten von uns über kein Land oder andere Subsistenzmittel verfügen. Aber wir sollten daran arbeiten, über Staat und Kapital hinauszugelangen.

Fazit

Der Begriff der Commons ist heute Gegenstand vieler Debatten und Experimente. Es gibt viele ungelöste Probleme, aber eines ist klar: Das Commoning wird zunehmen, da weder der Staat noch der Markt unsere Reproduktion gewährleisten kann. Die Herausforderung, der wir uns hier stellen müssen, ist nicht so sehr, noch mehr Commons zu schaffen, sondern die Frage, wie wir die kollektive Wiederaneignung des von uns produzierten Reichtums und die Beseitigung gesellschaftlicher Hierarchien und Ungleichheiten in den Mittelpunkt unserer Organisierung stellen können. Nur wenn wir darauf Antworten finden, können wir die Communities wieder aufbauen und sicherstellen, dass die Commons nicht auf Kosten anderer geschaffen werden und nicht auf neuen Formen der Kolonialisierung beruhen.

Die Universität, ein Wissens-Common?

Als ich im April 2011 zu einer Konferenz an der Universität von Minnesota mit dem Titel „Unter der Universität: Die Commons" eingeladen wurde, fragte ich mich, was dieser Titel bedeuten könnte. Auf der Konferenz selbst gab es unterschiedliche Interpretationen. Jason Read erinnerte uns daran, dass die Universität potentiell bereits ein Common sei, da die Student*innen das individualisierende Umfeld ihrer Familien verließen, um Teil einer Gemeinschaft zu werden und kollektiven Aktivitäten nachzugehen. George Caffentzis sprach von den Wissens-Commons, angefangen von physischen Räumen wie Bibliotheken bis zu philosophischen Prinzipien, wie dem bereits auf Platon zurückgehenden Verbot, Wissen zu kommodifizieren.

Bei mir führte der Titel der Konferenz zu einer Flut an Bildern, nicht zuletzt zum Bild vom Gras und vom Boden, der sich unter dem Beton befindet, auf dem die Klassenräume und Bibliotheken errichtet wurden, ein Bild, das nahelegt, dass der Bau einer Universität eine Form der Einhegung sein könnte. Diese Reaktion war zum Teil meinen Erinnerungen an die Universitäten von Port Harcourt, wo ich von 1984 bis 1986 lehrte, und an die nahe gelegene Universität von Calabar, die ich während meines Aufenthalts in Nigeria häufig besuchte, geschuldet.

Insbesondere drei Bilder kommen mir dabei in den Sinn. Die Universität von Harcourt wurde mit Geld aus dem Ölboom der späten 1970er-Jahre erbaut. Dafür wurden die Bewohner*innen von Alu, einem nahegelegenen Dorf, enteignet, wobei diese ihr Land aber nicht aufgaben. Morgens, wenn ich mit dem Fahrrad zum Unterricht fuhr, sah ich Frauen, die auf jedem Stückchen

Land, das die Universität nicht zubetoniert hatte, Landwirtschaft betrieben. Im Januar, der Zeit der Brandrodung, legte sich der Rauch der glimmenden Felder über den Campus, worüber sich meines Wissens aber nie jemand beschwerte. Wahrscheinlich betrachteten die Student*innen auf dem Weg zu ihren Hörsälen die Frauen mit ihren Macheten als Menschen, die keine Ahnung hätten, über keine Bildung verfügten und daher auch nichts zu ihrer Bildung beitragen könnten. Doch es dauerte nicht lange, und ich musste feststellen, dass diese Frauen viel besser als ich und die meisten Student*innen darüber Bescheid wussten, was auf dem Campus vor sich ging, und dass sie dem großen Common der afrikanischen Frauen, dem Markt, davon Bericht erstatteten. Als beispielsweise im Frühjahr 1986 eine Studentin ermordet wurde, fragten mich die Marktfrauen, was ich darüber dächte, und als ich das wiederholte, was mir meine Kolleg*innen erzählt hatten, schüttelten sie nur voller Verachtung den Kopf.

Ein anderes Bild aus dieser Zeit sind meine abendlichen Ausflüge in den Busch, um den Sonnenuntergang unter den Palmen zu beobachten. Während ich in die Pedale trat, überholten mich einige Kolleg*innen in ihren Autos, und mir wurde bald klar, dass sie unterwegs waren, um Nachschau zu halten, wie es um ihre Pflanzen stand, die sie auf dem Universitätsgelände angebaut hatten. Sie waren nicht die Eigentümer*innen des Landes, bewirtschafteten es auch nicht selbst, aber für sie war es nicht vorstellbar, guten Boden nicht zu nutzen und vollständig von einem Lohn abhängig zu sein. Alle wussten davon, niemand beschwerte sich darüber.

Dann waren da noch die Kühe. Jeden Frühling tauchten an der Universität von Calabar Kühe auf. Die Viehzüchter*innen trieben sie vom Norden Richtung Süden, um sie zu verkaufen. Davor sollten sie aber noch auf den nahrhaften Weiden des Regenwaldgürtels an Gewicht zulegen. Die Universität arrangierte sich damit und beherbergte die Kühe für einige Zeit.

Diese Bilder von Commons, die einfach nicht verschwinden wollten, nicht einmal an einer Universität, auf dem enteigneten Dorf, erbaut mit den Geldern aus dem Ölboom, traten in den Hintergrund, als ich herausfinden wollte, was sich unterhalb der Universität befand, an der die Konferenz stattfand. Mir wurde erzählt, dass die Universität in der Nähe eines Ortes errichtet worden sei, der einst einen Marktplatz der Sioux beherbergte, die in dieser Gegend gelebt hatten und von Siedlern vertrieben worden waren. Ihr Widerstand gegen diese Vertreibung endete in einem Blutbad, achtunddreißig ihrer Anführer wurden am 26. Dezember 1862 hingerichtet. Präsident Lincoln hatte sie, wenige

Tage bevor die Proklamation zur Abschaffung der Sklaverei in Kraft trat, aus einer Liste von mehr als dreihundert Menschen ausgewählt.

Ich konnte nicht überprüfen, ob das, was mir über den Standort des Campus von St. Paul erzählt worden war, wahr ist. Aber die Geschichte führte mir vor Augen, wie einfach es ist, eine Universität zu besuchen und auf einem Campus zu arbeiten, ohne etwas über deren Geschichte, die materielle Infrastruktur, von der sie abhängen, und über die Menschen, die dort arbeiten, zu wissen.

Mein Beitrag zur Konferenz bestand darin, hervorzuheben, dass wir uns, wenn wir die Universität verändern und ein „Wissens-Common" schaffen wollen, nicht nur mit dem Inhalt der Lehrpläne und den Kosten für das Studium befassen dürfen, so wichtig das ist. Wir müssen die materiellen Grundalgen der Errichtung einer Universität, ihre Geschichte und ihre Beziehung zu den umliegenden Communities hinterfragen. Insbesondere in den USA, wo so viel Land, das heute von verschiedenen Institutionen genutzt wird, erst nach der brutalen Vertreibung seiner Bewohner*innen in Besitz genommen werden konnte, ist es unerlässlich, das zu berücksichtigen.

Wir müssen auch unsere Vorstellung davon ändern, was Wissen ist und wer als Wissensproduzent*in betrachtet werden kann. Die Wissensproduktion auf dem Campus erfolgt heute getrennt von der Arbeit an der Infrastruktur, die das akademische Leben ermöglicht, und es braucht viele Menschen (Reinigungskräfte, Cafeteria-Mitarbeiter*innen, Hausmeister*innen usw.), damit Student*innen und Lehrende in der Lage sind, jeden Tag in den Hörsaal zu kommen. Doch ist diese Arbeit, wie die reproduktive Arbeit von Frauen, größtenteils unsichtbar. Tag für Tag brauchen wir, um es mit Bert Brecht zu sagen, „diejenigen, die mit ihren Händen arbeiten", damit „die anderen mit dem Kopf arbeiten" können und die Megamaschine wieder in Betrieb geht. Gesehen werden sie aber erst, wenn sie die Arbeit verweigern. Man geht zudem davon aus, dass diese Menschen keine Wissensproduzent*innen sein könnten, obwohl die Belegschaften US-amerikanischer Universitäten zunehmend aus Arbeitsmigrant*innen oder Asylbewerber*innen bestehen, die eine reiche internationale und politische Erfahrung in ihre Arbeit einbringen. Viele der Arbeiter*innen an der Hofstra-Universität, an der ich unterrichtete und die sich inmitten der zweitgrößten salvadorianischen Community der Vereinigten Staaten befindet, waren politisch so wichtig, dass die FMLN sich nach dem Ende des Krieges für strategischen Entscheidungen mit ihnen beriet. Damit eine Universität ein Common werden kann, müssen wir die Hierarchien überwinden, die es aufgrund der Arbeitsteilung gibt. Angesichts dessen, dass viele dieser Universitätsangestellten in der Angst leben, abgeschoben zu werden, ist das heute besonders wichtig.

Feminismus und die Politik der Commons in den Zeiten der ursprünglichen Akkumulation

Unsere Perspektive ist die der Commoners des Planeten: Menschen mit Körpern, Bedürfnissen und Wünschen, deren wichtigste Tradition bei der Schaffung und Erhaltung des Lebens die Kooperation ist und die dabei Bedingungen erleben mussten, die unermessliches Leid verursachen und uns voneinander trennen, von der Natur und vom Reichtum, den wir über Generationen geschaffen haben.
Emergency Exit Collective: The Great Eight Masters and the Six Billion Commoners (2008)

Die Art und Weise, wie die Subsistenzarbeit der Frauen und der Beitrag der Commons zum Überleben der Bevölkerung unsichtbar gemacht werden, weil man sie verklärt, ähnelt sich nicht nur, sondern hat auch einen gemeinsamen Ursprung. (…) Frauen werden gewissermaßen wie Commons und Commons wie Frauen behandelt.
Maria Mies und Veronika Bennholdt-Thomsen: The Subsistence Perspective (1999)

Die Reproduktion geht der gesellschaftlichen Produktion voraus. Wer die Frauen angreift, schlägt auf einen Felsen.
Peter Linebaugh: The Magna Carta Manifesto (2008)

Warum Commons?

Spätestens seit dem 31. Dezember 1993, als die Zapatistas den Zócalo in San Cristóbal de las Casas besetzten, um gegen die Auflösung des Ejido-Landes[1] in Mexiko zu protestieren, erfreut sich das Konzept der „Commons“ in der radikalen Linken in den USA und darüber hinaus großer Beliebtheit und scheint eine Grundlage für die Annäherung zwischen Anarchist*innen, Marxist*innen, Sozialist*innen, Umweltaktivist*innen und Ökofeminist*innen zu sein.[2]

Es gibt viele gute Gründe, warum diese vermeintlich archaische Idee in den politischen Debatten gegenwärtiger Sozialer Bewegungen derart prominent wurde. Zwei möchte ich an dieser Stelle nennen: Zum einen erlebten etatistische Revolutionsmodelle einen Niedergang, die jahrzehntelang den Anstrengungen der radikalen Bewegungen, die sich für eine Alternative zum Kapitalismus stark machten, die Kraft raubten. Zum anderen schärften die neoliberalen Versuche, alles Leben und Wissen der Logik des Marktes zu unterwerfen, unser Bewusstsein für die Gefahr, in einer Welt aufwachen zu können, in der wir nur mehr Zugang zu den Meeren, Bäumen, Tieren und unseren Mitmenschen haben, wenn wir dafür Geld auf den Tisch legen. Die „neuen Einhegungen“ eröffneten zudem den Blick auf eine Welt gemeinschaftlichen Besitzes und gemeinschaftlicher Verhältnisse, von der viele dachten, dass sie längst zerstört wäre, oder der sie bis zu dem Zeitpunkt,

1 Der Ejido ist die mexikanische Form des gemeinschaftlichen Grundbesitzes. Nach den Verhandlungen zum Nordamerikanischen Freihandelsabkommen (NAFTA) wurde der Artikel 27, der den Ejido garantierte, aus der Verfassung gestrichen. (Anm. d. Übersetzers)

2 Eine wichtige Quelle für die Politik der Commons und ihre theoretischen Grundlagen ist die britische Online-Zeitschrift „The Commoner“, deren fünfzehnte Ausgabe im Jahr 2012 veröffentlicht wurde. Ältere Ausgaben und Rezensionen sind hier verfügbar: www.commoner.org.uk.

als sie von der Privatisierung bedroht war, keinen Wert zumaßen.[3] Ironischerweise zeigten diese neuen Einhegungen nicht nur, dass das Gemeinsame nicht nur nicht verschwunden ist, sondern dass ständig neue Formen der gesellschaftlichen Kooperation entstehen, und das auch in Bereichen des Lebens, in denen es bisher keine gab, wie beispielsweise im Internet.

In diesem Kontext bot die Idee der Commons und des Gemeinsamen eine schlüssige und historische Alternative sowohl zum Staat und zum Privateigentum als auch zum Staat und zum Markt, die es uns ermöglicht, die Annahme zurückzuweisen, dass sie sich gegenseitig ausschließen und unsere politischen Möglichkeiten erschöpfen. Der Begriff hatte nicht zuletzt eine ideologische Funktion als einigendes Konzept, das die kooperative Gesellschaft vorwegnimmt, die die radikale Linke zu schaffen sucht. Nichtsdestotrotz gibt es in der Auslegung dieses Konzepts weiterhin Mehrdeutigkeiten und Unterschiede, die der Klärung bedürfen, wenn wir das Prinzip der Commons in ein kohärentes politisches Projekt umsetzen wollen.[4]

Was macht ein Common eigentlich aus? Commons finden wir im Grund und Boden, im Wasser und in der Luft. Es gibt aber auch digitale Commons, und die sozialen Ansprüche, dir wir erworben haben, wie beispielsweise Pensionen, werden ebenso häufig als „Commons" beschrieben, daneben gibt es aber auch

3 Ein Beispiel dafür sind die Kämpfe, die sich gerade in vielen Gemeinden des Bundesstaats Maine zutragen, wo man sich gegen die Inbesitznahme des Wassers durch Nestlé wehrt, das dieses Wasser als Mineralwasser für ihre Marke „Poland Spring" abfüllen will. Der Diebstahl durch Nestlé sensibilisierte die Menschen erst für die lebenswichtige Bedeutung dieser Gewässer und des Grundwassers, aus dem sie gespeist werden, und machte daraus wieder ein Common. (Vgl. Food and Water Watch)

4 Ein hervorragender Ort für aktuelle Debatten über die Commons ist das Bewegungsmagazin „Turbulence": www.turbulence.org.uk

Sprachen, Bibliotheken und kollektiv geschaffene Artefakte vergangener Kulturen. Die Frage ist aber, ob all diese Commons im Hinblick auf ihr politisches Potenzial gleich bedeutend sind. Sind sie miteinander vereinbar? Und wie können wir sicherstellen, dass sie keine Einheit vorgeben, die eigentlich geschaffen werden müsste? Sollen wir von „Commons" in der Mehrzahl oder nur vom „Common" im Singular sprechen, wie es die autonomen Marxist*innen vorschlagen, weil dieser Begriff aus ihrer Sicht die gesellschaftlichen Verhältnisse der dominanten Produktionsform im Postfordismus charakterisiert?

Mit diesen Fragen im Hinterkopf werde ich mir die Politik der Commons aus einer feministischen Perspektive ansehen, wobei sich „feministisch" auf einen Standpunkt bezieht, der vom Kampf gegen sexuelle Diskriminierung und von reproduktiver Arbeit geprägt ist, denn diese ist, um Linebaughs Zitat am Beginn des Textes aufzugreifen, der Fels, auf dem die Gesellschaft errichtet wurde und an dem jedes Modell gesellschaftlicher Organisation geprüft werden muss. Diese Intervention ist meines Erachtens notwendig, um diese Politik eindeutiger bestimmen zu können und die Bedingungen zu klären, unter denen das Prinzip der Commons und des Gemeinsamen zur Grundlage eines antikapitalistischen Programms werden kann. Zwei Dinge machen diese Aufgabe besonders wichtig.

Globale Commons und die Commons der Weltbank

Erstens eigneten sich spätestens mit Beginn der Neunzigerjahre die Weltbank und die Vereinten Nationen die Sprache der Commons an und stellten sie in den Dienst der Privatisierungen. Unter dem Vorwand, die Biodiversität und die globalen Commons erhalten zu wollen, verwandelte die Weltbank Regenwälder in Umweltschutzgebiete und vertrieb die Menschen, die dort seit Jahrhunderten ihr Auskommen gefunden hatten, während diejenigen, die dafür zahlen können, beispielsweise in Form des Ökotourismus, sehr wohl Zugang zu diesen Gebieten erhalten.[5] Die Vereinten Nationen wiederum überarbeiteten das Internationale Seerecht auf eine Art und Weise, die es den Regierungen erlaubt, die Nutzung der Weltmeere in den Händen von wenigen zu konzentrieren, gleichfalls im Namen der Bewahrung des gemeinsamen Erbes der Menschheit.[6]

Die Weltbank und die Vereinten Nationen sind beileibe nicht die einzigen, wenn es darum geht, die Idee der Commons mit den Interessen des Marktes in Einklang zu bringen. Unter Mainstream-Ökonom*innen und den Technokrat*innen des Kapitals liegt es im Trend, die Commons nun neu und anders zu bewerten. Das können wir an der wachsenden wissenschaftlichen Literatur zu diesen und verwandten Themen wie Sozialkapital, Schenkökonomie und Altruismus sehen, es wird aber auch daran deutlich, dass diesem Trend 2009 durch die Verleihung des Nobelpreises für Wirtschaft an die Politikwissenschafterin Elinor Ostrom, die führende Stimme in diesem Bereich, öffentliche Anerkennung zuteil wurde.[7]

5 Mehr dazu findet sich in einem überaus wichtigen Artikel von Ana Isla (2009), worin sie beschreibt, wie die Bewahrung der Biodiversität der Weltbank und anderen internationalen Institutionen einen Vorwand lieferte, die Regenwälder „einzuhegen“, weil sie Kohlenstoffsenken bilden und Sauerstoff produzieren.

6 Das Seerechtsübereinkommen der Vereinten Nationen, das im November 1994 verabschiedet wurde, sieht für die Küstenstaaten eine Wirtschaftszone von zweihundert Meilen vor, in der sie dort vorhandenen Ressourcen von der Fischerei bis zum Erdgas nutzen und verwalten können. Es regelt auch den Tiefseebergbau und die Verwendung der daraus resultierenden Einnahmen. Zur Entwicklung des Konzepts des „gemeinsamen Erbes der Menschheit“ in den Debatten der Vereinten Nationen siehe Buck (1998).

7 Ostrom konzentriert sich in ihrer Arbeit vor allem auf die gemeinschaftliche Nutzung von Ressourcen und darauf, wie „wie Menschen in und

Entscheidungsträger*innen in der Entwicklungshilfe und in der Politik erkannten, dass die kollektive Bewirtschaftung natürlicher Ressourcen unter entsprechenden Bedingungen effizienter und weniger anfällig für Konflikte sein kann als die herkömmliche Privatisierung und dass die Commons sehr wohl dazu gebracht werden können, für den Markt zu produzieren. (Vgl. Juma und Ojwang 1996) Ihnen wurde darüber hinaus bewusst, dass extreme Formen der Kommodifizierung gesellschaftlicher Beziehungen selbstzerstörerische Folgen haben. Die Warenform in jede Faser des gesellschaftlichen Gefüges auszudehnen, wie es der Neoliberalismus propagiert, mag zwar den Ideologen des Kapitalismus gefallen, zugleich ist es jedoch ein Projekt, das nicht nur nicht realisierbar, sondern langfristig für die Reproduktion des Kapitalismus gar nicht erstrebenswert ist. Denn die kapitalistische Akkumulation ist strukturell davon abhängig, sich immense Mengen von Arbeitskräften und Ressourcen „kostenlos" anzueignen, die außerhalb des Marktgeschehens liegen, wie beispielsweise die unbezahlte Hausarbeit von Frauen, von der die Arbeitgeber zum Zwecke der Reproduktion abhängig sind.

Es ist also kein Zufall, dass lange vor dem letzten Crash an der Wall Street viele Ökonom*innen und Sozialwissenschafter*innen davor warnten, dass alle Lebensbereiche dem Markt unterzuordnen für das reibungslose Funktionieren des Marktes von Nachteil sei, denn auch die Märkte, so das Argument, hingen von der Existenz nichtmonetärer Beziehungen ab, wie Zuversicht, Vertrauen oder Geschenke. Kurz gesagt, lernt das Kapital, die Vorzüge des Gemeinwohls zu schätzen.

Wir müssen also sehr vorsichtig sein, dass der Diskurs über die Commons nicht in eine Richtung abdriftet, die es der krisen-

mit Ökosystemen nachhaltig interagieren können." (https://de.wikipedia.org/wiki/Elinor_Ostrom)

geschüttelten Kapitalistenklasse erlaubt, wieder Oberhand zu gewinnen und sich beispielsweise als ökologische Wächterin des Planeten in Szene zu setzen.

Welche Commons?

Ein anderes Problem besteht darin, dass, während die internationalen Institutionen die Commons für den Markt funktionsfähig zu machen lernten, die Frage, wie die Commons das Fundament einer nichtkapitalistischen Wirtschaft werden könnten, noch immer unbeantwortet ist. Aus der Arbeit von Peter Linebaugh, insbesondere aus seinem Buch über die Magna Carta

(2008), haben wir gelernt, dass die Commons der rote Faden sind, der die Geschichte des Klassenkampfs mit der Gegenwart verbindet, und in der Tat sind wir von Kämpfen um die Commons umgeben. Im US-Bundesstaat Maine kämpfen die Bewohner*innen gegen die großen Fischfangflotten um ihren Zugang zu den Fischgründen. In den Appalachen organisieren sich die Menschen, um ihre vom Tagebau bedrohten Berge zu retten. Die Open-Source- und Free-Software-Bewegungen bekämpfen die Kommodifizierung des Wissens und eröffnen neue Räume für Kommunikation und Kooperation. Dazu kommen noch die vielen unsichtbaren Communities und Aktivitäten des Commoning, die Chris Carlsson in seinem Buch „Nowtopia“ (2007) beschrieben hat. Carlsson zeigt, dass viel Schaffenskraft in die Produktion „virtueller Commons“ und in Formen von Gesellschaftlichkeit gesteckt wird, die sich unter dem Radar der Geld- und Marktwirtschaft befinden.

Am wichtigsten waren hier die urbanen Gärten, die sich in den 1980er- und 1990er-Jahren im ganzen Land ausbreiteten, getragen vor allem von den migrantischen Communities aus Afrika, der Karibik oder dem Süden der USA. Ihre Bedeutung kann nicht hoch genug eingeschätzt werden. Urbane Gärten ebneten den Weg für einen Prozess der „Rurbanisierung“, der unverzichtbar ist, wenn wir die Kontrolle über unsere Lebensmittelproduktion zurückgewinnen, unsere Umwelt wiederherstellen und selbst für unsere Subsistenz sorgen wollen. Diese Gärten sind weit mehr als eine Quelle der Ernährungssicherheit: Sie sind Zentren der Gesellschaftlichkeit, der Produktion von Wissen sowie des kulturellen und generationenübergreifenden Austauschs. Margarita Fernandez schreibt über die urbanen Gärten in New York, sie seien Orte, an denen die Menschen nicht nur zusammenkämen, um zu arbeiten, sondern auch um Karten zu spielen, Hochzeiten zu feiern, Babypartys oder Geburtstagsfeiern zu veranstalten, die also den „Zusammenhalt in der Community" stärkten. (Fernandez 2003, 23) Manche Gärten arbeiten mit örtlichen Schulen zusammen und geben den Schüler*innen Unterricht in Umwelterziehung. Nicht zuletzt sind die Gärten „ein Mittel für den Austausch und die Begegnung unterschiedlicher kultureller Praktiken", indem sich beispielsweise Methoden der afrikanischen Landwirtschaft mit denen aus der Karibik vermischen. (Vgl. Wilson 1999)

Das wesentlichste Merkmal urbaner Gärten ist aber, dass sie nicht für kommerzielle Zwecke, sondern für den Verbrauch in der Nachbarschaft produzieren. Das unterscheidet sie von anderen reproduktiven Commons, die entweder für den Markt produzieren, wie das bei den Fischern an der „Hummerküste" in Maine der Fall ist, oder die auf dem Markt gekauft werden, wie bei den Stiftungen, die brachliegendes Land aufkaufen.[8] Das Problem ist

8 Die Commons an der Küste von Maine sind derzeit von einer neuen Form der Privatisierungspolitik bedroht, die dadurch gerechtfertigt wird, dass es um ihre Erhaltung ginge, und die paradoxerweise als „Fanganteile" bezeichnet wird. Es handelt sich dabei um ein System, wie es bereits in Kanada und Alaska Anwendung findet, bei dem die lokalen Regierungen Quoten für den Fischfang festlegen und die Anteile auf Grundlage der bisherigen Erträge an Einzelpersonen vergeben. Es stellte sich heraus, dass dieses System für kleine, unabhängige Fischer katastrophal ist, da sie sich

jedoch, dass die urbanen Gärten nicht darüber hinauskamen, eine spontane Initiative „von unten" zu sein und es nur wenige Versuche der Sozialen Bewegungen in den USA gab, ihre Bedeutung zu vergrößern und den Zugang zu Land zu einem zentralen Terrain der Kämpfe zu machen. Allgemeiner gesagt, stellte die Linke nicht die Frage, wie man die Commons, die überall entstehen, für die gekämpft wird, die verteidigt und weiterentwickelt werden, zusammenbringen könnte, damit sie ein zusammenhängendes Ganzes und die Grundlage für einer neuen Produktionsweise bilden könnten.

Der theoretische Ansatz von Antonio Negri und Michael

Hardt, den sie in *Empire* (2000), *Multitude* (2004) und zuletzt in *Commonwealth* (2009) vorschlugen, stellt hier eine Ausnahme dar. Sie gehen davon aus, dass bereits jetzt durch die Informatisierung der Produktion und durch die Entstehung des kognitiven Kapitalismus eine auf dem Prinzip des „Common" beruhende Gesellschaft im Entstehen begriffen sei. Da die Produktion zur über das Internet organisierten Produktion von Wissen, Kultur und Subjektivität werde, würden dieser Theorie zufolge ein gemeinsamer Raum und der gemeinsame Reichtum geschaffen, die dem Problem der Festlegung von Einschluss- oder Ausschlussregeln entgingen. Der Zugang und die Nutzung der Ressourcen vervielfachten sich im Netz, anstatt sich zu verringern, und damit kündigte sich die Möglichkeit einer Gesellschaft an, die auf Überfluss basiere. Für die Multitude stelle sich in der Folge nur mehr das Problem, wie der Kapitalismus daran gehindert werden könne, sich den produzierten Reichtum anzueignen.

bald gezwungen sahen, ihren Anteil an den Höchstbietenden zu verkaufen. In den Fischergemeinden von Maine nehmen die Proteste dagegen mittlerweile zu. (Vgl. Schreiber 2009)

Der Reiz dieser Theorie besteht darin, dass sie die Bildung des „Gemeinsamen" nicht von der Organisation der Arbeit und Produktion trennt, sondern diese für immanent hält. Sie stößt aber an eine Grenze, weil sie ein Bild der Commons zeichnet, das die Arbeit einer Minderheit verallgemeinert, die über Fähigkeiten verfügt, die die meisten Menschen nicht haben. Zudem wird ignoriert, dass diese Arbeit Waren für den Markt produziert, und es wird übersehen, dass die Kommunikation und die Produktion im Netz von wirtschaftlichen Aktivitäten abhängen, wie dem Bergbau, der Produktion von Mikrochips und der Ausbeutung seltener Erden, die derzeit hinsichtlich ihrer sozialen und ökologischen Folgen äußerst destruktiv sind.[9] Darüber hinaus stellt diese Theorie durch ihren Fokus auf Wissen und Information die Frage nach der Reproduktion des Alltags nicht. Das trifft aber insgesamt auf den Diskurs über die Commons zu, der sich hauptsächlich mit den formalen Voraussetzungen für die Existenz von Commons und weniger mit den materiellen Erfordernissen für den Aufbau einer Wirtschaft beschäftigt, die auf den Commons beruht und uns erlauben würde, uns der Lohnarbeit und Unterordnung unter die kapitalistischen Verhältnisse zu widersetzen.

Frauen und die Commons

In diesem Zusammenhang ist eine feministische Perspektive auf die Commons von zentraler Bedeutung. Das beginnt schon mit der Erkenntnis, dass Frauen, die den Hauptteil der reproduktiven Arbeit leisten, in der Vergangenheit und auch heute stärker

9 Es wurde beispielsweise berechnet, dass die Produktion eines Computers 33.000 Liter Wasser und 15 bis 19 Tonnen an Rohstoffen erfordert. (Vgl. Sarkar 1999, 126) Global Witness, eine Organisation, die Konflikte zu verhindern sucht, die aufgrund der Ausbeutung von Ressourcen entstehen, berichtet, dass der Handel mit Mineralien den Bürgerkrieg in der Demokratischen Republik Kongo anheize. (Vgl. Dias 2009)

als Männer vom Zugang zu gemeinschaftlich genutzten Ressourcen abhängig und von der Privatisierung am stärksten betroffen sind und sich daher auch am entschiedensten für ihre Verteidigung einsetzen. In meinem Buch „Caliban und die Hexe" (2004) habe ich geschrieben, dass Frauen in der ersten Phase der kapitalistischen Entwicklung sowohl in England als auch in der „Neuen Welt" im Kampf gegen die Einhegungen des Landes an vorderster Front standen und die gemeinschaftliche Kultur unerschütterlich verteidigten, die der europäische Kolonialismus zu zerstören suchte. Als die spanischen Eroberer in Peru die Kontrolle über ihre Dörfer erlangten, flohen Frauen in die Berge und schufen dort

Formen des kollektiven Lebens, die bis heute überdauern konnten. Wenig überraschend erlebten wir im 16. und 17. Jahrhundert die brutalsten Angriffe auf Frauen in der Geschichte der Menschheit: Frauen wurden als Hexen verfolgt. Angesichts einer neuen Phase der ursprünglichen Akkumulation sind Frauen heute die wichtigste gesellschaftliche Kraft, die sich einer vollständigen Kommerzialisierung der Natur in den Weg stellt und eine nichtkapitalistische Nutzung des Landes sowie eine subsistenzorientierte Landwirtschaft unterstützt. Frauen sind die Subsistenzbäuer*innen der Welt. In Afrika produzieren sie 80 Prozent der verbrauchten Lebensmittel, obwohl die Weltbank und andere Institutionen sie davon zu überzeugen versuchen, auf den Anbau von Nutzpflanzen für den Weltmarkt umzusteigen. In den Neunzigerjahren okkupierten sie in vielen afrikanischen Städten angesichts der steigenden Lebensmittelpreise brachliegendes öffentliches Land und pflanzten Mais, Bohnen und Maniok „entlang der Straße, in Parks und entlang der Eisenbahnlinien." (Freeman 1993) Damit veränderten sie das Bild der afrikanischen Städte und hoben die Trennung von Stadt und Land auf. In Indien, auf den Philippinen und in ganz Lateinamerika begannen Frauen mit der Wiederaufforstung der Wälder, vertrieben gemeinsam die Holzfäller, errichteten

Blockaden gegen die Bergbauunternehmen und den Bau von Staudämmen und führten die Revolte gegen die Privatisierung des Wassers an. (Vgl. Shiva 1989)

Ein anderer Aspekt des Kampfes von Frauen um den direkten Zugang zu Reproduktionsmitteln sind die Kreditgenossenschaften, die überall in der „Dritten Welt", von Kambodscha bis in den Senegal, entstehen und als ein „Geld-Common" fungieren. (Vgl. Podlashuc 2009) Die Tontinen, wie sie in Teilen Afrikas genannt werden, sind autonome, selbstverwaltete „Banken", die von Frauen geschaffen wurden und an Einzelpersonen oder Gruppen, die sonst keinen Zugang zu einer Bank hätten, Geld verleihen und ausschließlich auf der Basis gegenseitigen Vertrauens basieren.
Damit unterscheiden sie sich vollkommen von den Mikrokrediten, die von der Weltbank unterstützt werden und auf der Grundlage von gegenseitiger Überwachung und Scham funktionieren, wo im Extremfall, wie beispielsweise im Niger, die Bilder von Frauen, die nicht zahlen konnten, an öffentlichen Orten aufgehängt und einige Frauen dadurch in den Selbstmord getrieben wurden.

Frauen waren auch die treibende Kraft hinter den Bemühungen, die reproduktive Arbeit zu kollektivieren, um die Reproduktionskosten zu senken und sich gegenseitig vor Armut, staatlicher Gewalt und Gewalt durch Männer zu schützen. Ein herausragendes Beispiel dafür sind die „ollas comunes", die von Frauen in Chile und Peru in den 1980er-Jahren organisiert wurden, weil sie sich aufgrund der hohen Inflation die Einkäufe alleine nicht mehr leisten konnten. (Vgl. Fisher 1993 und Andreas 1985) Wie wir an den Landbesetzungen und den Tontines sehen, sind diese Praktiken Ausdruck einer Welt, in der gemeinschaftliche Beziehungen noch immer stark sind. Es wäre jedoch falsch, sie als prä-politisch, „natürlich" oder als Produkt der „Tradition" zu betrachten. Nach mehreren Schüben der Kolonialisierung gibt es nirgendwo auf der

Welt „Natur" oder „Bräuche", außer dort, wo Menschen darum kämpften, sie zu bewahren und vor allem neu zu erfinden. Leo Podlashuc (2009) betont, dass dieser Kommunalismus der Frauen eine kollektive Identität forme und im Haus und in der Community eine Gegenkraft darstelle, die einen Prozess der Selbstverwertung und Selbstbestimmung eröffne, von dem wir viel lernen könnten.

Die erste Lektion, die uns diese Kämpfe erteilen, ist, dass das „Commoning" der materiellen Reproduktionsmittel das wichtigste Werkzeug ist, um kollektive Interessen und gegenseitige Bindungen zu schaffen. Hier nimmt auch der Widerstand gegen ein Leben in Sklaverei seinen Ausgang und schafft die Voraussetzung für die Errichtung autonomer Räume, von denen aus der Einfluss des Kapitalismus auf unser Leben untergraben werden kann. Die von mir beschriebenen Erfahrungen können nicht einfach auf Nordamerika übertragen werden. Die Rückgewinnung der Commons und das Commoning müssen für uns andere Formen annehmen. Aber auch hier können wir unsere Ressourcen bündeln und uns den von uns produzierten Reichtum wieder aneignen, um damit zu beginnen, unsere Reproduktion von den Warenströmen zu entkoppeln, die vermittelt durch den Markt weltweit für die Enteignung von Millionen verantwortlich sind. Wir können anfangen, unsere Lebensgrundlage nicht nur vom Weltmarkt zu trennen, sondern auch von der Kriegsmaschine und dem Gefängnissystem, von denen die US-Wirtschaft heutzutage abhängig ist. Nicht zuletzt können wir die abstrakte Form der Solidarität, die in Sozialen Bewegungen häufig vorherrscht und die unserem Engagement, unserer Belastbarkeit und unserer Risikobereitschaft Grenzen setzt, hinter uns lassen.

In einem Land, in dem das Privateigentum durch das größte Waffenarsenal der Welt geschützt wird und in dem drei Jahrhunderte Sklaverei tiefe Spaltungen in der Gesellschaft hinterlassen haben, ist die Wiederherstellung der Commons und des Gemeinsamen ein gewaltiges Unterfangen, das nur durch einen langfristigen Prozess des Experimentierens, der Schaffung von Bündnissen und der Reparationen möglich sein wird. Obwohl dieses Unterfangen heute schwieriger zu sein scheint, als dass ein Kamel durch ein Nadelöhr ginge, ist es zugleich die einzige Möglichkeit, unsere Autonomie zu erweitern und uns zu weigern, dass unsere Reproduktion weiterhin auf Kosten anderer Commoners und Commons erfolgt.

Feministischer Wiederaufbau

Maria Mies brachte eindringlich zum Ausdruck, was dieses Unterfangen mit sich bringt, wenn sie darauf hinweist, dass die Schaffung von Commons zunächst eine tiefgreifende Veränderung unseres Alltags erfordert, um wieder zusammenzufügen, was die gesellschaftliche Arbeitsteilung des Kapitalismus getrennt hat.

Die Distanz zwischen Produktion, Reproduktion und Konsum führt dazu, dass wir die Produktionsbedingungen des Essens, der Kleidung und der Arbeitsmittel, ihre sozialen und ökologischen Kosten sowie das Schicksal der Menschen ignorieren, denen der von uns produzierte Müll aufgeladen wird. (Vgl. Mies und Bennholdt-Thomson 1999) Anders gesagt, müssen wir dieses verantwortungslose Handeln überwinden, das eine Folge der destruktiven Gestaltung der gesellschaftlichen Arbeitsteilung im Kapitalismus ist, denn die Produktion unseres Lebens führt unweigerlich zur Produktion des Todes anderer. Maria Mies (1999) betont, dass die Globalisierung diese Krise verschärfte, weil die Distanzen zwischen Produktion und Konsumption vergrößert wurden und wir dadurch, ungeachtet der zunehmenden globalen Vernetzung, das Blut in den Lebensmitteln, die wir essen, im Erdöl, das wir verwenden, in den Kleidern, die wir tragen, und in den Computern, mit denen wir kommunizieren, noch viel weniger sehen.

Die feministische Perspektive lehrt uns, dass wir zur Wiedererrichtung der Commons zu zuallererst diese Vergessenheit hinter uns lassen müssen. Commons sind niemals möglich, wenn wir uns zu sehen weigern, dass das Leid anderer die Grundlage unseres Lebens und unserer Reproduktion ist, wenn wir uns nicht dagegen wehren, sie als getrennt von uns zu betrachten. In der Tat ist es so, dass Commoning nur dann Sinn macht, wenn wir darunter die Produktion unser selbst als gemeinsames Subjekt verstehen. So müssen wir den Slogan „Keine Commons ohne Gemeinschaft" verstehen. Aber diese „Gemeinschaft" darf nicht als eine abgeschlossene Wirklichkeit verstanden werden, als eine Gruppe von

Menschen, die durch ihre ausschließenden Interessen verbunden sind und sich von anderen trennen, wie das bei Communities der Fall ist, die auf der Grundlage einer Religion oder ethnischer Zugehörigkeit geformt werden, sondern als Qualität der Beziehungen, als Prinzip der Kooperation und der Verantwortung untereinander und gegenüber der Erde, den Wäldern, den Meeren, den Tieren.

Gewiss kann eine solche Gemeinschaft wie die Kollektivierung unserer alltäglichen Reproduktionsarbeit nur der Anfang sein. Das ersetzt nicht die Kämpfe gegen Privatisierungen und um die Rückgewinnung unseres gemeinsamen Reichtums. Aber es ist ein wesentlicher Teil unseres Lernprozesses für eine kollektive Form der Selbstregierung und die Erkenntnis, dass die Geschichte ein kollektives Unterfangen ist, denn das Vertrauen darauf zählt wohl zu den größten Opfern der neoliberalen Ära des Kapitalismus. Aus diesem Grund muss die Vergemeinschaftlichung der Hausarbeit ein Teil unseres politischen Projekts sein, und dabei können wir auf die reiche feministische Tradition zurückgreifen, die in den USA von den sozialistischen utopischen Experimenten in der Mitte des 19. Jahrhunderts bis zu den von „materialistischen Feministinnen" an der Wende vom 19. zum 20. Jahrhundert unternommenen Versuchen gehen, die Hausarbeit und damit Zuhause und Nachbarschaft durch kollektive Haushaltsführung neu zu organisieren und zu vergesellschaften. Diese Versuche reichten bis in die 1920er-Jahre, ehe ihnen die „Angst vor den Roten" ein Ende setzte. (Vgl. Hayden 1981 und 1986) Auf diese Praxen und vor allem die Fähigkeit dieser Feministinnen, die reproduktive Arbeit nicht nur als einen wesentlichen Teil des menschlichen Lebens zu betrachten, der nicht negiert werden kann, sondern revolutioniert werden muss, können wir uns beziehen – und sie neu bewerten.

Ein wichtiger Grund für die Schaffung kollektiver Lebensformen besteht darin, dass die Reproduktion von Menschen die arbeitsintensivste Tätigkeit überhaupt ist und sich weitgehend der Mechanisierung verweigert. Wir können die Betreuung von Kindern, die Versorgung von Kranken oder die psychologische Arbeit, die es braucht, um unser physisches und emotionales Wohlbefinden wiederherzustellen, nicht mechanisieren. Wir können, auch wenn manche futuristische Industrielle diesbezüglich einen großen Aufwand treiben, die Care-Arbeit nicht Robotern überlassen, außer zu einem schrecklichen Preis für die Betroffenen. Niemand wird Roboter als Pfleger*innen akzeptieren, besonders nicht, wenn es um Kinder und Kranke geht. Nur geteilte Verantwortung und Zusammenarbeit, die nicht zu Lasten der diese Arbeit verrichtenden Menschen geht, können eine gute Versorgung gewährleisten. Die Reproduktion des Menschen war über Jahrhunderte ein kollektiver Prozess, der von Großfamilien oder Communities getragen wurde und auf den sich die Menschen, besonders in proletarischen Stadtteilen, verlassen konnten, selbst wenn sie alleine lebten, und das Leben älterer Menschen war nicht wie heute von trostloser Einsamkeit und Abhängigkeit geprägt. Erst mit dem Kapitalismus wurde die Reproduktion vollständig privatisiert, ein Prozess, der immer weitergetrieben wird, bis er unser Leben zerstört. Dieser Trend muss umgekehrt werden, und der Zeitpunkt für ein solches Projekt ist überaus gut.

Da die kapitalistische Krise überall, auch in den Vereinigten Staaten, die Grundlagen der Reproduktion von Millionen Menschen zerstört, ist der Wiederaufbau unseres Alltagslebens nicht nur möglich, sondern schlichtweg notwendig. Krisen brechen wie Streiks mit der Disziplin der Lohnarbeit und zwingen uns zu neuen Formen der Gesellschaftlichkeit. Das geschah während der Weltwirtschaftskrise der Dreißigerjahre und brachte die Bewegung der Hobos hervor, die aus den Güterzügen Commons machten und ihre Freiheit in der Mobilität und im Nomadentum suchten.

(Vgl. Caffentzis 2006) An den Kreuzungen der Eisenbahnlinien errichteten sie die Hobo-Dschungel, und in diesen nahmen sie mit ihrer Solidarität und Selbstverwaltung die kommunistische Welt vorweg, an die viele von ihnen glaubten. (Vgl Anderson 1998 und DePastino 2003) Abgesehen von einigen „Boxcar Berthas“[10] war diese jedoch eine überwiegend männliche Welt, eine Bruderschaft, die auf lange Sicht nicht aufrecht erhalten werden konnte. Nach dem Ende der Wirtschaftskrise und des Krieges wurden die Hobos von den beiden Triebkräften zur Sesshaftwerdung der Arbeitskraft domestiziert: der Familie und dem Zuhause. Das amerikanische Kapital war sich der drohenden Neuzusammensetzung der Arbeiterklasse in der Wirtschaftskrise bewusst und übertraf sich in der Anwendung des Prinzips, das die Organisation des Wirtschaftslebens prägte: Kooperation in der Produktion, Spaltung und Vereinzelung in der Reproduktion. Die serienmäßig hergestellten Häuser

10 „Boxcar Bertha“ ist der Titel eines Films von Martin Scorsese aus dem Jahr 1972, der auf dem Roman „Sister of the Road“ von Ben Reitman und der fiktionalen Figur von Berta Thompson, einer jungen Radikalen, die durch das Land zieht, beruht. In die deutschen Kinos kam der Film unter dem Titel „Die Faust der Rebellion.“

von Levittown[11], die nur durch seine Nabelschnur, das Auto, nach außen verbunden sind, zwangen die Arbeiter*innen nicht nur zur Sesshaftigkeit, sondern setzten diesen autonomen Commons der Arbeiter*innen, wie sie der Hobo-Dschungel repräsentierte, ein Ende. (Vgl. Hayden 1981) Angesichts dessen, dass Millionen Amerikaner*innen ihre Häuser und Autos weggenommen werden und Zwangsräumungen sowie der Verlust von Arbeitsplätzen die Säulen der kapitalistischen Arbeitsdisziplin zerstören, entstehen heute neue Commons wie die Zeltstädte, die sich von einer Küste zur anderen ausbreiten. Dieses Mal sind es aber die Frauen, die diese Commons errichten müssen, damit sie keine vergänglichen Räume, keine temporären autonomen Zonen bleiben, sondern die Grundlage neuer Formen der gesellschaftlichen Reproduktion bilden können.

Wenn das Haus der *oikos* ist, auf dem die Wirtschaft beruht, dann muss die Initiative von den Frauen ausgehen, die in der Geschichte in diesem Haus arbeiteten und gefangen waren, um es wieder zum Zentrum des kollektiven Lebens zu machen, wo eine Vielzahl von Menschen und Formen der Kooperation aufeinandertreffen und Sicherheit geboten wird, ohne dass es zu Vereinzelung kommt oder man im Haus gefangen ist, und wo es möglich wird, dass der Besitz der Community geteilt wird und zirkulieren kann und vor allem die Grundlage für kollektive Formen der Reproduktion geschaffen werden kann. Wie ich bereits erwähnte, können wir uns an dieser Stelle von den materialistischen Feministinnen des 19. Jahrhunderts inspirieren lassen, die davon überzeugt

11 In Levittown im Bundesstaat New York wurden nach dem Zweiten Weltkrieg die ersten – heute typischen – Vorstadtsiedlungen errichtet. Diese Siedlungen wurden sowohl zum Symbol des „American Dream“ als auch der dort angewandten rassistischen Diskriminierung. (Anm. des Übersetzers)

waren, dass das Heim ein wichtiger „räumlicher Bestandteil der Unterdrückung von Frauen" (Hayden 1986) ist, und deswegen Gemeinschaftsküchen und kooperative Haushaltsformen organisierten, damit die Arbeiter*innen die Kontrolle über die Reproduktion erlangen.

Diese Ziele sind heute von entscheidender Bedeutung. Die Isolation des Lebens im privaten Haushalt zu beenden, ist nicht nur eine Voraussetzung, um unsere grundlegendsten Bedürfnisse zu befriedigen und unsere Macht gegenüber den Arbeitgebern und dem Staat zu erhöhen, sondern bewahrt uns auch vor den ökologischen Katastrophen. Denn es besteht kein Zweifel an den destruktiven Folgen der „unwirtschaftlichen" Anhäufung reproduktiver Güter und der Unterkünfte, die wir heute unser Zuhause nennen, wo wir uns aber selbst einsperren und während des Winters Wärme in die Atmosphäre abgeben und im Sommer einer unglaublichen Hitze ausgesetzt sind. Entscheidend ist aber, dass wir keine alternative Gesellschaft und starke, sich selbst reproduzierende Bewegungen aufbauen können, ohne unsere Reproduktion auf eine kooperativere Grundlage zu stellen und die Trennung zwischen dem Persönlichen und dem Politischen sowie zwischen politischem Aktivismus und der Reproduktion des Alltags zu beenden.

Es muss aber klargestellt werden, dass, wenn ich sage, es sei eine Aufgabe der Frauen, dieses Commoning und die Kollektivierung der Reproduktion voranzutreiben, ich damit nicht einer naturalistischen Vorstellung von Weiblichkeit das Wort rede. Viele Feminist*innen betrachten verständlicherweise diese Möglichkeit als ein Schicksal, das schlimmer ist als der Tod. Es ist tief in unserem kollektiven Bewusstsein verankert, dass Frauen als Commons der Männer begriffen wurden, als natürliche Quelle für Wohlstand und Dienstleistungen, die diese sich so frei und ungezwungen aneignen konnten wie die Kapitalisten den Reichtum der Natur.

Mit Dolores Hayden kann man sagen, dass die Neugestaltung der reproduktiven Arbeit und damit die Neugestaltung des Haushalts und des öffentlichen Raums keine Frage der Identität ist, sondern eine Frage der Arbeit, und wir könnten noch hinzufügen: eine Frage der Macht und der Sicherheit. (Vgl. Hayden 1981, 230) An dieser Stelle muss ich an die Erfahrungen der Frauen des Movimento dos Trabalhadores Rurais Sem Terra, der Landlosenbewegung in Brasilien, denken. Nachdem ihre Communities das Recht erhielten, das von ihnen besetzte Land zu behalten, bestanden sie darauf, dass die neuen Häuser, die darauf errichtet werden, zusammenhängend angelegt werden, um sicherzustellen, dass sie die Hausarbeit weiterhin gemeinschaftlich verrichten können. Damit sie weiterhin, wie sie es schon während der Kämpfe taten, gemeinsam waschen und kochen, sich dabei mit den Männern abwechseln und jederzeit bereit sein können, einander im Falle von Übergriffen durch Männer zu unterstützen. Zu sagen, Frauen sollten die Kollektivierung reproduktiver Arbeit vorantreiben, bedeutet nicht, zu sagen, Hausarbeit sei eine natürliche Berufung der Frauen. Die kollektiven Erfahrungen, das Wissen und die Kämpfe, die Frauen in der reproduktiven Arbeit sammelten, eine Geschichte, die ein wesentlicher Bestandteil unseres Widerstands gegen den Kapitalismus war, nicht anzuerkennen, ist eine Missachtung der Tatsachen. Die Verbindung zu dieser Geschichte wiederherzustellen, ist heute ein entscheidender Schritt, um sowohl die geschlechtsspezifische Architektur unseres Lebens rückgängig zu machen als auch unser Zuhause und unser Leben als Commons neu zu errichten.

Die Kämpfe der Frauen um Land in Afrika und die Commons

„Als Jäger 1956 den letzten Elefanten töteten, der durch das Land der Gusii zog … und sich die Menschen aus der Umgebung zum letzten Mal kostenlos Fleisch besorgen konnten, wurde über dieses Ereignis eine Lied geschrieben … ‚die Mutter der kostenlosen Waren starb in Gesabakwa.‘ Von da an wurden Waren für Geld verkauft, und jeder, der etwas anderes erwartete, wurde daran erinnert: ‚Hast du noch nicht gehört, dass die Mutter der kostenlosen Waren in Gesabakwa starb?‘“

Justus M. Ogembo: Contemporary Witch-Hunting in Gusii, Southwestern Kenya (1988)

Das Konzept der „Commons“ wurde in der Literatur Sozialer Bewegungen ein wichtiges Thema, was sich als hilfreich erwies, um die politische Analyse über die Lohnkämpfe hinaus zu denken. Die Idee der Commons, die irgendwo zwischen „Öffentlichem“ und „Privatem“ angesiedelt ist, aber auf keine der beiden Kategorien reduziert werden kann, drückt eine viel umfassendere Vorstellung von Eigentum aus und bezieht sich auf gesellschaftliche Güter – Länder, Territorien, Wälder, Wiesen und Bäche oder Orte der Kommunikation –, die eine Community und nicht der Staat oder eine Einzelperson kollektiv besitzt, verwaltet und kontrolliert. Anders als das „Öffentliche“, das Markt und Privateigentum voraussetzt und „in der Regel vom Staat verwaltet wird“ (Anton 2000, 4), beschwört die Idee der Commons das Bild intensiver gesellschaftlicher Kooperation. Dieses Konzept erlaubt uns, die Geschichte der Klassenkämpfe neu zu schreiben und den Widerstand indigener Menschen gegen die koloniale Eroberung der Amerikas in einer Reihe mit dem Widerstand der englischen Bäuer*innen gegen die Einhegungen zu denken, und die Kämpfe der indischen Bäuer*innen können als Gegenstück zu den Kämpfen der Bewegung für freie Software beschrieben werden. Am Ende sind sie alle Commoners. (Vgl. Caffentzis 1995, De Angelis 2007, Linebaugh 2008)

Wie bei den realen Commons selbst ist auch der Begriff Ziel von Aneignung und Verfälschung, meist durch Institutionen, deren Mission die Abschaffung gemeinschaftlichen Eigentums ist. Wenn die Weltbank unter dem Vorwand des Umweltschutzes die Weltmeere, Wasserressourcen und Wälder als „Globale Commons" definiert, dann will sie damit neue Einhegungen legitimieren, die bisherige Bewohner*innen von ihrem Land vertreiben und den Zugang zu diesem über Geld regeln. In Afrika förderte die Weltbank Landreformen, die mit Rücksicht auf die Communities stattfanden. Es wurde behauptet, dadurch käme es zu einer gerechteren Aufteilung des Gemeindelandes, in Wirklichkeit wurden kommerzielle Interessen gefördert, und für die Menschen wurde der Zugang zu den Ressourcen eingeschränkt. Dazu kommt das Problem, dass durch die Ausbreitung des Kapitalismus viele der Spaltungen und Konflikte, die wir aus anderen Bereichen der Gesellschaft kennen, in die Commons getragen wurden, was die internationalen Finanzinstitutionen zu ihrem Vorteil nutzen.

Unter Berücksichtigung dieser Bedenken werde ich zwei verschiedene Arten von Frauenbewegungen behandeln, die unmittelbar Einfluss auf die Zukunft des gemeinschaftlichen Landes in Afrika haben. Erstens die Frauenbewegung, die in den Kämpfen um Land in den 1990er-Jahren entstand und sich gegen die traditionellen Nutzungsrechte aussprach, weil durch dieses Frauen immer wieder diskriminiert wurden. Zweitens die Frauenbewegung in städtischen Gebieten, die sich direkter Aktionen bedient, um öffentliches Land in Besitz zu nehmen und zu bewirtschaften. Damit untergraben sie die Anstrengungen des Neoliberalismus, am Eingangstor zu allen natürlichen Ressourcen Geld zu verlangen, und stärken das Prinzip, dass die Erde unser Common ist.

Ich behandle diese Bewegungen, weil wir von ihnen viel darüber lernen können, welche Rolle Frauen in der Verteidigung des gemeinsamen Reichtums spielen und weil sie zeigen, dass die Gleichheit für die Commons überlebensnotwendig ist, weil geschlechtsspezifische Ungleichheiten viele Frauen dazu bringen, eine Stärkung der juristischen Maschine zu verlangen, von der die Privatisierung von Grund und Boden abhängt. (Vgl. Wanyeki 2003, Tripp 2004, Adoko 2005)

Afrika: Noch immer der Kontinent der Commons

Afrika ist ein gutes Beispiel, um den gemeinschaftlichen Landbesitz, die materielle Grundlage aller anderen gemeinschaftlichen Besitzformen (Holz, Wälder, Wasser), zu diskutieren, weil es jene Region ist, wo sich diese Eigentumsform trotz aller Anstrengungen, diesem „Skandal" ein Ende zu bereiten, am längsten hielt. Liz Alden Wily, eine in Nairobi ansässige Expertin für ländliche Entwicklung, schreibt folgendes: „Obwohl ein Jahrhundert lang gezielt versucht wurde, eine andere Ideologie und Rechtsprechung durchzusetzen … besteht der nicht registrierte traditionelle Besitz nicht nur fort, sondern ist noch immer die am weitesten verbreitete Eigentumsform der Region. Keine der Strategien, die ergriffen wurden, um diese Form zu ignorieren oder zurückzudrängen, war erfolgreich." (Wily 2001, 85) Das Gros der Menschen im ländlichen Afrika lebt unter gemeinschaftlichen Besitzverhältnissen[1], obwohl die Menschen

1 Das Gewohnheitsrecht ist ein Komplex von Traditionen, die das Leben und die Bewirtschaftung und Verteilung des Landes in vorkolonialen afrikanischen Gesellschaften bestimmten. In den meisten afrikanischen Ländern ist

unter Umständen über individuelle Besitztitel verfügen. Viele afrikanische Länder verfügen jedoch über ein duales oder plurales Rechtssystem. (Vgl. Cotula et.al. 2004, 2)

Die afrikanischen Commons der Gegenwart haben wenig mit den „traditionellen" Vorbildern gemeinsam, soweit wir diese durch mündliche Überlieferung und unser Wissen über vorkoloniale afrikanische Gesellschaften rekonstruieren können.[2] Die umfangreiche Literatur zum Thema belegt, dass der Wechsel von der Subsistenzwirtschaft zum Anbau von Feldfrüchten, die auf dem Markt verkauft werden, und die Einführung von Privateigentum, die auf der Vergabe von Eigentumstiteln und der Einhegung von individuellem Besitz beruht, die „egalitären Muster der gesellschaftlichen Organisation" (Lesthaeghe 1989, 13) zunehmend schwächte. Die Entkolonialisierung konnte dieser Entwicklung nicht entgegenwirken. Unabhängig davon, ob man sich einer kapitalistischen oder sozialistischen Entwicklung verschrieb, trugen die unabhängig gewordenen afrikanischen Nationen dazu bei, den gemeinschaftlichen Landbesitz zu schwächen, indem sie das gesamte Land verstaatlichten und es öffentlichen Projekten verfügbar machten. Aufgrund dessen nahm in den späten 1970er-Jahren die Landlosigkeit zu, und die Klassenunterschiede vertieften sich.

es immer noch Teil des Rechtssystems, das neben und mit dem Gesetz des Nationalstaats oder auch dem Britischen Recht und der Scharia existiert.

2 Ein Beispiel für die Rekonstruktion des Gewohnheitsrechts findet sich bei G.S. Snell (1986, xii). Snell, ein britischer Anthropologe, führte umfangreiche Interviews mit lokalen Machthabern, um herauszufinden, wie sich die Gesetze unter der britischen Kolonialherrschaft geändert hatten. Er wies darauf hin, dass sich die Gewohnheitsgesetze erst mit der Zeit zu festgeschriebenen Codes entwickelten, da der Überfluss an Land und anderen Ressourcen ihre Bestimmungen ursprünglich sehr flexibel hielt und diese nicht sehr detailliert sein mussten.

Frauen waren davon am stärksten betroffen. Als das Land immer knapper und damit wertvoller wurde, erfanden die Männer neue Regeln, die es in den traditionellen Systemen gar nicht gab, um den Frauen den Zugriff auf dieses Land zu verweigern. Darauf werde ich später zurückkommen. Hier möchte ich aber betonen, dass die „Schuldenkrise" und die Liberalisierung der afrikanischen Volkswirtschaften im Hinblick auf die Grundbesitzverhältnisse einen Wendepunkt darstellten. Die Weltbank und andere internationale Institutionen des Kapitals betrachteten die Krise als historische Chance, um mit dem gemeinschaftlichen Landbesitz in Afrika Schluss zu machen. (Vgl. World Bank 1989) Das war das

primäre Ziel der Strukturanpassungsprogramme. (Vgl. Caffentzis 1995, 28) Alle Bedingungen der Strukturanpassung, wie der Wechsel von der Nahrungsmittelproduktion zur exportorientierten Landwirtschaft, die Öffnung für ausländische Investoren und die Bevorzugung der Produktion für den Markt gegenüber der Subsistenzlandwirtschaft, konnten nur umgesetzt werden, wenn das Land durch die Vergabe individueller Eigentumstiteln privatisiert wurde.

Diese Erwartungen wurden jedoch nur teilweise erfüllt. Es begann ein neuer „Wettlauf um Afrika", der dazu führte, dass die fruchtbarsten und an Rohstoffen reichsten Commons in Afrika enteignet und den Unternehmen überlassen wurden. Trotzdem war in den 1990er-Jahren noch immer nur ein geringer Prozentsatz des Landes registriert, in einigen Regionen weniger als ein Prozent. Kleinbäuer*innen sahen einfach keine Notwendigkeit, ihr Land im Grundbuch eintragen zu lassen, weil sie davon ausgingen, dass sie das Land ohnehin besäßen und daher nicht gewillt waren, Steuern und Gebühren für die Registrierung zu zahlen. Zudem weigerten sie sich, „alle Rechte an eine Person zu übertragen". (Adoko 2005) Für die potentiellen Investoren war es aber noch besorgniserregender, dass sogar in den Gebieten, wo die Grundstücke registriert worden waren, man weiterhin den traditionellen Regeln folgte, weil die Menschen nicht davon überzeugt werden konnten, dass Land kein kollektives Vermögen sei. (Vgl. Ogolla 1996, 102) Die Regierungen Afrikas und die Weltbank forcierten, aufgeschreckt von von den zunehmenden Mobilisierungen der Kleinbäuer*innen in den 1990er-Jahren, die das Land häufig einfach besetzten, einen weniger konfliktreichen Weg der Privatisierung. Sie vertrauten darauf, dass man die Privatisierung des Landes dem Markt überlassen könnte, und unterstützen ein Modell, das den gemeinschaftlichen Besitz zwar respektiert, aber zugleich sicherstellt, dass das Land veräußert werden und der Markt für Grund und Boden wachsen kann. (Vgl. Yoshida 2005, 141; Tripp 2004, 11)

Die neuen Reformen, die bereits in mehreren afrikanischen Ländern umgesetzt wurden und meist als „Politik für die Armen und für die Entwicklung des ländlichen Raums" beworben werden, beruhen auf vier Neuerungen: Die Verwaltung des gemeinschaftlichen Landes wird nun dezentral organisiert und politischen Gremien oder gewählten „Dorfräten" überantwortet, die der Zentralregierung unterstellt sind. Es wurden „Eigentumstitel für Gruppen" eingeführt, das Land kann sowohl im Namen einer Vereinigung als auch von Einzelpersonen registriert werden. Lokalen Verwaltungskörpern oder Vereinigungen wird es ermöglicht, Land an Außenstehende zu verkaufen, sofern diese geschäftliche Absichten in Form von Joint Ventures verfolgen. (Vgl. Wily 2001, 85) Zusammenfassend lässt sich sagen, dass ein zweistufiges System eingeführt wurde, durch das die direkte Konfrontation mit den Kleinbäuer*innen vermieden wird, das aber lokalen kapitalistischen Eliten trotzdem ermöglicht, ihre Interessen zu verfolgen und ausländischen Investoren die Tür zu öffnen.

Diese neuen Landreformen enthalten auch Bestimmungen gegen Diskriminierungen aufgrund des Geschlechts, indem man das Recht auf Mitpächter*innenschaft von Ehemännern und Ehefrauen einführte. (Vgl. Wily 2001, 85) Gendergerechtigkeit ist in der ideologischen Darstellung der Reform ein zentrales Thema. Diese Bestimmungen konnten aber die Frauenorganisationen, die sich seit den Neunzigerjahren für die Landrechte von Frauen einsetzen, nicht zufriedenstellen. Aus ihrer Sicht machen die Rücksichtnahme auf lokale Traditionen und die Verlagerung der Entscheidungsgewalt auf lokale Ebene Frauen erst recht verwundbar. Diese Organisationen verlangen, die traditionellen Besitzverhältnisse beseitigt werden und dass durch entsprechende Reformen ein neues Rechtssystem eingeführt wird, das es Frauen ermöglicht, Landrechte zu erhalten, zu kaufen, zu besitzen und zu verkaufen,

weil, wie sie beklagen, Frauen nach dem traditionellen Recht vom Wohlwollen der Männer abhängig sind. (Vgl. Tripp 2004, 2)

Die ugandische Feministin Aili Mari Tripp verteidigt diese Strategie und meint, dass sie die vorherrschende Position innerhalb der Frauenorganisationen, insbesondere in Ostafrika, sei und zum Teil auch die Unterstützung der Viehhalter genieße. Sie räumt jedoch ein, dass es gegenüber den Frauenorganisationen den Vorwurf gebe, dass sie damit die Agenda ausländischer Investoren unterstützten. (Vgl. Tripp 2004, 13) Vielmehr gibt es in Afrika eine Debatte über die Frage, ob die Durchsetzung von Privateigentum Frauen zugute kommen könne und ob traditionelle Besitzverhältnisse abgeschafft werden könnten, ohne dass es schwerwiegende Folgen für die Bevölkerung auf dem Land wie in der Stadt habe. (Vgl. Yoshida 2005; Manji 2006)

Über alle Differenzen hinweg besteht aber Einigkeit darin, dass die Diskriminierung von Frauen im traditionellen Recht weniger mit der „Tradition“ als mit dem Druck zu tun hat, der sich aus der Kommerzialisierung der Landwirtschaft und dem Verlust gemeinschaftlichen Landes ergibt.

Frauen, das traditionelle Recht und die Vermännlichung der Commons

Bereits in vorkolonialen Zeiten gestand das traditionelle Recht den Männern im Hinblick auf den Besitz und die Nutzung des Landes Privilegien zu, weil man davon ausging, dass die Frauen heiraten und den Clan verlassen könnten, und das Land des Clans geschützt werden sollte. (Vgl. Wanyeki 2003; Tripp 2004) Frauen hatten also, abhängig davon, ob sie in einem matrilinearen oder patrilinearen System lebten oder andere soziale und kulturelle Faktoren eine Rolle spielten, sogar in vorkolonialer Zeit durch die Beziehungen zu Ehemännern und Verwandten Zugang zum Land. Der Begriff „Eigentum" hatte jedoch im traditionellen Recht, das stärker auf dem Prinzip der Inklusion als der Exklusion beruht, eine ganz andere Bedeutung als im modernen Recht. (Vgl. Barrow 1996, 264) Der Eigentümer hatte das Recht, den Boden zu nutzen, und er verwaltete es treuhänderisch für die anderen Mitglieder der Familie, einschließlich der kommenden Generationen. Eigentum verlieh weder ein absolutes Eigentumsrecht noch das Recht, das Land zu verkaufen. Frauen hatten also entweder durch ihre eigenen Familien oder durch ihre Ehemänner immer eigene Felder zur Bewirtschaftung und Kontrolle über das Einkommen, das sie aus dem Verkauf der auf diesen Feldern produzierten Waren lukrierten. (Vgl. Wanyeki 2003, 187)

Das änderte sich jedoch mit der Kommerzialisierung der Landwirtschaft und der Produktion für den internationalen Markt. Als Regel gilt: Je stärker die Nachfrage nach Land stieg, desto „strikter waren die Bedingungen des Zugangs für Frauen". (Tripp 2004, 2)

Dafür wurden verschiedene Strategien angewandt. In manchen Teilen Ostafrikas weigerten sich Männer, den Brautpreis zu zahlen, und entschieden sich dafür, still und heimlich zu heiraten, wodurch sie die Ehe leichter wieder lösen können und die Frauen keinen Anspruch auf das Land und den Besitz des Ehemannes

haben. Eine Studie in Gusii, im Südwesten Kenias, ergab, dass in den 1980er-Jahren 80 Prozent der Ehen auf diese Art und Weise geschlossen wurden. Das hatte zur Folge, dass eine Klasse landloser Frauen entstand, die es in der Region bis dahin nicht gegeben hatte. (Vgl. Hakansson 1998; Gray und Kevane 1999) Zu einem ähnlichen Ergebnis kam eine Studie, die Ende der Neunzigerjahre in einem Dorf in Ruanda durchgeführt wurde. Zwei Drittel der Paare hatten ohne Zahlung des Brautpreises geheiratet. Das zeigt, dass die Frauen auf dem Land einen wichtigen Schutz verlieren, denn ohne den Brautpreis haben sie keinen Anspruch auf das Land und können jederzeit aufgefordert werden, das Haus ihres
 Mannes zu verlassen. (Vgl. Gray und Kevane 1999)

Eine andere Vorgehensweise, um Frauen den Zugang zum Land zu verweigern, bestand in der Neudefinition des Begriffs der Verwandtschaft und der Frage, wer dem Clan „angehört" und wer nicht. Die Konflikte im kenianischen Rift Valley zeigen, dass die Politik des „Othering" und der „Zugehörigkeit" genutzt werden, um verschiedene ethnische oder religiöse Gruppen vom Land zu vertreiben. Dieselbe Methode wurde angewandt, um Frauen den Zugang zum Land einzuschränken, indem man sie als Außenseiterinnen definierte und ihnen Teil der Familie zu sein absprach. Die Anschuldigung, eine Hexe zu sein – die ultimative Strategie des „Othering" –, erfüllt genau diesen Zweck. In Mosambik wurden Frauen, die Anspruch auf das Land ihres verstorbenen Mannes oder einen Anteil an der Ernte erhoben hatten, beschuldigt, Hexen zu sein und ihre Männer ermordet zu haben, um deren Habseligkeiten zu erben. (Vgl. Bonate 2003, 115)

Das Land und die Ernten selbst wurden mit steigendem monetären Wert neu eingeteilt, um zu zeigen, dass Männer alleinigen Anspruch darauf haben. (Vgl. Gray und Kevane 1999, 22) Darüber hinaus wird der Zugang von Frauen zum Land zunehmend prekärer, da die Männer durch das duale Rechtssystem

Frauen ihre Rechte verweigern können. Judy Adoko und Simone Levine von „Bewegung für Land und Gleichheit" in Uganda schreiben dazu: „Die Tatsache, dass eine Frau traditionellerweise über ihren Ehemann Zugang zu Land hatte, wird jetzt (bewusst) mit den Vorstellungen von individuellem Eigentum durcheinandergebracht. Männer nehmen jetzt Rechte für sich in Anspruch, wie den Verkauf von Grundstücken ohne Einverständnis ihrer Familie oder zumindest ihrer Frauen, die sie nach dem traditionellen Recht gar nie hatten." (Adoko 2005, 11)

Geschiedene Frauen, Witwen und Frauen, die keine Söhne haben, werden besonders bestraft. Witwen können häufig nicht einmal das Eigentum behalten, das sie als Ehepaar gemeinsam erwarben. (Vgl. Gray und Kevane 1999, 18) Sie müssen befürchten, von ihren Schwiegereltern enteignet zu werden, die einen Anspruch auf den Besitz des Ehemannes erheben können und nur dann zu Zugeständnissen bereit sind, wenn es einen Sohn gibt, der das Eigentum in seinem Namen hält. (Vgl. Mukangara 1997, Tripp 2004) Die Literatur über die „Landrechte" von Frauen ist voller Geschichten von Witwen, die von den Angehörigen des Verstorbenen ihres Eigentums beraubt und ihre Häuser zu verlassen gezwungen wurden. In einem Fall hatte eine Frau ihren Ehemann gerade erst beerdigt, schon musste sie sich mit ihren Verwandten herumschlagen, weil einer der Brüder die Süßkartoffeln auf ihren Feldern auszugraben begann, und sie musste ihn inständig darum bitten, dass er wenigstens etwas für ihre Kinder übrig lasse. Eine Witwe in Uganda erfuhr erst, als der Käufer auftauchte, der sie vertreiben wollte, dass ihre Verwandten das Land ihres Mannes hinter ihrem Rücken verkauft hatten. Mary Kimani berichtet, dass in Sambia mehr als ein Drittel der Frauen nach dem Tod ihres Ehemannes den Zugang zu ihrem Land verlor. (Vgl. Kimani 2008, 10) Frauen in polygamen Beziehungen gehören ebenfalls zu den Verliererinnen, denn die Männer lassen in der Regel nur eine Frau amtlich registrieren, und im Falle einer Scheidung oder des Todes haben die anderen Frauen keinerlei Ansprüche.

Zusammenfassend lässt sich sagen, dass die geltenden traditionellen Gesetze Frauen diskriminieren, obwohl der Großteil der Landwirt*innen in Afrika Frauen sind und sie in manchen Ländern bis zu 70 Prozent der Lebensmittel produzieren und den größten Teil der landwirtschaftlichen Tätigkeiten übernehmen: Säen, Jäten, Ernten, Lagern, Verarbeiten und Vermarkten. (Vgl. Snyder 1995, 17)

Aufgrund dieser Widersprüche wurde die Stellung der Frau in den Commons Afrikas immer wieder mit jener von „Dienstmägden" oder „Fronarbeiterinnen" verglichen, weil sie gezwungen sind, unentgeltlich für ihre männlichen Verwandten zu arbeiten und keine Kontrolle über das Land haben, das sie bewirtschaften. (Vgl. Bikaako und Ssenkumba 2003, 262)

Keine Kontrolle über das Land zu haben, läuft für die Frauen darauf hinaus, keine Kontrolle über ihre Sexualität und Reproduktion zu haben. Der Zugang zum Land ist häufig von einem „untadeligen" Sexualverhalten abhängig, gleichzeitig wird jedoch erwartet, die außerehelichen Beziehungen des Mannes sehr wohl zu akzeptieren. Am wichtigsten ist aber, dass die Frauen einen männlichen Nachkommen gebären. (Vgl. Bikaako und Ssenkumba 2003, 263) Manche Frauen bringen mehr Kinder zur Welt, als sie eigentlich wollten, in der Hoffnung, dadurch einen sicheren Zugang zum Land zu bekommen. Keine Kontrolle über das Land zu haben, erschwert den Frauen jedwede Autonomie und verringert ihre Verhandlungsmacht in der Familie, und sie sind stärker von sexueller Belästigung und häuslicher Gewalt betroffen. (Vgl. Bikaako und Ssenkumba 2003, 246) Das hat schwerwiegende Folgen für die Ernährungssicherheit, weil der größte Teil der Subsistenzlandwirtschaft von Frauen geleistet wird. Die landwirtschaftliche Arbeit der Frauen ist für die Menschen überlebenswichtig, weil die Landwirtschaft zunehmend für den Export produziert und Land für den Bergbau oder für den Anbau nicht-essbarer Pflanzen verwendet wird, während internationale Institutionen die afrikanischen Regierungen zwingen, Grundnahrungsmittel zu importieren.

Land ist ein Frauenrecht: Eine Frauenbewegung zur Privatisierung des Landes?

Angesichts dieser Situation ist es nicht weiter verwunderlich, dass die Landfrage und der gemeinschaftliche Besitz zu zentralen Themen feministischer Politik in Afrika wurden. Durch die Kampagne der Vereinten Nationen für die Rechte der Frau wurde die Landfrage auch über Afrika hinaus auf die feministische Agenda gesetzt. (Vgl. Tripp 2004) In Lateinamerika entwickelten sich in den Neunzigerjahren ähnliche Bewegungen wie in Afrika, mit vergleichbaren Strategien und Forderungen. (Vgl. Deere 2001) In den Neunzigerjahren kamen internationale Entscheidungsträger zum Schluss, dass viele der Programme zur Entwicklung des ländlichen Raums, die das Ziel verfolgten, die Produktion zu steigern, gescheitert waren, weil sie den Beitrag der Frauen „ignoriert" hatten. Die Frauen Afrikas gingen aber immer eigenen wirtschaftliche Aktivitäten nach, unabhängig von ihren Ehemännern, und der fehlende Zugang zu Land und anderen Ressourcen verstärkte die Weigerung, unentgeltlich für ihre Ehemänner zu arbeiten. Die Kampagne der Vereinten Nationen sollte da Abhilfe schaffen. Die Weltbank, die in dieser Zeit ebenfalls meinte, ihre Agenda „vergeschlechtlichen" zu müssen, verstärkte diese Bemühungen, und so spielte die Landfrage auf der Weltfrauenkonferenz in Peking 1995 eine zentrale Rolle, was wiederum Frauenbewegungen, die den Zugang zum Land erkämpfen wollten, überall beförderte.

In Afrika entstanden dank der Unterstützung der UN-Organisationen und internationaler NGOs zahlreiche Organisationen, und die Zahl der Konferenzen, Workshops und Veröffentlichungen zum Thema stieg massiv an. Währenddessen begannen Frauen, die über die nötigen Ressourcen verfügten, diese zu bündeln und Land zu kaufen. Dafür griffen sie häufig auf die informellen Sparsysteme zurück, die Frauen entwickelt hatten, um zu verhindern, sie im Falle des Todes ihres Ehemannes ihren Besitz zu verlieren.

Trotz dieser institutionellen Unterstützung konnte die Bewegung bislang nur wenige Erfolge verzeichnen, und diese bestanden eher „in Ankündigungen als in wirklichen Erfolgen". (Wily 2001, 85) Nur in Äthiopien und Eritrea wurden Frauen zu den „Eigentümerinnen des Landes, das sie bestellen." (Cotula und Toulmin 2004, 23) Aber auch in diesen Ländern hatte die Bewegung heftige Kämpfe auszutragen. Denn auch wenn das moderne Recht die Frauen stärkt, gibt es Widerstand gegen dessen Umsetzung. Wie stark dieser Widerstand ist, können wir in Uganda sehen. Den Frauenorganisationen ist es trotz breiter Mobilisierungen nicht gelungen, im 1998 verabschiedeten Gesetz einen Passus zu verankern, der den Frauen die Miteigentümerschaft garantierte. Diese Niederlage, bei der Präsident Museveni eine entscheidende Rolle spielte, mag erklären, warum viele Frauen unbeirrt an der Notwendigkeit strengerer (verfassungs-)rechtlicher Bestimmungen festhalten. (Vgl. Tripp 2004, 9)

Das Problem ist indes, dass die Frauenorganisationen, die sich für Gesetze stark machen, die das Privateigentum stärken und das Gemeineigentum schwächen, eigentlich die Liberalisierungspolitik unterstützen, die dafür verantwortlich ist, dass Tausende Hektar Land an ausländische Investoren übertragen wurden und Millionen von Bäuer*innen, viele von ihnen Frauen, ihren Besitz verloren. Ambreena Manji schreibt, dass die Frauenbewegung dazu beigetragen habe, die Frage der Umverteilung des Landes, die wichtigste Frage im postkolonialen Afrika, von der Agenda zu entfernen, weil sie soziale Veränderungen durch eine juristische

Reform des Landbesitzes zu erreichen suchte und sich dabei der Sprache der internationalen Finanzinstitutionen bediente. Das sicherte auch die Art und Weise ab, wie internationale Finanzinstitutionen vom Recht Gebrauch machen, nämlich als Mittel zur Globalisierung der kapitalistischen Verhältnisse und um vor Ort die Kontrolle transnationaler Machtstrukturen durchzusetzen. (Vgl. Manji 2006, 99–121)

Ambreena Manji schlägt vor, die Frauen Afrikas sollten für mehr Land und nicht für mehr Gesetzte kämpfen, denn die Stärkung individueller Besitzansprüche sei einigermaßen nutzlos, wenn die Landlosigkeit zu einem allgemeinen Übel werde. Manji ist nicht allein mit ihrer Kritik. Viele sehen es so, dass die Kampagne für das „Recht der Frauen auf Land" die Interessen und die Sichtweise einer überschaubaren Gruppe von formal gebildeten, wirtschaftlich bessergestellten, meist städtischen Frauen aus der Mittelschicht vertrete, die über das nötige Geld verfügten, um Land zu kaufen und die Steuern zu bezahlen, die bei einem Kauf anfallen, und unter Umständen in landwirtschaftliche Betriebe investierten. (Vgl. Moyo 2007; Palmer 2002)

Es besteht auch die berechtigte Sorge, der Rückgang gemeinschaftlicher Landnutzung könnte die ländlichen Gesellschaften Afrikas auseinanderreißen und Landkonflikte verschärfen. Land ist für die Mehrheit der afrikanischen Bevölkerung, insbesondere für Frauen, nach wie vor das wichtigste Produktions- und Subsistenzmittel. Grund und Boden bilden in Afrika das „System sozialer Sicherheit", wichtiger als Geld und Löhne für Amerikaner*innen und Europäer*innen. Ein Stück Land im Dorf zu besitzen oder die Aussicht zu haben, am Ende seines Arbeitslebens dorthin zurückkehren zu können, macht für viele den Unterschied zwischen Leben und Tod oder zwischen einem Leben in Afrika und der Entscheidung zur Migration aus. Es ist wenig überraschend, dass Landkonflikte unheimlich erbittert und blutig ausgetragen werden und sich manchmal zu Kriegen entwickeln. Die Schlüsselfrage in diesem Zusammenhang ist, ob Reformen zur Privatisierung des Landes die soziale und wirtschaftliche Position der Frauen verschlechtern, weil sie jener Teil der Bevölkerung sind, der davon am unmittelbarsten betroffen ist. Das ist eine überaus wichtige Frage, wenn man bedenkt, dass der gemeinschaftliche Landbesitz häufig auch den Zugang zu anderen Ressourcen regelt, wie beispielsweise die Nutzung von Weideflächen, Wäldern, Seen und Teichen. (Vgl. Barrow 1996, 267)

Bezeichnenderweise zeigten die Frauen auf dem Land sowohl individuell als auch über ihre Organisationen wenig Interesse an einem formalisierten Landbesitz, und zwar aus demselben Grund, aus dem schon die Männer die Bedeutung von Eigentumstiteln und Registrierung ablehnten. Sie wissen, dass das Land knapp ist, es der Gemeinschaft gehört und nur reiche Leute Land kaufen können und dass sie die Steuern, die mit dem Erwerb von formellem Eigentum verbunden sind, weder zahlen können noch wollen. Obwohl sie ein vitales Interesse am Land und der damit verbundenen Sicherheit haben, sehen sie individuelle Eigentumstitel nicht als geeignete Mittel, um diese zu erreichen. Einige Frauen befürchten auch, dass sich, wenn sie Land kauften, ihre Ehemänner bedroht fühlen könnten, weil sie darin einen Angriff auf ihre Macht sehen.

Angesichts dieser Widerstände sind einige Frauenorganisationen der Ansicht, bessere Bedingungen aushandeln zu können, wenn sie sich „innerhalb" des traditionellen Rechtssystems und „außerhalb" des formalen Rechts bewegen, während sie sich an Aufklärungskampagnen beteiligen, um die Machtverhältnisse vor Ort zu verändern. Die Theoretiker Winnie Bikaako und John Ssenkumba formulierten das folgendermaßen: „Die Lösung scheint in einem Kompromiss zu liegen, jenseits der vollständigen Abschaffung des traditionellen Rechts und jenseits davon, das Land dem Markt zu überlassen." (Bikaako und Ssenkumba 2003, 276)

Durch eine stärkere Beteiligung der Frauen in den Communities und an den Entscheidungsprozessen könnte viel erreicht werden, ohne auf eine Politik zurückgreifen zu müssen, die die Enteignung eines Großteils der Frauen zur Folge hat. Wenn aber die Kommerzialisierung des Landes fortgesetzt wird und niemand über seine Umverteilung redet, ist zu bezweifeln, ob die Verhandlungen auf Ebene der Community einen nennenswerten Unterschied machen können. Das entscheidende Problem besteht darin, dass die Commons schrumpfen, und die Voraussetzung für einen friedlichen Weg zu mehr gemeinschaftlicher Gleichheit ist mehr Land.

Frauen gegen Einhegungen: Die Aneignung des Landes und urbane Landwirtschaft in Afrika

Wie steht es also um die Commons in Afrika aus einer Perspektive der Frauen? Sind Privatisierungen und „Vermännlichung" die unvermeidlichen Folgen angesichts der Kräfteverhältnisses auf dem Land? Die jüngsten Landkonflikte in Kenia und Südafrika stimmen wenig optimistisch. Ein afrikanisches Sprichwort lautet: „Wenn Elefanten kämpfen, wird das Gras zertrampelt." Das wirft folgende Frage auf: Wie können Frauen mehr Land bekommen, wenn ihre Communities zerstört werden, weil die Konkurrenz um das Land die Menschen zur Verzweiflung treibt? Landkonflikte und Enteignungen sind in Verbindung mit der „ökonomischen Anpassung" auch der tiefere Grund für die Hexenjagden der 1980er- und 1990er-Jahre. (Vgl. Ogembo 2006)

Unter diesen Umständen würden Feministinnen darin übereinstimmen, dass es einer breit angelegten Mobilisierung bedürfe, um die Macht der Frauen in allen Lebensbereichen zu stärken: Gesundheit, Bildung, Beschäftigung, reproduktive Arbeit und eben auch eine Stärkung des Zugangs zum Land. Mögliche Erfolge wären nur vorübergehend und schwer zu erreichen. Währenddessen fand ein anderer Kampf statt, der sowohl in der Literatur als auch von den lokalen Initiativen ignoriert wurde, die größtenteils von NGOs mit neoliberalem Hintergrund unterstützt werden.

Während Frauenorganisationen sich für strengere Gesetze zur Durchsetzung des Privateigentums stark machten, entstanden in Afrika Bewegungen, die sich durch Landbesetzungen gegen Enteignungen und Privatisierung zur Wehr setzten. Ein Beispiel dafür ist die „Bewegung der Landlosen" in Südafrika, deren Rückgrat Frauen und Jugendliche bilden. Während die Bewegung mit der Regierung über eine Landreform verhandelt, befürwortet sie

zugleich Landbesetzungen, wie das in ihrem Programm aus dem Jahr 2004 klargestellt wurde, das auch eine „Kampagne zur Rückeroberung des Landes" beinhaltet. (Vgl. Xezwi 2005) Ländliche Bewegungen, die sich Formen der Direkten Aktion bedienen, waren auch in anderen Teilen Südafrikas aktiv. (Vgl. Moyo 2007)

Die vielleicht bedeutendste Bewegung stellt sich gar nicht als solche dar und erscheint als eine Reihe spontaner und voneinander unabhängiger Initiativen. Ich meine die „Bewegung" landloser Frauen, die in die Städte migrieren und sich durch direkte Aktionen öffentliches Land aneignen und dieses bewirtschaften. Das ist keine neue Praxis. In den Gesellschaften Afrikas ist eine Art kommunistischer Kultur so tief verwurzelt, dass auch heute noch, nach Jahrzehnten der Kommerzialisierung, der öffentliche Raum auf eine Art und Weise genutzt wird, die in Europa oder den Vereinigten Staaten undenkbar wäre. Nicht nur der Straßenverkauf ist ganz normal, sondern beispielsweise auch der Getreideanbau auf dem Universitätscampus. An manchen südnigerianischen Universitäten sieht man auf dem Campus Rinder weiden, bevor sie auf den Markt gebracht werden.

Frauen, die den größten Teil der Subsistenzlandwirt*innen ausmachen, bewirtschafteten immer schon alle ihnen zur Verfü-

gung stehenden Flächen. Seit den 1980er-Jahren nahm diese Praxis aufgrund der sich verschlechternden wirtschaftlichen Lage insbesondere in den Städten zu. Die urbane Landwirtschaft entwickelte sich zu einem wichtigen Wirtschaftszweig für landlose Frauen, manchmal auch für Männer, und sichert vielen Familien das Überleben. In Accra, der Hauptstadt Ghanas, produzieren die städtischen Gärten 90 Prozent des verbrauchten Gemüses. In Dar es Salaam, Tansania, baut einer von fünf Erwachsenen Obst oder Gemüse an. In den Städten von Guinea-Bissau begannen die Frauen in den 1980er-Jahren, rund um ihre Häuser Gemüsegärten anzulegen und Maniok und Obstbäume zu pflanzen, damit ihre Familien in schwierigen Zeiten genug zu essen haben.
In der Demokratischen Republik Kongo ist der Prozess der „Rurbanisierung" geradezu explodiert. Theodore Trefon schreibt, dass „in der ganzen Stadt Maniok gepflanzt wird, während am zentralen Boulevard der Stadt, der einst als Champs Elysees von Kinshasa galt, Ziegen weiden." (Trefon 2002, 490) Dieses Bild wird von Christa Wichterich bestätigt. Sie bezeichnet die Subsistenzlandwirtschaft und die städtischen Gärten als „Kochtopfökonomie":

„Vor den Wohnsiedlungen schlecht bezahlter Beamter in Daressalam wuchsen Zwiebel und Papayabäume anstelle von Blumen; Hühner und Bananenpflanzen in den Hinterhöfen von Lusaka; Gemüse auf den Ausfallstraßen von Kampala und insbesondere von Kinshasa, wo das Lebensmittelversorgungssystem weitgehend zusammengebrochen war. … In (kenianischen) Städten wurden der Straßenrad, die Vorgärten und das Brachland unverzüglich mit Mais, Pflanzen und Sukum-Wiki, der beliebtesten Kohlsorte, was wörtlich übersetzt ‚die Woche pushen' bedeutet, bepflanzt." (Wichterich 2000, 73)

Meist ist das Land am Straßenrand, zwischen Schienen und in Parks, das die Frauen bewirtschaften, öffentliches oder privates

Eigentum. Sie fragen aber niemanden um Erlaubnis und zahlen keine Pacht. In diesem Sinne können wir sagen, dass mit diesem Land ein Common seinen Anfang nimmt, weil durch seine Aneignung ein anderes Verhältnis zum öffentlichen Raum hergestellt wird, ein Verhältnis von direkter Verwaltung und Verantwortung, das die Symbiose der Menschen mit der natürlichen Umwelt wiederherstellt.

Das Land zu pflegen und zu bewirtschaften, ist für die Frauen ein großer zusätzlicher Aufwand, vor allem wenn das Grundstück nicht in der Nähe ihrer Häuser liegt. Es gibt zudem viele Risiken: die Zerstörung der Ernte, Probleme mit der Polizei und natürlich die Verschmutzung der Städte. Donald B. Freeman erfuhr in Interviews, die er Anfang der Neunzigerjahre mit Bäuerinnen in Nairobi führte, viel darüber, wie diese Probleme gelöst werden, und wie beispielsweise die Ernte versteckt wird. Diese Schwierigkeiten werden jedoch durch die Befriedigung kompensiert, wenn man seinen Familien zusätzliches und abwechslungsreicheres Essen bieten kann. Die urbane Landwirtschaft ist für die Frauen aber auch ein Stück Autonomie, da sie unabhängiger von ihren Familien und dem Markt sind. Manche Frauen machen daraus einen Nebenjob und verarbeiten die Lebensmittel weiter oder verkaufen sie. Es ist wenig überraschend, wie Freeman feststellen konnte, dass die Frauen auch dann, wenn sie einen Job haben, die urbane Landwirtschaft weiter betreiben, wodurch deutlich wird, dass es nicht nur um das pure Überleben geht. (Vgl. Freeman 1993, 14)

Worum es hier geht, kann in den Worten von Fantu Cheru als „stille Revolution der Armen" (Cheru 2005, 78) bezeichnet werden, womit er die zunehmende Selbsthilfe unter Bäuer*innen und städtischen Armen meint, die erkennen, dass der Staat für sie „irrelevant wird" und sie sich die „Eigenständigkeit (zurückholen), die sie bis zum Aufkommen des modernen Nationalstaates hatten." (Cheru 2005, 78) Diese Revolution ist nicht organisiert,

obwohl sie sorgfältiges strategisches Denken und die Bereitschaft erfordert, das Land und die Ernte gegebenenfalls zu verteidigen. Es hat den Anschein, als ob es sich um viele einzelne Initiativen und nicht um einen kollektiven Prozess handelte. Aber dieses Bild ist irreführend. Die städtischen Bäuerinnen lernen voneinander, und durch das Beispiel der anderen werden sie selbst mutiger und selbstbewusster. Es gibt unausgesprochene Regeln, die festlegen, welches Land übernommen werden kann, und wer dabei zum Zug kommt. Und es gibt eine kollektive Transformation der sozialen und physischen Realität der Städte. Gesetze werden einfach ignoriert, und zur Enttäuschung der Stadtplaner*innen, die seit der Kolonialzeit versuchten, afrikanische Städte für die Eliten zu reser-
vieren, brechen die Bäuer*innen mit der Trennung von Stadt und Land und verwandeln die Städte in Gärten. (Vgl. Freeman 1993, 19) Sie setzen den Plänen zu Stadtentwicklung und kommerziellem Wohnbau Grenzen, wenn die Gefahr besteht, dass die Communities zerstört werden und sie sich nicht mehr durch Landwirtschaft selbst versorgen können.

Ein Beispiel dafür ist der Kampf, der von den Frauen aus Kawaala, einem Stadtteil von Kampala in Uganda, geführt wurde. Die Weltbank finanzierte Anfang der 1990er-Jahre in Zusammenarbeit mit der Stadtverwaltung ein großes Wohnprojekt, das viel Subsistenzland in der Umgebung zerstört hätte. Die Frauen organisierten sich in Nachbarschaftskomitees und zwangen die Weltbank letztendlich zum Rückzug aus diesem Projekt. Eine der beteiligten Frauen drückte es folgendermaßen aus:

„Frauen waren lauter [als die Männer], weil sie direkt betroffen waren. Für Frauen, die keinerlei Einkommen haben, ist es sehr schwer (…) Die meisten dieser Frauen unterstützen ihre Kinder, und wenn sie kein Einkommen und keine Nahrung haben, können sie das einfach nicht (…) Sie kommen und nehmen ihnen ihren Frieden und ihr Einkommen, und sie werden kämpfen, nicht weil sie das wollen, sondern weil sie unterdrückt werden." (Tripp 2004, 18)

Der Kampf in Kawaala ist nicht ungewöhnlich. Ähnliche Kämpfe gibt es in verschiedenen Teilen Afrikas und Asiens, in denen sich Frauenorganisationen der Erschließung von Industriegebieten widersetzten, weil sie befürchteten, dass sie und ihre Familien vertrieben würden oder die Umwelt verschmutzt werde. Diese Kämpfe zeigen, dass Frauen, wenn sie ihr Land vor kommerziellen Interessen schützen und dem Grundsatz folgen, dass „Land und Leben nicht zum Verkauf stehen", auch ihre Geschichte und ihre Kultur verteidigen. Im Fall von Kawaala lebten die Menschen des umkämpften Landes seit Generationen dort, und sie hatten dort ihre Angehörigen bestattet, was für viele Menschen in Uganda der ultimative Beweis dafür ist, dass das Land ihnen gehört. Aili Mari Tripp meint dazu:

„Die Bewohner, insbesondere die beteiligten Frauen, versuchten zur Mobilisierung der Community einige neue Regeln durchzusetzen, nicht für Kawaala, sondern darüber hinaus, als Modell für andere Projekte der Community. Sie hatten die Vision von einer viel stärkeren kollaborativen Beteiligung, die die Bedürfnisse von Frauen, Witwen, Kindern und älteren Menschen als Ausgangspunkt nimmt und anerkennt, dass ihr Überleben vom Land abhängig ist." (Tripp 2004, 19)

Diese unausgesprochene Vision verleiht den Kämpfen und Landbesetzungen der afrikanischen Frauen Bedeutung. Indem sie Land besetzen, entscheiden sie sich für eine andere, eine „moralischere Ökonomie" als die, die von der Weltbank und den internationalen Entwicklungshelfern befördert wird, die seit Jahren versuchen, die Subsistenzlandwirtschaft auszurotten, weil Land nur dann produktiv wird, wenn es als Sicherheit für einen Bankkredit dient. Diese andere Ökonomie basiert auf einer nicht wettbewerbsorientierten, solidarischen Lebensweise. Veronika Bennholdt-Thomsen und Maria Mies nennen es die „andere“ Wirtschaft, in der „alles Nötige, um Leben auf diesem Planeten zu schaffen und zu erhalten, in den Mittelpunkt des wirtschaftlichen und sozialen Handelns gestellt wird und nicht die unaufhörliche Anhäufung von totem Geld.“ (Mies und Bennholdt-Thomsen 1999, 5)

Der Kampf der afrikanischen Frauen um die Commons entwickelte sich nicht zuletzt zu einem Kampf gegen die Zerstörung natürlicher Ressourcen. Die bekannteste Initiative in diesem Zusammenhang ist das „Green Belt Movement“, das unter der Führung von Wangari Maathai einen Grüngürtel um die wichtigsten kenianischen Städte zieht und seit 1977 mehrere Millionen Bäume pflanzte, um die Abholzung, den Verlust von Boden und die Bildung von Wüsten zu verhindern. (Vgl. Maathai 2008) Der bemerkenswerteste Kampf für die Wälder findet jedoch im Nigerdelta statt, wo die Mangrovenbäume von der Ölförderung bedroht sind. Der Widerstand dagegen nimmt seit zwanzig Jahren zu. Seinen Anfang nahm er in Ogharefe, wo 1984 mehrere Tausend Frauen aus der Region die Produktionsstation von Pan Ocean belagerten und eine Entschädigung für die Zerstörung von Wasser, Bäumen und Land forderten. Um ihre Entschlossenheit zu demonstrieren, drohten die Frauen, sich zu entkleiden, sollten ihre Forderungen nicht erfüllt werden, eine Drohung, die sie dann auch wahr machten. Als der Geschäftsführer des Unternehmens eintraf, war er von Tausenden nackten Frauen umgeben, was im Niger-Delta ein schweres Unheil bedeutet und ihn schlussendlich davon überzeugte, die Reparationsforderungen zu akzeptieren. (Vgl. Turner und Oshare 1994, 140)

Fazit

Während ein neuer „Wettlauf um Afrika“ stattfindet, sehen wir, dass die Frauen nicht passive Beobachterinnen sein werden, wenn ihre Communities enteignet werden, und ihr Kampf um mehr Land und soziale Sicherheit für die Zukunft der Commons in Afrika eine zentrale Rolle spielen wird. Ihre Strategien scheinen sich aber in entgegengesetzte Richtungen zu bewegen. Eine wichtige Schlussfolgerung aus der Analyse dieser Kämpfe ist, dass die gemeinschaftlichen Praxen in Afrika in einer Krise stecken, nicht nur wegen der Kräfte von außen, sondern auch aufgrund der Spaltungen unter den Commoners, zwischen Männern und Frauen, aber auch unter den Frauen selbst.

Zugleich werden neue Commons geschaffen, und wir können sicher sein, dass die Anstrengungen, die Privatisierung des Landes rückgängig zu machen, weiter zunehmen werden. Die „Nahrungsmittelkrise" zeigt neben anderen „Katastrophen", dass die Wiederaneignung von Land und die Schaffung von Alternativen zur Wirtschaft des Geldes und des Marktes heute für Millionen Menschen überall auf der Welt nicht nur die Voraussetzung für die persönliche und kollektive Autonomie ist, sondern für das physische Überleben.

Die Kämpfe der Frauen um Land und Gemeinwohl in Lateinamerika

Das Amtsenthebungsverfahren gegen Dilma Roussef in Brasilien, die tiefe wirtschaftliche und politische Krise in Venezuela und der Sieg eines Kandidaten der Rechten bei den Wahlen in Argentinien zeigen, dass eine Phase der Politik in Lateinamerika zu Ende geht. Was zu Ende geht, ist die von nicht wenigen geteilte Illusion, „fortschrittliche", linksorientierte Regierungen könnten die Politik der Region verändern, die Reformen umsetzen, für die soziale Bewegungen seit Jahrzehnten gekämpft haben, und die soziale Gerechtigkeit fördern. Unterm Strich wurden diese Ziele nicht erreicht. Nach dem Vorbild der „Bolivarischen Revolution" in Venezuela verteilten die Regierungen von Morales, Correa, Kirchner und Lula da Silva einen Teil der Staatseinnahmen an die Armen in der Bevölkerung, indem sie Sozialprogramme wie die „Bolsas Familiales" in Brasilien einführten, die Zuschüsse für die Bildung der Kinder und andere Grundbedürfnisse brachten. Dadurch konnten die extremsten Formen der Armut gemildert werden. Diese Maßnahmen konnten aber die Erwartungen der Sozialen Bewegungen bei weitem nicht erfüllen. Laut Schätzungen profitierten beispielsweise in Brasilien mindestens 30 Millionen Menschen von den unter Lula verabschiedeten Sozialprogrammen. Aber noch immer betragen die Ausgaben für die Sozialpolitik nur ein Zehntel der Summe, die den Bergbau- und Agrarunternehmen zugeschanzt wird, die in der brasilianischen Politik weiterhin eine hegemoniale Rolle spielen. Da der Extraktivismus das Modell der wirtschaftlichen Entwicklung blieb, wurde die von den Sozialen Bewegungen, die den Partido dos Trabalhadores (PT) erst an die Macht gebracht hatten, verlangte Landreform nicht umgesetzt. Ganz im Gegenteil. Die Konzentration des Landes in den Händen weniger – bis dahin schon die höchste auf dem Kontinent – nahm weiter zu, und erstmals wurde auch das Land der indigenen Bevölkerung im Namen der Modernisierung direkt angegriffen.[1]

Zugleich konnte die Polizeigewalt nicht eingedämmt werden. Nach offiziellen Statistiken tötet die Polizei jedes Jahr Tausende Menschen, zumeist schwarze obdachlose Jugendliche. Allein im Jahr 2016 gab es 4224 Opfer. Das erklärt vielleicht, warum so

wenige Proletarier*innen auf die Straße gingen, um die Wiedereinsetzung von Dilma Roussef zu verlangen, auch wenn der verfassungswidrige und betrügerische Charakter ihrer Absetzung von vielen verurteilt wurde. Débora Maria da Silva, eine der Gründerinnen der Bewegung „Mães de Maio", erklärte bei einem Treffen am 13. September 2016 in São Paulo: „Ich werde nicht um Dilma weinen, weil für uns in den Favelas die Diktatur nie zu Ende war."[2]

Das brasilianische Modell „progressiver" Entwicklung mit seiner Mischung aus Sozialstaat und Extraktivismus und der Abhängigkeit von einer exportorientierten Wirtschaft als Grundlage für eine gerechtere Verteilung des gesellschaftlichen Reich-

1 Zur Agrarpolitik der Regierung Lula siehe Zibechi (2012, 307–11). Zibechi schreibt, dass „die massive Ausdehnung des Agrobusiness, die von den Regierungen unter Lula und Dilma unterstützt wurde, den Kampf für eine Agrarreform in die Krise gestürzt hatte."

2 Die Bewegung „Mães de Maio" („Mütter des Mai") wurde im Mai 2006 gegründet, eine Woche nachdem Hunderte Menschen in einer Favela in São Paulo von der Polizei getötet worden waren – sechshundert nach offiziellen Angaben, mehr als tausend nach Angaben der Mutter eines der Opfer dieser Massenmorde. Zu den Anfängen und der Arbeit dieser Bewegung siehe Guerreira (2016).

tums wurde, mit nationalen Unterschieden, zu jenem Weg, den die Regierungen Boliviens, Ecuadors und vor den letzten Wahlen Argentiniens beschritten. Auch der Chavismus, der sich zwar einer stärkeren Unterstützung von unten erfreute, verließ sich zur Finanzierung seiner Sozialpolitik auf die Einnahmen aus der Ölförderung. Es wurde verabsäumt, eine langfristige materielle Grundlage zu schaffen, um nicht mehr von den Unwägbarkeiten des globalen Rohstoffmarktes abhängig zu sein.

Während aber der „Progressivismus“ seine Versprechen nicht einlösen konnte und wir jetzt die Machtübernahme der Rechten miterleben müssen, wäre es ein Fehler zu denken, dass radikale Veränderungen in Lateinamerika damit zu Ende wären. Die gesellschaftliche Mobilisierung hat eine solche Intensität erreicht – und das nicht nur in der Region –, dass ein Theoretiker wie Raúl Zibechi von „Gesellschaften in Bewegung“ (Zibechi 2012) spricht. Besonders bemerkenswert ist in diesem Zusammenhang, dass der Widerstand gegen diesen Angriff und gegen die Ausweitung der kapitalistischen Verhältnisse kooperativere Formen des Lebens schafft und eine Vision davon vermittelt, wie eine postkapitalistische Gesellschaft aussehen könnte. Frauen sind die wichtigsten Protagonistinnen und die zentrale Kraft für gesellschaftliche Veränderungen in Lateinamerika. Im Jahr 2017 trafen sich siebzigtausend Frauen aus verschiedenen Teilen der Region in Chaco, Argentinien, zur 32. Auflage der „Nationalen Frauenversammlung“, die jedes Jahr in der zweiten Oktoberwoche stattfindet, um zu diskutieren, was zu tun sei und welcher Strategien es bedürfe, um die Welt zu verändern.

Diese massiven Mobilisierungen, die in der Zeit eines grundlegenden Umschwungs der institutionellen Politik geschehen, sind nicht überraschend. Frauen spielen in den sozialen Kämpfen deswegen eine zentrale Rolle, weil sie am stärksten von den Vertreibungen und der Umweltzerstörung betroffen sind und in ihrem

Alltag unmittelbar unter den politischen Entscheidungen zu leiden haben. Es sind die Frauen, die sich um die Menschen kümmern, die wegen der Verschmutzung durch die Ölförderung krank werden oder weil das Wasser, das sie zum Kochen, Waschen und Reinigen verwenden, giftig ist, und die ihre Familien nicht ernähren können, weil ihnen das Land geraubt und die lokale Landwirtschaft zerstört wird. (Vgl. Colectivo Miradas Críticas 2014) Frauen stehen heute an vorderster Front im Kampf gegen die transnationalen Bergbau- und Agrarkonzerne, die in ländliche Gebiete vordringen und die Umwelt zerstören. Die ecuadorianische Wissenschaftlerin und Aktivistin Lisset Coba Meja betont, dass es die Frauen

sind, die im Amazonasgebiet den Kampf zum Schutz der Wasserressourcen anführen. (Vgl. Coba Mejia 2016, 7) Sie sind auch die Hauptgegnerinnen der Erdölförderung, weil sie nur allzu gut wissen, dass diese ihre Produktionsgrundlagen untergräbt. Die ecuadorianische Aktivistin Esperanza Martínez von „Acción Ecologica" schreibt, dass die Ölförderung den „Machismo verstärkt", weil die Männer von den Ölkonzernen Löhne beziehen und sich dadurch die Ungleichheit zwischen den Geschlechtern verschärft, der Alkoholkonsum gefördert wird und die Gewalt gegen Frauen zunimmt. (Vgl. Colectivo Miradas Criticas 2014, 42–45) Die Frauen, die im Amazonas gegen die Ölförderung kämpfen, schildern das ähnlich. „Wir können unsere Kinder nicht mit Öl ernähren", sagt Patricia Gualinga, eine Vetreterin der Kichwa aus Sarayaku, einem Dorf im Amazonas. „Wir wollen keinen Alkoholismus, wir wollen keine Prostitution, und wir wollen keine Männer, die uns verprügeln. Wir wollen dieses Leben nicht, denn selbst wenn sie uns Schulen, Badezimmer und bessere Häuser bauen, nehmen sie uns unsere Würde." (Colectivo Miradas Criticas 2014, 48)

Diese oppositionelle Haltung brachte die Frauen in den letzten Jahren in eine direkte Konfrontation mit Rafael Correa, dem damaligen Präsidenten. Am 16. Oktober 2013 erreichten diese Auseinandersetzungen ihren Höhepunkt, als einhundert Vertreterinnen indigener Frauenorganisationen mit ihren Kindern auf dem Arm aus dem Regenwald nach Quito marschierten, um gegen seine Entscheidung zu protestieren, im Yasuní-Nationalpark, der eines der vielfältigsten Ökosysteme der Erde beheimatet, die Förderung von Erdöl zuzulassen. Tausende Frauen waren schon im Jahr davor in die Hauptstadt marschiert, um ihr Wasser vor einem Bergbauprojekt der chinesischen Firma „EcuaCorriente", mit der die Regierung von Correa einen Vertrag geschlossen hatte, zu schützen. Correa weigerte sich jedoch, die Frauen auch nur zu empfangen, und machte durch diese Arroganz und Respektlosigkeit seinem Ruf, der frauenfeindlichste Präsident Ecuadors zu sein, alle Ehre. (Vgl. Colectivo Miradas Criticas 2014, 82–85)

Auch in Bolivien bekämpften indigene Frauen den „Progressivismus" der Regierung, insbesondere die von Präsident Evo Morales ausgerufene Verteidigung von Pachamama (Mutter Natur). In den Jahren 2011 und 2012 demonstrierten sie gegen den Bau einer Autobahn, die nach den Plänen der Regierung den Parque Nacional Isiboro Sécure durchqueren sollte, der sich auf indigenem Gebiet befindet. Wie so oft organisierten die Frauen die notwendige Infrastruktur für die Protestmärsche, von Lebensmitteln über Decken bis zu den Camps, die entlang der Straße errichtet wurden, und vereinbarten mit den Männern, dass auch diese ihren Anteil übernähmen. (Vgl. Álvarez 2014) Die indigenen Frauen und Bäuer*innen bildeten zusammen mit Netzwerken wie dem „Weltmarsch der Frauen" das Herzstück des „Cumbre de los Pueblos", einer Zusammenkunft sozialer Bewegungen, die im Juni 2012 anlässlich der Rio+20-Konferenz stattfand, der UN-Konferenz zu Nachhaltiger Entwicklung, die zwanzig Jahre nach der UN-Konferenz über Umwelt und Entwicklung wieder in Rio de Janeiro abgehalten wurde. (Vgl. SOF 2012)

Charakteristisch für diese neuen Frauenbewegungen ist der Prozess der politischen Radikalisierung, den sie durchlaufen. Diese Frauen werden sich zunehmend bewusst, dass ihr Aktivismus nicht nur ihre Communities vor transnationalen Konzernen schützen kann und sie für Ernährungssouveränität oder gegen gentechnisch verändertes Saatgut kämpfen müssen, indem sie beispielsweise Saatgutbanken gründen. Das Modell der wirtschaftlichen Entwicklung insgesamt muss dahingehend verändert werden, dass die Menschen und die Erde respektiert werden. Sie erkennen, dass die Probleme, mit denen sie konfrontiert sind, nicht nur von einer bestimmten Politik oder einzelnen Unternehmen herrühren, sondern der Logik kapitalistischer Akkumulation entspringen, die durch die „Green Economy" sogar die Rettung der Umwelt in eine neue Quelle der Spekulation und des Profits verwandeln möchte.

Ein anderer Aspekt dieser Radikalisierung ist die Annäherung indigener Frauen und Frauen vom Land an die Fragen, die der neue populare Feminismus stellt, wie die Abwertung der Hausarbeit, das Recht der Frauen, ihren Körper und ihre Reproduktionsfähigkeit zu kontrollieren, und wie sie gegen die Gewalt, der sie ausgesetzt sind, kämpfen können. Dieser Prozess kommt nicht aus einer ideologischen Auseinandersetzung, sondern aus den Widersprüchen, die Frauen in ihrem Alltag erleben, nicht zuletzt in den Organisationen, in denen sie aktiv sind. (Vgl. SOF 2012, 24ff.)

Beispielgebend sind hier die zapatistischen Frauen, deren entscheidende Rolle in der Entpatriarchalisierung ihrer Communities immer deutlicher wird. Hilary Klein (2015) und Márgara Millán (2014) dokumentierten, wie die Frauen den Zapatismus vom ersten Tag an prägten. Sie schlossen sich den ersten Gruppen in den Bergen von Chiapas an, als die Bewegung noch sehr klein war, weil sie ihre Lebensbedingungen verbessern und gegen ihre institutionelle Unterdrückung kämpfen wollten. Es war ihre Initiative, und ihre Ideen und Forderungen bildeten die Grundlage für das Revolutionäre Frauengesetz, das 1993 verabschiedet wurde und, wie Klein betont, „angesichts der Realität indigener Frauen im ländlichen Chiapas zu dieser Zeit einer radikalen Haltung Ausdruck verlieh (…) und eine Reihe von dramatischen Veränderungen beinhaltete.“ (Klein 2015, 72)

Die zehn Punkte des Gesetzes verankerten das Recht der Frauen, abhängig von ihren Möglichkeiten am revolutionären Kampf teilzunehmen, die Zahl der Kinder zu bestimmen, die sie haben und betreuen wollen, ihre Partner selbst zu wählen und nicht zu heiraten, sich in den Communities zu engagieren und Führungspositionen zu übernehmen, wenn diese frei und demo-
kratisch gewählt werden, und ebenso in der Organisation an führender Stelle tätig zu sein und militärische Ränge in den revolutionären Streitkräften zu bekleiden. (Vgl. Klein 2015, 71; Millán 2014, 74–81) Laut Hilary Klein war die Verabschiedung des Gesetzes ein „Wendepunkt“, der „das öffentliche und private Leben in zapatistischen Gemeinden verändern sollte“. (Klein 2015, 72) Die Frauen stellten hingegen fest, dass ihre Arbeit mit der Verabschiedung des Gesetzes nicht getan war. Nachdem es veröffentlicht worden war, reisten einige Aktivistinnen durch die zapatistischen Gebiete, um dafür zu werben und ein Verbot von Alkohol durchzusetzen, weil sie davon überzeugt waren, dass dieser ein Hauptgrund der Gewalt gegen sie ist.[3]

3 Zur zapatistischen Frauenmobilisierung gegen Alkohol siehe Klein (2015, 61–66). Die Bedeutung dieser Initiative wird von einer Gruppe von Frauen zusammengefasst, die Klein im Caracol in Morelia, einem der fünf Standorte der zapatistischen Regierung, interviewt hat: „Wir Frauen begannen uns zu organisieren, weil wir mit unseren Männern so viele Probleme hatten. Wir sahen, wie viele Frauen von ihren Männern misshandelt und geschlagen wurden, und wir mussten etwas dagegen unternehmen. (…) In der Organisation veränderte sich das Leben der Frauen

Ein weiteres Indiz für das wachsende feministische Bewusstsein ist, dass unter indigenen Frauen eine kritische Haltung entstand und die patriarchalen Strukturen hinterfragt wurden, die ihre Communities prägen, insbesondere wenn es um die Übertragung von Land geht, das meist patrilinear weitergegeben wird. Diese „unterschiedliche Inklusion" (Tzul Tzul 2016, 71) hatte weitreichende Folgen, wie Gladys Tzul Tzul, eine indigene Theoretikerin und Aktivistin aus Totonicapán in Guatemala, betont, da davon „die Registrierung des Familienbesitzes, die Vormundschaft für Kinder und die symbolische Bedeutung von außerehelichen Kindern betroffen ist." (Tzul Tzul 2016, 168) Beispielsweise riskie-

ren Frauen, die außerhalb ihrer ethnischen Gruppe heiraten, dass ihre Kinder vom gemeinschaftlich genutzten Land des Clans ausgeschlossen werden. Die Herausforderung, so Tzul Tzul, bestehe darin, diese Tradition zu ändern, ohne dabei auf individuelle Eigentumstitel zurückzugreifen, wodurch der Trend zur Privatisierung des Landes befördert würde, was auch von der Weltbank seit der Konferenz von Peking 1995 unterstützt wird.

Eine andere Strategie der indigenen Frauen, ihre Marginalisierung zu beenden, ist die Schaffung autonomer Räume. Ein Beispiel dafür sind die „Hijas del Maíz", die „Töchter des Mais", als „Ort der Begegnung von Frauen aus ländlichen und indigenen Gemeinschaften an der ecuadorianischen Küste, aus dem Hochland und dem Amazonasgebiet." (Colectivo Miradas Críticas 2014, 51) „In unserem Leben hat sich viel verändert", sagt Blanca Chancosa, eine der Gründerinnen: „Die Männer sind ausgewan-

> und wir werden weniger unterdrückt. Früher, als die Männer tranken, gehörten Misshandlungen zum Leben einer Frau, jetzt aber nicht mehr. (…) Wir nahmen uns Transparente und marschierten zum Rathaus, um sie zu zwingen, ein Alkoholverbot zu erlassen. Rund 250 Frauen aus verschiedenen Gemeinden haben geschrien und Slogans skandiert." (Klein 2015, 62).

dert (…) und es waren die Frauen, die geblieben sind. Das bedeutet, dass wir mehr wissen müssen, um weiterzumachen. (…) Aus diesem Grund brauchen wir einen Raum für die Frauen, wo wir unsere Ideen diskutieren können." (Chancosa 2014, 51) Eine vergleichbare Strategie zur Steigerung der gesellschaftlichen Teilhabe von Frauen und zur Stärkung ihrer Autonomie ist die Gründung bäuerlicher Bewegungen, die nur den Frauen vorbehalten sind, wie beispielsweise das „Movimento de Mujeres Campesinas de Brasil", das laut Roxana Longo „Theorie und Praxis der feministischen Bewegung wieder aufleben lässt". (Longo 2012, 151) Die Bewegung wurde 1983 gegründet, als die ländliche Bevölkerung die negativen Auswirkungen der „Grünen Revolution"[4] zu spüren bekam. Diese Frauen, die in ganz unterschiedlichen Bereichen der Landwirtschaft tätig waren, kämpften darum, die soziale Identität der Bäuerinnen zu verändern, denn sie wollten als Arbeiterinnen anerkannt werden, um in den Genuss sozialer Sicherheiten zu gelangen. Im Jahr 1995 gründeten sie ein nationales Netzwerk der Bäuerinnenorganisationen, woran sich auch Frauen aus gemischten bäuerlichen Bewegungen beteiligten, setzten den bezahlten Mutterschaftsurlaub durch und kämpften für die Erhaltung der

4 Die „Grüne Revolution" ist ein umfangreiches Programm, das von den Vereinten Nationen, den USA und der FAO unterstützt wurde und die Landwirtschaft in der Dritten Welt verbessern sollte. Die Methoden der industrialisierten Landwirtschaft aus Europa und den USA sollen dadurch auf die ehemaligen Kolonien angewandt werden. Unter anderem werden im Rahmen dieser Politik Dämme für eine Verbesserung der Bewässerung gebaut und Düngemittel, Pestizide und gentechnisch verändertes Saatgut im großen Maßstab verwendet. Die „Grüne Revolution" hat die Klassenunterschiede vertieft und zu einer weiteren Konzentration von Land und der Vertreibung vieler kleiner Landbesitzer*innen aus den ländlichen Gebieten geführt, die die für den Kauf der neuen Agrartechnologien erforderlichen Kosten nicht tragen konnten. Für eine Kritik der „Grünen Revolution" siehe unter anderem Shiva (1993, 39–49; 1989, 143–145)

öffentlichen Gesundheitsversorgung. (Vgl. Longo 2012, 156–157) Sie beteiligten sich auch an den Protesten gegen transnationale Konzerne, im Wissen, dass deren Anwesenheit das Ende ihrer Communities bedeutete.

Durch die wachsende politische Partizipation nahm auch das Bewusstsein der Frauen zu, dass es notwendig sei, sich zu bilden, nicht zuletzt in politischer Hinsicht. Das ist heute in vielen Frauenorganisationen üblich, weil sie sich gesellschaftlichen Kräften gegenübersehen, deren Logik auf internationaler Ebene geprägt wurde, weshalb es ein Verständnis von internationaler Politik braucht. Zusammen mit dem durch Aktivismus gewonnenen

Selbstbewusstsein erzeugt das neue Formen der Subjektivität, die im Widerspruch zum Bild der Bäuerin stehen, das die internationalen Institutionen zeichnen, in dem die Bäuerinnen in der Vergangenheit gefangen sind, bloß über veraltetes Wissen verfügen und vom Untergang bedroht sind. Bäuerliche Frauen in Südamerika sind weit davon entfernt, sich ausschließlich um ihre lokalen Anbaurechte oder das Wohlergehen ihrer Familien zu kümmern. Sie nehmen an Versammlungen teil, fordern die Regierung und die Polizei heraus und sehen sich als Hüterinnen des Landes, da sie sich weniger leicht vereinnahmen lassen als die Männer, die sich häufig von den Löhnen verführen lassen, die ihnen transnationale Konzerne versprechen. Diese Löhne verleihen den Männern nicht zuletzt mehr Macht über die Frauen und nähren die Kultur des Machismo, welche die Gewalt gegen Frauen nur weiter anfacht. (Vgl. Álvarez 2014, 57)

Frauen spielen in der Erhaltung und Weitergabe traditionellen Wissens eine zentrale Rolle, wodurch ihre Bedeutung als Hüterinnen des Landes und des gemeinsamen Reichtums weiter gestärkt wird. Sie sind die „tejedoras de memoria“ (Navarro 2015, 264), die Weberinnen der Erinnerung, wie es die mexikanische Theoretikerin und Aktivistin Mina Navarro ausdrückt. Sie bilden ein wichtiges Instrument des Widerstands, weil das Wissen, das sie bewahren und teilen, angesichts der Vertreibungen die Identität und den Zusammenhalt stärkt. (Vgl. Navarro 2015, 248) Sich an den neuen Bewegungen indigener Frauen zu orientieren, die eine Vision der Zukunft einbringen, die von dieser Verbindung mit der Vergangenheit und einem starken Gefühl für den Zusammenhang zwischen Mensch und Natur geprägt ist, ist hier von entscheidender Bedeutung. In Bezug auf die „Kosmovisionen", die für die indigenen Kulturen Lateinamerikas charakteristisch sind, haben einige Feministinnen den Begriff „kommunitärer Feminismus" geprägt, in dem der Begriff des Gemeinsamen eine spezifische Vorstellung von Raum, Zeit, Leben und menschlichem Körper zum Ausdruck bringt. Francesca Gargallo schreibt, dass kommunitäre Feministinnen wie Lorena Cabnal aus Guatemala neue Konzepte wie das vom *Körper-Territorium* einbrachten, in dem der Körper im Zusammenhang mit dem Land betrachtet wird, wo die Plazenta eines Neugeborenen oftmals begraben wird, beide ein historisches Gedächtnis besitzen und beide gleichermaßen Teil des Befreiungsprozesses sind. (Vgl. Gargallo 2013, 227) Während sie ihre ursprüngliche Herkunft hochhalten, lehnen kommunitäre Feministinnen die patriarchalen Strukturen vieler indigener Kulturen genauso ab wie jene der Kolonisatoren und auch des, wie sie es nennen, „ethnischen Fundamentalismus" (Gargallo 2013, 245).

Die Kämpfe der Frauen und die urbanen Commons

Die Kämpfe, die in den ländlichen Gebieten geführt werden, setzen sich in der Stadt fort: Die vom Land vertriebenen Männer und Frauen bilden in den Städten neue Communities. Sie besetzen öffentliche Räume, errichten durch kollektive Arbeit und gemeinsame Entscheidungen Unterkünfte, Straßen und Bodegas. Und wieder haben die Frauen dabei eine führende Rolle inne. Ich habe bereits an anderer Stelle beschrieben (Vgl. Federici 2017), dass Frauen an den Peripherien der lateinamerikanischen Megastädte in Stadtteilen durch kollektive Aktionen, trotz der permanenten ökonomischen Krise eine neue politische Ökonomie erschaffen, die auf kooperativen Formen der gesellschaftlichen Reproduktion beruhen, und dass sie ihr „Recht auf Stadt" durchsetzen und damit den Grundstein für neue Praktiken des Widerstands und der Wiederaneignung legen. (Vgl. Harvey 2012)

Nicht weniger wichtig war die Vergesellschaftung reproduktiver Tätigkeiten wie Einkaufen, Kochen und Nähen. Das hat eine lange Geschichte. Nach dem Militärputsch 1973 in Chile begannen die Frauen in den proletarischen Stadteilen, die von der Angst

gelähmt und von einem brutalen Austeritätsprogramm betroffen waren, ihre Arbeitskraft und ihre Ressourcen zu bündeln. Sie begannen in ihren Barrios, in Teams von zwanzig Frauen oder mehr gemeinsam einzukaufen und zu kochen. Diese Initiativen waren zwar aus der Not geboren, brachten aber viel mehr als bloß eine effizientere Nutzung der begrenzten Ressourcen hervor. Der Akt des Zusammenkommens und die Überwindung der Isolation, die ihnen das Pinochet-Regime aufgezwungen hatte, veränderte ihr Leben substanziell, gab ihnen Selbstwertgefühl und half, die Lähmung zu überwinden, die durch die Strategie des Terrors der Regierung geschaffen worden war. Informationen und Wissen konnten wieder zirkulieren, und das ist für den Widerstand bekanntlich unerlässlich. Und es veränderte den Begriff davon, was es bedeutet, eine gute Mutter und eine gute Frau zu sein, weil es nun dazugehörte, das Haus zu verlassen und sich an den sozialen Kämpfen zu beteiligen. (Vgl. Fisher 1993, 17–43) Die Arbeit der gesellschaftlichen Reproduktion war nun keine häusliche und individuelle Tätigkeit mehr. Die Hausarbeit ging mit den ollas, den großen Kochtöpfen, auf die Straße und bekam eine politische Dimension.

Diese Form der Politik entging nicht der Aufmerksamkeit der Obrigkeit, welche die Nachbarschaftsküchen sehr schnell als subversive kommunistische Aktivität betrachtete. Als Reaktion auf die Bedrohung ihrer Macht startete die Polizei Razzien in den Barrios, um die Kochtöpfe zu zerstören. Einige der beteiligten Frauen erinnern sich:

„Sara: Da rund 300 Frauen beteiligt waren, war es schwierig, zu verheimlichen, was da vor sich ging. Sie sind gekommen und stellten die Lebensmittelgeschäfte auf den Kopf, sie hinderten uns daran, zu kochen, und inhaftierten alle Anführerinnen. Sie sind sehr oft gekommen, aber mit der Küche ging es immer weiter …

Olga: Die Polizei kam und frage: ‚Was geht hier vor? Eine Nachbarschaftsküche? Warum macht ihr das, wenn ihr doch wisst, dass das verboten ist?' Wir sagten, dass wir hungrig sind. ‚Hört auf zu kochen!' sagten sie, und dass es politisch wäre. Die Bohnen waren gerade mal halb durch, und wir mussten sie alle wegwerfen. Die Polizei kam immer und immer wieder, aber wir haben es geschafft, mit der Küche weiterzumachen, eine Woche in dem einen Haus, die andere Woche in einem anderen." (Fisher 1993, 32)

Anerkanntermaßen stärken diese Überlebensstrategien die Solidarität und das Zusammengehörigkeitsgefühl der Community und demonstrieren die Fähigkeit der Frauen, ihr Leben zu reproduzieren, ohne dabei vollkommen vom Markt abhängig zu sein, und dass sie in der Zeit nach dem Putsch einen wichtigen Beitrag leisteten, um die Bewegung, die Allende an die Macht gebracht hatte, am Leben zu erhalten. In den 1980er-Jahren war sie dann stark genug, um gegen die Diktatur erfolgreich Widerstand leisten zu können.

Kollektive Formen der gesellschaftlichen Reproduktion griffen auch in Peru, Argentinien und Venezuela um sich. Laut Raúl Zibechi, einem Theoretiker aus Uruguay, gab es in den Neunzigerjahren allein in Lima fünfzehntausend Basisgruppen, die Kinder mit einem Glas Milch oder einem Frühstück versorgten und Suppenküchen und Nachbarschaftsräte organisierten. (Vgl. Zibechi 2012, 236–39)

In Argentinien spielten die *piqueteras*, meist proletarische Frauen, zusammen mit ihren Kindern und vielen jungen Männern eine wichtige Rolle, als sie 2001 mit einer katastrophalen Wirtschaftskrise konfrontiert waren, die das Land monatelang lahmlegte. Sie organisierten Straßensperren, errichteten Protestcamps und Barrikaden, die sogenannten *piquetes*, die zum Teil über eine Woche gehalten wurden. Mit den Worten, die Zibechi für die „Madres de la Plaza de Mayo“ wählte, können wir sagen, dass die *piqueteras* „die Bedeutung der Besetzung öffentlicher Räume verstanden hatten“. (Zibechi 2003, 47) Sie organisierten ihre Reproduktion auf der Straße, kochten, wuschen ihre Kleidung, kümmerten sich um ihre Kinder und pflegten dabei die sozialen Beziehungen, wodurch sie den Kämpfen Leidenschaft und Mut geben konnten und diese dadurch stärkten und bereicherten. (Vgl. Rauber 2002, 115) Isabel Rauber, eine kubanischen Sozialwissenschaftlerin, schreibt dazu folgendes:

„Von Anfang an, beginnend mit den ersten *piquetes*, (…) war die Anwesenheit der Frauen und ihrer Kinder entscheidend. Die Frauen waren entschlossen, nicht nach Hause zu gehen, bevor sie etwas für ihren Kochtopf hatten. Sie gingen zu den *piquetes*, um ihr Leben mit Zähnen und Klauen zu verteidigen. Entschlossen, ihr Ziel zu erreichen, beteiligten sie sich von Anfang an und garantierten die Organisation des täglichen Lebens auf den Barrikaden, die häufig mehr als einen Tag dauerten. Wenn Zelte aufgebaut werden mussten, wenn es notwendig war, sich abwechselnd um die Sicherheit der *piquetes* zu kümmern, Essen zuzubereiten – natürlich gemeinsam mit den Männern –, Barrikaden zu errichten und die eingenommenen Stellungen zu verteidigen, dann waren die Frauen dort.“ (Rauber 2012, 113)

Rauber betont, und ich würde behaupten, das trifft auf viele Kämpfe von Frauen in Lateinamerika zu, dass, wenn der Neoliberalismus einen genozidalen Angriff auf die Lebensgrundlagen der

Menschen entfesselt, Frauen in den Kämpfen eine noch entscheidendere Rolle spielen. Der Kampf gegen diesen Angriff muss in den Tätigkeiten verwurzelt sein, die unser Leben reproduzieren, weil, wie es ein männlicher Militanter gegenüber Rauber ausdrückt: „Alles beginnt in unserem Alltag und wird erst dann in politische Begriffe übersetzt. Wo es keinen Alltag gibt, gibt es keine Organisation, und wo es keine Organisation gibt, gibt es keine Politik." (Rauber 2002, 115)

Diese Sichtweise wird von Natalia Quiroga Díaz und Verónica Gago bestätigt, die argumentieren, dass die Wirtschaftskrise von 2001 „eine Feminisierung der Wirtschaft und damit eine Entprivatisierung der für die Reproduktion notwendigen Ressourcen" (Díaz und Gago 2014, 13) augeslöst habe. Als die formelle Wirtschaft zusammenbrach, viele Unternehmen und sogar die Banken schließen mussten und die Menschen ihre Ersparnisse nicht abheben konnten, kam eine andere, „weibliche" Wirtschaft an die Oberfläche. Diese war von der Logik der Hausarbeit geprägt, wurde aber gemeinsam im öffentlichen Raum so organisiert, dass der politische Charakter und der gesellschaftliche Wert der reproduktiven Arbeit sichtbar wurden. Als Frauen die Straßen besetzten, ihre Töpfe und Pfannen zu den Blockaden und Nachbarschaftsversammlungen brachten, Tauschnetzwerke und verschiedene Arten von Genossenschaften gegründet wurden, entstand eine Subsistenzwirtschaft, die Tausenden Menschen das Überleben ermöglichte, und zugleich wurde neu definiert, was Wert ist und wo er produziert wird, und zunehmend wurde darunter die Fähigkeit verstanden, die Reproduktion unseres Lebens, dessen Rhythmus und Bedürfnisse Raum und Zeit in der Stadt umformen, kollektiv zu organisieren.

Auch wenn die *piqueteras* mittlerweile verschwunden sind, ist ihre Lektion nicht vergessen. Im Gegenteil. Was damals als unmittelbare Reaktion auf eine Krise entstand, wurde in vielen proletarischen Stadtteilen Argentiniens zu gesellschaftlicher Realität und einem Teil eines gesellschaftlichen Gefüges, das von Dauer sein wird. Marina Sitrin beschreibt, wie sich die Nachbarschaftsversammlungen und Formen des kollektiven Handelns und der Kooperation, die in den *piquetes* geboren wurden, viele Jahre nach dem Aufstand von 2002 fortsetzten. (Vgl. Sitrin 2012, 81–83) In den *villas*[5] von Buenos Aires können wir sehen, wie der Widerstand gegen die Verelendung, der die *piquetes* hervorbrachte, sich in den Aufbau einer neuen Welt wandeln kann. Hier trifft man auf Frauen, die unter Bedingungen leben, die jeden Moment ihres Alltags zu einem Moment politischer Entscheidung machen, weil es

nichts gibt, worauf sie sich verlassen können, und alles andauernd ausverhandelt werden muss, Kämpfe erfordert und auch gleich wieder zu verteidigen ist. Für Trinkwasser und Strom müssen Verträge mit dem Staat geschlossen werden, wie auch für einen Teil des Materials, das für den Bau von Straßen benötigt wird, damit der Regen die Straßen nicht in Schlammflüsse verwandelt. Die Frauen, die um den Zugang zu diesen Ressourcen kämpfen, erwarten aber nicht vom Staat, dass er ihr Leben organisiere, und sie erlauben es ihm auch nicht. Durch die Kooperation und die Entschlossenheit, sich nicht kleinkriegen zu lassen und der sozialen und ökonomischen Verelendung zu entkommen, schaffen sie neue Räume, die niemandem gehören und in denen gemeinsam Entscheidungen über die Reproduktion des Alltags getroffen werden können. Zibechi beschreibt die Situation in Retiro Bis, einem von einundzwanzig *villas* in Buenos Aires, folgendermaßen:

„Die Nachbar*innen essen hier gemeinsam in Nachbarschaftsküchen (…) in der Nacht lernen sie in einer Schule und

5 Als „villas" werden in Argentinien die Siedlungen bezeichnet, die von den Menschen errichtet werden, die vom Land vertrieben wurden und in die Städte kamen.

treffen sich in den Frauenhäusern. (…) Sicherlich sind das prekäre Räume, die gewisse Verbindungen mit dem Staat und dem Markt haben, aber diese Verbindungen sind minimal und sehr begrenzt. Zentral ist, dass ihre Aktivitäten von gegenseitiger Hilfe, Selbstverwaltung, Zusammenarbeit und Geschwisterlichkeit getragen werden." (Zibechi 2015, 108)

Als ich diesen Stadtteil im April 2015 besuchte, waren die Frauen, die Teil von Corriente Villera Independiente waren, stolz auf das, was sie erreicht hatten. „Alles, was du siehst", sagten sie mir, „haben wir mit unseren eigenen Händen geschaffen." Als ich durch die Straßen des Viertels spazierte, die Nachbarschaftsküchen besuchte, wo täglich hunderte Mahlzeiten zubereitet werden und nach einem Rotationsprinzip gearbeitet wird, als ich einer Aufführung des Theaters der Unterdrückten[6] beiwohnte, das sie organisiert hatten, konnte ich sehen, dass dieser Raum ihnen gehörte und für sie kein fremdes Territorium war, in dem wir uns üblicherweise bewegen, an dem wir weder beteiligt sind noch die Kontrolle darüber haben. Vor meinem Besuch errichtete die Stadt Buenos Aires eine Mauer, um die Ausdehnung der *villa* zu verhindern. Die Frauen rissen einen Teil dieser Mauer sofort ein und machten klar, dass „sie sich frei bewegen und nicht eingeschlossen sein wollen."

Während die Krise der Subsistenzlandwirtschaft, eine Folge der neoliberalen Politik, in Buenos Aires zu teilweise selbstverwalteten Siedlungen führte, war in Bolivien die Zunahme des Straßenhandels ein häufig zu beobachtendes Phänomen. Straßen-

6 Das Theater der Unterdrückten wurde in den 1960er-Jahren vom brasilianischen Schauspieler, Pädagogen und Theaterregisseur Augusto Boal entwickelt. Es ist ein politisches Theater, in dem die Zuschauer*innen zu Protagonist*innen werden und dazu beitragen, die von den Schauspieler*innen gestellten Probleme zu lösen, indem sie diese nachspielen.

händler*innen okkupierten in „unüberschaubarem Ausmaß" urbane Räume und verwandelten sie überwiegend durch die „unaufhörliche Arbeit von Tausenden und Abertausenden von Frauen" in „ciudades mercado", in „Marktstädte". (Vgl. Linsalata 2015, 64) Mit der Vertreibung vom Land und der Verelendung ihrer Communities konfrontiert, fingen viele proletarische Frauen an, ihre reproduktive Arbeit außerhalb des Hauses zu verrichten und „die Märkte in einen Raum zu verwandeln, wo ihr Alltag stattfand, wo sie kochten, ihre Kinder versorgten, Kleidung bügelten, TV schauten, sich gegenseitig besuchten und das alles in der Hektik des Kaufens und Verkaufens." (Linsalata 2015, 65)

María Galindo von der anarchofeministischen Organisation „Mujeres Creando" betont, dass der Überlebenskampf der Frauen Boliviens das Universum von Heim und Häuslichkeit zerstörte. Die für die Hausarbeit so charakteristische Isolation wurde aufgebrochen, und das Bild von der im Haushalt eingesperrten Frau gehört der Vergangenheit an. Als Reaktion auf die Prekarisierung der Arbeit und die Krise des Lohnes der Männer entstand eine Kultur des Widerstands. Frauen eigneten sich die Straßen an und „verwandelten die Stadt in einen häuslichen Raum" (Galindo 2012, 111), wo sie die meiste Zeit damit verbringen, Waren (Lebensmittel, Schmuggelware, illegale Musik, usw.) zu verkaufen, wodurch „die Lebenshaltungskosten für die gesamte Bevölkerung gesenkt werden", und sich mit anderen Frauen organisieren, der Polizei entgegentreten und dabei „ihr Verhältnis zur Gesellschaft neu erfinden" (Galindo 2012, 114). „Mujeres Creando" leistete ebenfalls einen Beitrag zu dieser Aneignung des Stadtraums und eröffnete ein soziales Zentrum mit dem Namen „Virgen de los Deseos", Jungfrau der Wünsche. Galindo nennt es aufgrund der vielfältigen Aktivitäten eine „Reproduktionsmaschine", weil Dinge angeboten werden, die speziell für die Frauen von der Straße gedacht sind, zum Beispiel Kindertagesstätten, der Verkauf von Lebensmitteln und ein Radiosender, den die Frauen verwenden, um über ihre Kämpfe zu berichten oder Missstände anzuprangern und politische Aufklärung zu betreiben.

Etwas auf der Straße zu verkaufen, scheint keine besonders radikale Tätigkeit zu sein. Wer jedoch die komplexen sozialen Verhältnisse kennt, die geschaffen werden müssen, um den öffentlichen Raum ohne staatliche Kontrolle in Besitz zu nehmen, weiß, dass dieser Eindruck falsch ist. Der größte Teil der Straßenverkäufer*innen sind Frauen, und ihnen ist es wichtig, dass sie selbst die Bedingungen festlegen, die es ihnen erlauben, den Tag auf der Straße zu verbringen, dass ihre Waren sicher sind, insbesondere vor Übergriffen durch die Polizei, dass sie friedlich miteinander arbeiten, sich koordinieren und die Preise festsetzen können. All das erfordert ein hohes Maß an Aushandlung und politischer Gestaltung. Diese Anstrengungen erzeugen eine Gegenmacht, die von den Behörden nicht ignoriert werden kann. Aus diesem Grund führen Regierungsstellen vielerorts „Razzien“ durch und verhindern unter dem Vorwand, etwas für die Hygiene oder die Verschönerung des Stadtbildes tun zu wollen, die sichtbare Anwesenheit der Menschen, die durch die Inbesitznahme des öffentlichen Raums die Stadtplanung durchkreuzen und eine sichtbare Gefahr für die staatliche Autorität darstellen.

Ein Beispiel für die Risiken, denen Straßenhändler*innen ausgesetzt sind, ist die Kriminalisierung der „Union Popular de Vendedores Ambulantes 28 de Octubre“[7], einer Organisation von Marktverkäufer*innen in der mexikanischen Stadt Puebla, die

7 Die Gruppe nannte sich „28 Octubre“, um der Verletzten und Toten von 1973 zu gedenken, als bei einem gewaltsamen Überfall der Polizei auf die Straßenhändler*innen Menschen getötet sowie Dutzende Stände und ein Kind verbrannt wurden. Über den Überfall und die Aktivitäten der Organisation siehe Mendiola García (2013).

kürzlich von Präsident Enrique Peña Nieto zum Staatsfeind erklärt wurde. Während viele Männer der Organisation im Gefängnis sind oder Todesdrohungen erhalten, in einem Land, das für die hohe Anzahl politischer Attentate traurige Berühmtheit erlangte, sind es die Frauen, die sich um die Fortsetzung der politischen Arbeit kümmern. Sie fungieren als Mütter, Ehefrauen und Straßenverkäuferinnen, kümmern sich um die Inhaftierten und ihre Kinder und verbringen unzählige Stunden bei der Arbeit und nehmen sich auch der politischen Organisation an. Es ist ein Leben voller Sorge, ohne Zeit für Ruhe oder irgendeine Form der Erholung. Aber man hört wie bei so vielen Frauenorganisationen aus
 ihren Worten den Stolz auf das, was sie leisten, und darauf, individuell und kollektiv die Welt immer besser zu verstehen, auf ihre Fähigkeit, den Einschüchterungen standzuhalten, und sich selbst und anderen Frauen mit Respekt zu begegnen. In den Worten solcher Frauen kann man die Möglichkeit einer anderen Welt erkennen, in der das Bekenntnis zu sozialer Gerechtigkeit und Kooperation in einem neuen Begriff von Politik zusammenkommt, der das genaue Gegenteil dessen ist, was landläufig darunter verstanden wird. Diese Unterschiede lassen sich an den Organisationspraktiken ablesen, die sich die Frauen des „28. Oktober" zu eigen machten. Sie orientieren sich am Prinzip der Horizontalität und treffen Entscheidungen kollektiv, meist in Nachbarschaftsversammlungen, an denen sich alle beteiligen können.

Werden sich diese neuen Frauenbewegungen der Ausweitung kapitalistischer Verhältnisse entgegenstellen können? Werden sie die Kraft haben, gegen die neuerliche Kolonisierung ihres Landes und ihrer Communities zu kämpfen? Es gibt keine sicheren Antworten auf diese Fragen. Sicher ist aber, dass in Zeiten akuter Krisen, in denen die konstitutiven Mechanismen der kapitalistischen politischen Ökonomie zusammenbrachen, Frauen nach vorne traten und kollektiv die Grundlagen der gesellschaftlichen Reproduktion sicherten und die Mauer der Angst einreißen konnten, die ihre Communities umgeben hatte. Wenn sich eine politische und wirtschaftliche Krise „normalisiert", verschwindet diese von Frauen geschaffene alternative Wirtschaft langsam wieder, aber niemals ohne neue Formen der gemeinschaftlichen Organisation zu hinterlassen.

Raúl Zibechi betont immer wieder, dass in den Armenvierteln von Argentinien, Mexiko und Peru sowie in den bäuerlichen, indigenen und afrolateinamerikanischen Communities eine neue Welt und eine neue Politik im Entstehen sind. Es ist eine Welt, die dem vielfach missbrauchten Begriff der Commons neues Leben einhaucht und diesem eine neue Bedeutung gibt, dass es nämlich nicht nur um die Verteilung des gesellschaftlichen Reichtums geht, sondern auch um ein Bekenntnis, dass dieses Leben, das wir nun mal haben, eine „vida digna de ser vivida" sein sollte, ein Leben also, das es wert ist, gelebt zu werden. Im Zentrum dieses Lebens stehen, wie Raquel Gutiérrez schreibt, die Reproduktion des materiellen Lebens, die Sorge um andere und die Wiederaneignung des kollektiv geschaffenen Reichtums; organisiert wird all das subversiv, weil es auf der Möglichkeit beruht, „menschliche Aktivität und Kreativität für autonome Zwecke auszudrücken". (Gutiérrez Aguilar 2015, 126)

Gutiérrez ist die treibende Kraft einer Gruppe von Frauen, Theoretikerinnen und Aktivistinnen, die an der Universität von Puebla in Mexiko die von mir beschriebenen Erfahrungen in Worte bringen – und auch all die Praktiken, das Wissen, die Werte und Visionen, die in Generationen von indigenen Gemeinschaften verwurzelt waren und ständig neue Bedeutungen und Formen der Existenz hervorbringen. Ihre Arbeit, wie auch die Arbeit von Mina Lorena Navarro, Gladys Tzul Tzul, Lucia Linsalata und anderen, ist ein wichtiger Teil des Kampfes. Sowohl als Beispiel für ein „Wissens-Common", das sie zwar in einem akademischen

Kontext schaffen, während sie gleichzeitig gegen die Prinzipien handeln, die der Produktion des Wissens von der Universität auferlegt werden. Aber auch als Versuch, diesem mächtigen, wenn auch größtenteils unsichtbaren, unartikulierten Komplex von Effekten und Emotionen – der Substanz und Grundlage gemeinschaftlicher Beziehungen – Gehör zu verschaffen. Diese Arbeit ist heute wichtiger denn je, weil es darum geht, sichtbar zu machen, wie tief verwurzelt das Commoning in unserem Gefühlsleben, wie entscheidend es für unser Überleben und den Wert unseres Lebens ist, und dass es uns Mut und Kraft gegen die brutalsten Attacken verleiht, die der Kapitalismus seit der Zeit des Kolonialismus gegen jede Form gesellschaftlicher Solidarität führt. Das zeigt, dass Commoning ein unverzichtbarer Teil unseres Lebens ist, den keine Gewalt zerstören kann, weil er als Bedingung unserer Existenz ständig neu erschaffen wird.

Marxismus, Feminismus und die Commons

„Der Kommunismus ist für uns nicht ein Zustand, der hergestellt werden soll, ein Ideal, wonach die Wirklichkeit sich zu richten haben [wird]. Wir nennen Kommunismus die wirkliche Bewegung, welche den jetzigen Zustand aufhebt. Die Bedingungen dieser Bewegung ergeben sich aus der jetzt bestehenden Voraussetzung.“
Karl Marx und Friedrich Engels:
Die deutsche Ideologie (1845/46)

Mit welchen Werkzeugen, Prinzipien und Ideen kann der Marxismus zur zeitgenössischen feministischen Theorie und Praxis beitragen? Können wir die Beziehung zwischen Marxismus und Feminismus heute anders denken als Heidi Hartmann, die in ihrem viel beachteten Essay vor fast vierzig Jahren diese Beziehung als eine „unglückliche Ehe“ beschrieb? (Vgl. Hartmann 1979) Was sind die wichtigsten Aspekte des Marxismus, um den Feminismus und den Kommunismus des 21. Jahrhunderts neu zu denken? Und wie lässt sich die Marxsche Vorstellung vom Kommunismus mit dem Prinzip der Commons, dem politischen Paradigma, welches das radikale feministische Denken der Gegenwart so stark beeinflusst, vergleichen?

Wenn ich diese Fragen stelle, beteilige ich mich an einer Diskussion über Alternativen zum Kapitalismus, die längst in den Zeltstädten und auf den besetzten Plätzen überall auf der Welt geführt wird, wo eine Gesellschaft der „Commoners“ im Entstehen begriffen ist, die zwar voller Widersprüche sein mag, aber kreativ an neuen Möglichkeiten ist und danach strebt, gesellschaftliche Räume und Beziehungen zu schaffen, die nicht von den Logiken des kapitalistischen Marktes beherrscht werden.

Es ist keine einfache Sache, das Marxsche Erbe seiner Vorstellung vom Kommunismus im Hinblick auf das 21. Jahrhundert einer Bewertung zu unterziehen. Zur Komplexität des Marxschen Denkens kommt noch, dass er am Ende seines Lebens, nach der Niederlage der Pariser Kommune, einige seiner politischen Grundsätze offensichtlich über Bord warf, insbesondere im Hinblick auf die materiellen Voraussetzungen für die Schaffung einer kommunistischen Gesellschaft.[1] Außerdem wird wohl kaum jemand in Abrede stellen, dass zwischen seinen beiden Hauptwerken, dem „Kapital“ und den „Grundrissen“[2], große Unterschiede

1 Dieses Argument beruht auf der Lektüre der „Ethnologischen Notizen“ von Marx, die er in den letzten Jahren seines Lebens zusammentrug und die in ein größeres Werk hätten einfließen sollen. Seine Kommentare zeigen, dass Lewis Henry Morgans „Die Urgesellschaft“ „und vor allem seine detaillierte Darstellung der Irokesen, Marx zum ersten Mal einen Einblick in die konkreten Möglichkeiten einer freien Gesellschaft gegeben hat, die historisch bereits existiert hat“ (Rosemont 2009), und er die Möglichkeit eines revolutionären Weges erkannte, der nicht von der Entwicklung kapitalistischer Verhältnisse abhängig ist. Rosemont meint, dass Marx die Arbeiten von Morgan im Kopf hatte, als er in der Korrespondenz mit russischen Revolutionären die Möglichkeit eines revolutionären Prozesses in Russland in Betracht zog, der direkt zu gemeinschaftlichen Formen des Eigentums führt und auf den Kommunen der russischen Bäuer*innen beruht, anstatt diese aufzulösen. Siehe dazu auch Kevin B. Anderson (2002) und Teodor Shanin (1983).

2 Antonio Negri hat beispielsweise gefordert, dass man die „Grundrisse“ als den Höhepunkt des Marxschen Denkens sehen sollte und die Bedeutung des „Kapital“ überschätzt werde, weil er bereits in den „Grundrissen“ seine zentralen Konzepte und die radikalste Definition des Kommunismus entwickelt habe. (Negri 1991: 5f, 8f, 11–18). George Caffentzis

bestehen, und dass Marx kein Autor ist, den man aufgrund einiger weniger Formulierungen begreifen kann, sondern dass sich „sein Stand der Analyse stets mit seinen politischen Absichten änderte." (Salleh 1997, 71)

Zweierlei ist hingegen sicher

Die politische Sprache, die uns Marx hinterließ, ist nach wie vor notwendig, um über eine Welt jenseits des Kapitalismus nachdenken zu können. Seine Analyse des Mehrwerts, des Geldes und der Warenform und vor allem seine Methode, die der Geschichte und dem Klassenkampf eine materielle Grundlage gibt und sich weigert, die Sphäre der Ökonomie von der Sphäre der Politik zu trennen, sind noch immer unverzichtbar, wenn auch nicht ausreichend, um den Kapitalismus unserer Tage zu verstehen. Wenig überraschend führte die Vertiefung der globalen ökonomischen Krise zu einem neuerlichen Interesse an Marx, was noch in den Neunzigerjahren des letzten Jahrhunderts nicht vorhersehbar war, als die herrschende Weisheit seine Theorie für tot erklärte. Stattdessen sind inmitten der Trümmer des realisierten Sozialismus breite Debatten über die „ursprüngliche Akkumulation", die Art und Weise der „Transition" und der historischen wie der moralischen Bedeutung und Möglichkeit des Kommunismus entstanden. Mit feministischen, anarchistischen, antirassistischen und queeren Ansätzen angereichert, beeinflusst die Marxsche Theorie weiterhin die widerspenstigen Subjekte in Europa, den beiden

behauptet im Gegensatz dazu, dass es im „Kapital" einen einheitlicheren Begriff des Kapitalismus gebe und Marx in seinen späteren Arbeiten einige der zentralen Thesen aus den „Grundrissen" wieder verworfen habe, beispielsweise die These, dass der Kapitalismus durch die Automation der Produktion über das Wertgesetz hinausgehen könne. (Caffentzis 2008)

Amerikas und darüber hinaus. Ein antikapitalistischer Feminismus kann Marx daher nicht einfach ignorieren. Tatsächlich wurden, wie Stevi Jackson schreibt, „die vorherrschenden Perspektiven des Feminismus bis in die frühen achtziger Jahre meist in einem Dialog mit dem Marxismus gedacht oder von diesem geprägt." (Jackson 2001, 284) Es besteht jedoch kein Zweifel, dass die Marxschen Kategorien einer Überarbeitung bedürfen und wir über „Marx hinaus" (Negri 1991) gehen müssen. Nicht nur aufgrund der sozio-ökonomischen Veränderungen seit Marxens Zeiten, sondern auch aufgrund der Grenzen, die sein Verständnis des Kapitalismus mit sich bringt. Die politische Bedeutung dieser Grenzen

machten die Sozialen Bewegungen der letzten fünfzig Jahre sichtbar, in denen Subjekte die Bühne betraten, die von Marx ignoriert oder an den Rand gedrängt worden waren.

Der Feminismus und die Perspektive der gesellschaftlichen Reproduktion

Feministinnen leisteten zu diesem Prozess einen wichtigen Beitrag, sie waren aber nicht die einzigen. Im Zuge der antikolonialen Kämpfe der Fünfziger- und Sechzigerjahre begannen politische Theoretiker wie Frantz Fanon[3], Analysen in Frage zu stellen, die, wie die Marxsche, sich beinahe ausschließlich auf die Lohnarbeit konzentrieren, dem metropolitanen Proletariat eine avantgardistische Rolle zuschreiben und dadurch die Versklavten, die Kolonisierten und die Menschen ohne Lohnarbeit im Akkumulationsprozess und im antikapitalistischen Kampf an den Rand drängten.

3 Frantz Fanon schrieb in die „Verdammten dieser Erde": „Deshalb müssen die marxistischen Analysen immer etwas gedehnt werden, wenn man sich mit dem kolonialen Problem befaßt. Bis zum Konzept der von Marx genau untersuchten präkapitalistischen Gesellschaft hin müßte hier alles neu durchdacht werden." (Fanon 1981, 33)

Diese politischen Theoretiker erkannten, dass es aufgrund der Erfahrungen in den Kolonien notwendig ist, den „Marxismus als Ganzes“ neu zu denken, und dass entweder die Marxsche Theorie neu formuliert werden muss, um die Erfahrungen von 75 Prozent der Weltbevölkerung aufzunehmen, oder sie keine emanzipatorische Kraft mehr sein kann und vielmehr zu einem Hindernis der Emanzipation wird. (Vgl. Thurton 2000) Die Bäuer*innen, Tagelöhner*innen und Lumpenproletarier*innen machten die Revolutionen im 20. Jahrhundert, und diese Revolutionär*innen scherten sich wenig darum, auf ihre kommende Proletarisierung oder „die Entwicklung der Produktivkräfte“ zu warten, wie es ihnen von orthodoxen Marxist*innen und Parteien der Linken nahegelegt wurde, um erst dann für eine neue Ordnung der Welt kämpfen können.

Umweltaktivist*innen, einschließlich einiger Öko-Sozialist*innen, kritisierten Marx dafür, dass er einen asymmetrischen und instrumentellen Blick auf das Verhältnis von Mensch und Natur propagiere, der den Menschen und die Arbeit als die einzigen aktiven Akteure begreife und der Natur keinen intrinsischen Wert und kein Potential der Selbst-Organisierung zuerkenne.[4] Erst die feministische Bewegung konnte eine systematische Kritik am Marxismus formulieren, da die Feministinnen nicht nur jene zum Thema machten, die keinen Lohn bekommen, sondern auch die enorme Zahl sozialer Subjekte (Frauen, Kinder und manchmal auch Männer), durch deren Arbeit auf den Feldern, in der Küche, im Schlaf-

4 Kovel meint, dass Marx ein Gefangener seiner wissenschaftlichen und produktivistischen Perspektive geblieben sei und eine „passive Natur, die vom Menschen bearbeitet wird“ angenommen und „eine allumfassende Entwicklung der Produktivkräfte“ unterstützt habe. (Kovel 2011: 13ff) Zu diesem Thema gibt es allerdings eine umfangreiche Debatte, auf die ich mich hier nur in aller Kürze beziehen kann. Siehe beispielsweise auch John Bellamy Foster (1995).

zimmer und auf der Straße die Arbeitskraft tagein, tagaus produziert und reproduziert wird. Dadurch wurde eine ganze Reihe von Themen und Kämpfen im Hinblick auf gesellschaftliche Reproduktion thematisiert, die von Marx und der marxistischen Tradition kaum berücksichtigt wurde.

Ausgehend von dieser Kritik werde ich die Marxsche Vorstellung vom Kommunismus behandeln und mich dabei vor allem auf jene Aspekte konzentrieren, die für ein feministisches Programm und die Politik der Commons von besonderer Bedeutung sind. Dabei beziehe ich mich auf die verschiedenen Praxen und Perspektiven, die heute weltweit von Sozialen Bewegungen aufgegriffen werden und versuchen, die gesellschaftliche Kooperation zu stärken, die Kontrolle des Marktes und des Staates über unser Leben zu schwächen und für eine andere Verteilung des gesellschaftlichen Reichtums zu sorgen, um auf diese Weise der Kapitalakkumulation Grenzen zu setzen. Die Marxsche Vorstellung vom Kommunismus als einer Gesellschaft jenseits von Tauschwert, Privateigentum und Geld, die auf der Assoziation freier Produzent*innen beruht und vom Prinzip „Jeder nach seinen Fähigkeiten, jedem nach seinen Bedürfnissen" (MEW 19, 21) bestimmt ist, stellt ein Idealbild dar, gegen das antikapitalistische Feministinnen nichts einzuwenden haben. Feministinnen können darüber hinaus seine inspirierende Vorstellung einer Welt jenseits der gesellschaftlichen Arbeitsteilung gutheißen, auch wenn sie sicherstellen wollen, dass zwischen der Jagd am Morgen, dem Fischen am Nachmittag und dem Kritisieren nach dem Abendessen allen noch etwas Zeit bleibt, um das Putzen und die Kinderbetreuung aufzuteilen. Die feministische Politik lehrt uns aber, dass wir die Marxsche Konzeption der Arbeit und des Klassenkampfs nicht akzeptieren können und dass wir die Idee, die den Großteil seiner veröffentlichten Arbeiten durchdringt, wonach der Kapitalismus eine notwendige Phase in der Geschichte der Emanzipation der Menschheit und damit eine notwendige Vorbedingung für eine kommunistischen Gesellschaft sei, noch viel grundsätzlicher zurückweisen müssen. Das muss ganz deutlich gesagt werden, weil sich die Idee, dass der Kapitalismus die Autonomie und die gesellschaftliche Kooperation der Arbeiter*innen steigere und dadurch an seiner eigenen Abschaffung arbeite, als besonders hartnäckig erwiesen hat.

Für die feministische Politik sind seine unermüdliche Kritik der kapitalistischen Akkumulation und seine Methode, vor allem die kapitalistische Entwicklung als das Produkt antagonistischer gesellschaftlicher Verhältnisse zu begreifen, viel entscheidender als die Idealvorstellung einer postkapitalistischen Gesellschaft. Anders gesagt, worauf beispielsweise Roman Rosdolsky (2017) und Antonio Negri (1991) hingewiesen haben, ist der Marx, der für uns wirklich zählt, weniger der Marx einer visionären revolutionären Projektion einer Welt der vollkommenen Befreiung, sondern der Marx als Theoretiker des Klassenkampfs, der stets politische Programme ablehnte, die nicht in den tatsächlichen historischen Möglichkeiten verwurzelt sind, und in seinem ganzen Werk die Abschaffung kapitalistischer Verhältnisse verfolgte und die Verwirklichung des Kommunismus in der Bewegung zur Aufhebung der herrschenden Verhältnisse sah. Aus dieser Perspektive ist die historisch-materialistische Methode von Marx, die voraussetzt, dass wir, um die Geschichte und die Gesellschaft zu verstehen, die materiellen Bedingungen der gesellschaftlichen Reproduktion verstehen müssen, wesentlich für eine feministische Perspektive. Die Erkenntnis, dass die gesellschaftliche Unterordnung ein historisches Produkt ist, das aus einer spezifischen Organisation der Arbeit stammt, hatte eine einen befreienden Effekt für Frauen. Dadurch wurden die geschlechtliche Arbeitsteilung und die darauf beruhenden Identitäten denaturalisiert, und uns wird nicht nur vor Augen geführt, dass Geschlechterkategorien gesellschaftliche Konstrukte sind, sondern auch dass die Inhalte dieses Konzepts fortwährend neu definiert werden und dabei überaus beweglich, offen und stets politisch aufgeladen sind. Viele feministische Debatten über die Frage, ob „Frau" als analytische und politische Kategorie eine Berechtigung habe, könnten einfacher gelöst werden, wenn wir diese Methode anwendeten, weil sie uns zeigt, dass wir gemeinsame Interessen ohne die Zuschreibung von festgelegten und vereinheitlichten Formen des Verhaltens und der gesellschaftlichen Bedingungen zum Ausdruck bringen können.

Die gesellschaftliche Position von Frauen durch die Linse der

kapitalistischen Ausbeutung der Arbeit zu analysieren, macht auch den Zusammenhang zwischen der Diskriminierung auf Grundlage von Geschlecht und „Rasse" deutlich und versetzt uns in die Lage, diese Form der Anerkennungspolitik zu überwinden, bei der die bestehende gesellschaftliche Ordnung als gegeben angenommen wird und die daran scheitert, sich gegen die antagonistischen gesellschaftlichen Kräfte zu stellen, die der Befreiung der Frauen im Wege stehen. Viele Feministinnen betonten jedoch, dass Marx seine eigene Methode im Hinblick auf die Frage der Reproduktion und der Geschlechterverhältnisse nicht konsequent anwandte. Sowohl die Theoretikerinnen der „Lohn für Hausarbeit"-Bewegung, wie Mariarosa Dalla Costa (1973), Selma James (1975) und Leopoldina Fortunati (1995), als auch die öko-feministischen Theoretikerinnen Maria Mies (1990) und Ariel Salleh (1997) zeigten einen offensichtlichen Widerspruch im Marxschen Denken. Obwohl er die Ausbeutung der Arbeit als das Schlüsselmoment in der Produktion des kapitalistischen Reichtums begreift, theoretisiert er jene Aktivitäten und gesellschaftlichen Beziehungen nicht, die grundlegend für die Produktion der Arbeitskraft sind, wie beispielsweise die Sexarbeit, die Fortpflanzung, die Kinderbetreuung und die Hausarbeit. Marx räumte zwar durchaus ein, dass unsere Fähigkeit zu arbeiten nicht

einfach gegeben, sondern ein Produkt gesellschaftlicher Aktivitäten sei[5], die stets eine besondere historische Form annehmen, weil, wie er sagt: „Hunger ist Hunger, aber Hunger, der sich durch gekochtes, mit Gabel und Messer gegessenes Fleisch befriedigt, ist ein andrer Hunger, als der rohes Fleisch mit Hilfe von Hand, Nagel und Zahn verschlingt." (MEW 42: 624) Trotzdem finden wir in seinen veröffentlichten Texten keine Analyse der für den Kapitalismus spezifischen Formen der Hausarbeit und der Familien- und Geschlechterverhältnisse, wenn man von vereinzelten Überlegungen in der „Deutschen Ideologie" absieht, wo er sich Gedanken macht, welche Konsequenzen es habe, dass die erste Arbeitsteilung im Geschlechtsakt vonstatten gegangen und die Sklaverei in der Familie latent vor-
handen sei. (Vgl. MEW 3, 31) Im ersten Band des „Kapital" wird die Sexarbeit an keiner Stelle erwähnt, nicht einmal dann, wenn sie in bezahlter Form stattfindet. Die Prostituierten werden zusammen mit den Kriminellen und Vagabunden sogar von den „Paupers" (MEW 23: 762) ausgeschlossen, denen Marx im „18. Brumaire" (MEW 8: 111–207) als „Lumpenproletariat" die Fähigkeit abspricht, ihre gesellschaftlichen Bedingungen verändern zu können. Die Hausarbeit wird in zwei Fußnoten abgehandelt; in der einen beschreibt er, dass Hausarbeit während der Industriellen Revolution aus den Haushalten der überarbeiteten Fabrikarbeiterinnen verschwinde, in der anderen stellt er fest, dass die Krise, die durch den

5 Marx schreibt im „Kapital": „Der Wert der Arbeitskraft, gleich dem jeder andren Ware, ist bestimmt durch die zur Produktion, also auch Reproduktion, dieses spezifischen Artikels notwendige Arbeitszeit. So sie Wert, repräsentiert die Arbeitskraft selbst nur ein bestimmtes Quantum in ihr vergegenständlichter gesellschaftlicher Durchschnittsarbeit. Die Arbeitskraft existiert nur als Anlage des lebendigen Individuums. Ihre Produktion setzt also seine Existenz voraus. Die Existenz des Individuums gegeben, besteht die Produktion der Arbeitskraft in seiner eignen Reproduktion oder Erhaltung." (MEW 23: 184f)

Amerikanischen Bürgerkrieg verursacht worden sei, die englischen Textilarbeiterinnen wieder in ihre häuslichen Verpflichtungen zwinge.[6] Die Fortpflanzung wird gemeinhin als eine natürliche Funktion[7] und nicht als eine Form der Arbeit behandelt, die im Kapitalismus der Reproduktion der Arbeitskraft untergeordnet wird und daher einer spezifischen staatlichen Regulierung unterliegt. Sogar als er seine Theorie der „relativen Überbevölkerung" (MEW 23, 670) ausführt, erwähnt Marx das Interesse des Staates und des Kapitals an den reproduktiven Leistungen der Frauen nur am Rande und erklärt die Überschussbevölkerung anhand der Anforderungen technologischer Innovationen (Vgl. MEW 23, 650), auch wenn er anmerkt, dass die Ausbeutung der Kinder einen zusätzlichen Prämie für die Produktion darstelle.[8]

6 Das kommt in einer Fußnote im Kapitel über die „Maschinerie und die Große Industrie" vor, wo er schreibt, dass aufgrund der Einführung von Maschinen Frauen und Männer in den Fabriken ersetzt und „alle Glieder der Arbeiterfamilie auf den Arbeitsmarkt" geworfen würden. Er schreibt: „Da gewisse Funktionen der Familie, z.B. Warten und Säugen der Kinder usw., nicht ganz unterdrückt werden können, müssen die vom Kapital konfiszierten Familienmütter mehr oder minder Stellvertreter dingen. Die Arbeiten, welche der Familienkonsum erheischt, wie Nähen, Flicken usw., müssen durch Kauf fertiger Waren ersetzt werden. Der verminderten Ausgabe von häuslicher Arbeit entspricht also vermehrte Geldausgabe. Die Produktionskosten der Arbeiterfamilie wachsen daher ..." (MEW 23: 417 (Fn 121). Leopoldina Fortunati hat mit Bezug auf diese Passage folgendes angemerkt: „Marx hat die Hausarbeit nur dann gesehen, wenn das Kapital sie zerstört hat. Gesehen hat er das durch die Lektüre von Regierungsberichten, in denen die Probleme aufgrund der Vereinnahmung der Hausarbeit schon viel früher erkannt wurden ..." (Fortunati 1995: 169).

7 Marx schreibt beispielsweise, „daß *der natürliche Zuwachs* der Arbeitermasse die Akkumulationsbedürfnisse des Kapitals nicht sättigt." (MEW 23: 670).

8 Marx erläutert aber nicht, wer diese gestiegene Produktion bestimmt. Angesichts dessen, dass seine Beschreibungen der Situation von Müttern

Aufgrund dieser Auslassungen beschuldigten viele Feministinnen Marx des Reduktionismus und betrachteten die Zusammenführung von Marxismus und Feminismus als einen Prozess der Unterordnung. (Vgl. Hartmann 1979: 1) Die von mir zitierten Autorinnen zeigten jedoch, dass wir mit den Marxschen Kategorien[9] arbeiten können, wir diese aber sozusagen neu aufbauen und ihre architektonische Ordnung verändern müssen, damit sich das Gravitationszentrum nicht ausschließlich in der Lohnarbeit und der Warenproduktion befinde, sondern in der Produktion und Reproduktion der Arbeitskraft, insbesondere jenes Teils, der von Frauen zu Hause verrichtet werde. Dadurch machen wir zum einen ein neues Terrain der Akkumulation und des Kampfes und zum anderen das volle Ausmaß der Abhängigkeit des Kapitals von der unbezahlten Arbeit und der vollen Länge des Arbeitstags sichtbar. (Vgl. Federici 2012, 38) Wenn wir die Marxsche Theorie der produktiven Arbeit dahingehend erweitern, dass sie auch die reproduktive Arbeit in ihren unterschiedlichen Formen beinhaltet, können wir nicht nur eine Theorie der Geschlechterverhältnisse im Kapitalismus entwickeln, sondern auch ein neues Verständnis des Klassenkampfs und der Mittel erlangen, durch die sich der Kapitalismus selbst durch verschiedene Arbeitsregime und verschiedene Formen der ungleichen Entwicklung reproduziert.

Die Reproduktion der Arbeitskraft in das Zentrum der kapitalistischen Produktion zu rücken, bringt eine ganze Welt gesellschaftlicher Verhältnisse ans Licht, die bei Marx unsichtbar bleibt, aber wesentlich ist, um die Mechanismen aufzudecken, mit denen

im ersten Band des „Kapital" auf eine weit verbreitete Sorge über die Verweigerung der Mutterschaft seitens der Arbeitgeber und der Politiker hinweisen, ist das eine naheliegende Frage. (MEW: 670, 761)

9 Maria Mies stellt hier eine Ausnahme dar. Sie hat mehrfach betont, dass es nicht möglich sei, Geschlechterverhältnisse mit dem Marxismus zu denken. (Mies 1990)

die Ausbeutung der Arbeit reguliert wird. Dabei wird deutlich, dass die unbezahlte Arbeit, die das Kapital der Arbeiter*innenklasse entzieht, viel umfangreicher ist, als Marx es sich jemals vorstellte, sowohl im Hinblick auf die Frauen abverlangte Hausarbeit als auch im Hinblick auf die Ausbeutung der Kolonien und der Peripherien der kapitalistischen Welt. Es gibt in der Tat einen Zusammenhang zwischen der Abwertung der zu Hause geleisteten Reproduktion der Arbeitskraft und der Abwertung der Arbeit auf den vielen Plantagen, die der Kapitalismus in den Regionen schuf, die er kolonisierte, wie auch in den Zentren der Industrialisierung. In beiden Fällen wurden die Formen der Arbeit und der dabei

angewandte Zwang naturalisiert, und beide wurden Teil eines globalen Fließbands, das die Kosten der Reproduktion der bezahlten Arbeiter*innen senken sollte. An diesem Fließband verbinden und verstärken sich die unbezahlte, den Frauen als ihr natürliches Schicksal zugeschriebene Hausarbeit und die Arbeit von Millionen Campesinos, Subsistenzbäuer*innen und informellen Arbeiter*innen, die für einen Hungerlohn die Waren für die Lohnarbeiter*innen produzieren oder günstige Dienstleistungen für deren Reproduktion anbieten. Daher kommen die Hierarchien der Arbeit, die man durch eine Reihe rassistischer und sexistischer Ideologien zu legitimieren suchte, die aber bloß vor Augen führen, dass die kapitalistische Klasse ihre Macht durch ein System der indirekten Herrschaft aufrechterhält, das die Arbeiter*innenklasse erfolgreich spaltet, indem man den Lohn verwendet, um den männlichen Arbeitern Macht über die unbezahlten Arbeiter*innen zu übertragen, beginnend mit der Kontrolle über die Körper und die Arbeit von Frauen. Das bedeutet, dass der Lohn nicht nur ein Feld der Konfrontation zwischen Arbeit und Kapital ist, das Feld, auf dem die Arbeiter*innenklasse das Ausmaß und die Bedingungen der gesellschaftlich notwendigen Arbeitszeit verhandelt, sondern auch ein Instrument zur Schaffung ungleicher Machtverhältnisse und Hierarchien unter den Arbeiter*innen. Wir sehen daran, dass die Kooperation im Arbeitsprozess beileibe nicht ausreichend ist, um die Arbeiter*innenklasse zu vereinigen. Folglich ist der Klassenkampf viel komplexer, als Marx ihn sich vorstellte. Es waren wieder die Feministinnen, die entdeckten, dass der Klassenkampf häufig in der Familie beginnen muss, da sich Frauen, die gegen den Kapitalismus kämpfen wollten, zuerst gegen ihre Ehemänner und Väter durchsetzen mussten, auf dieselbe Art und Weise, wie People of Color zuerst gegen die weißen Arbeiter*innen und die spezifische Klassenzusammensetzung angehen mussten, die der Kapitalismus durch das Lohnverhältnis schuf. Anzuerkennen, dass Hausarbeit die Arbeit zur Produktion der Arbeitskraft ist, ermöglicht uns schlussendlich, Geschlechteridentitäten als Funktionen der Arbeit und die Geschlechterverhältnisse als Produktionsverhältnisse zu begreifen. Dieser Schritt befreit uns Frauen von den Schuldgefühlen, die uns begleiteten, wenn wir die Hausarbeit verweigern wollten, und erweitert die Bedeutung des feministischen Prinzips, dass das „Persönliche politisch ist".

Aber warum hat Marx diesen Teil der reproduktiven Arbeit, der wesentlich für die Produktion der Arbeitskraft ist, einfach übersehen? Ich habe an anderer Stelle (Vgl. Federici 2012) darauf hingewiesen, dass wir eine Erklärung dafür in den Bedingungen der Arbeiter*innenklasse seiner Zeit in England finden können. Als Marx „Das Kapital" verfasste, wurde in den Haushalten der Arbeiter*innen, wie Marx selbst feststellte, nur sehr wenig Hausarbeit geleistet, weil die Frauen von Sonnenaufgang bis Sonnenuntergang Seite an Seite mit den Männern in den Fabriken standen. Die Hausarbeit, als Sektor der kapitalistischen Produktion verstanden, befand sich außerhalb seines politischen und historischen Horizonts. Erst in der zweiten Hälfte des 19. Jahrhunderts, nach zwei Jahrzehnten Revolten der Arbeiter*innenklasse, als das Gespenst des Kommunismus in Europa umging, begann die kapitalistische Klasse in die Reproduktion der Arbeitskraft zu investieren. Damit in Zusammenhang stand eine Veränderung in der Form der Akkumulation. Die leichte Industrie, wie die Textilindustrie, wurde von der schweren Industrie, der Produktion von Kohle und Stahl, abgelöst. Dieser Übergang erforderte eine striktere Arbeitsdisziplin und eine weniger ausgezehrte Arbeitskraft. In einem kürzlich erschienen Essay habe ich folgendes geschrieben: „In Marxschen Begriffen können wir sagen, dass die Entwicklung der reproduktiven Arbeit und die daraus folgende Entstehung der proletarischen Vollzeit-Hausfrau zu einem gewissen Teil das Produkt des Übergangs von der ‚absoluten' zur ‚relativen Mehrwert'-

Gewinnung als Form der Ausbeutung der Arbeit gewesen ist." (Federici 2012, 94) Diese Hausfrauen waren das Produkt des Übergangs von einem System der Ausbeutung, das auf der absoluten Ausdehnung des Arbeitstags basierte, zu einem System, in dem die Reduktion der Arbeitszeit durch eine technologische Revolution kompensiert werden konnte, die die Ausbeutungsrate intensivierte. Ein zusätzlicher Faktor war sicherlich auch die Angst der Kapitalisten, dass die Überausbeutung, der die Arbeiter*innen durch die absolute Verlängerung des Arbeitstags und die Zerstörung ihrer Commons unterworfen wurden, zur Vernichtung der Arbeiter*innenklasse führe und Frauen in der Folge Hausarbeit und Kindererziehung verweigern könnten. Das war ein ständiges Thema in den offiziellen Berichten, die von der englischen Regierung seit den 1840ern in Auftrag gegeben wurden, um die Bedingungen der Arbeiter*innen und ihren Gesundheitszustand einzuschätzen.[10] Es war an diesem Übergang, dass eine Arbeitsreform

10 Im „Kapital" (MEW 23: 486, 493, 522) diskutiert er den Effekt, den die Beschäftigung von Frauen in der Fabrik auf ihre Disziplin und die reproduktive Arbeit hatte. Marx schildert das so: „Von einer täglich bedrohlicher anschwellenden Arbeiterbewegung abgesehn, war die Beschränkung

zur Erhöhung der Investitionen in die Reproduktion der Arbeitskraft seitens des Kapitals durchgeführt wurde und man eine Reihe von Fabrikgesetzen forcierte, die zuerst die Frauenarbeit in den Fabriken reduzierte, danach ganz abschaffte und den Lohn der Männer bis zum Ende des Jahrhunderts um vierzig Prozent steigerte.[11] In diesem Sinne kann man die Geburt der proletarischen Vollzeithausfrau, eine Erscheinung, die im Fordismus noch verstärkt wurde, so lesen, dass die Commons, die der männliche Lohnarbeiter seit der Durchsetzung des Kapitalismus verloren hatte, zumindest für ihn durch ein unermessliches Reservoir an unbezahlter Frauenarbeit wiederhergestellt wurden.

Diese Reformen markieren den „Übergang zum modernen Staat", der nun als Planstaat zur Schaffung der Familien der Arbeiter*innenklasse und zur Reproduktion der Arbeitskraft auftritt. (Fortunati 1995, 173) Als Marx „Das Kapital" schrieb, war aber am auffälligsten, dass die Arbeiter*innen sich nicht selbst reproduzieren konnten. Das erklärt zum Teil, warum die Hausarbeit in seinen Texten beinahe gar nicht vorkommt. Es ist allerdings ebenso wahrscheinlich, dass Marx die Hausarbeit deswegen ignorierte, weil es sich dabei um jene Art von Arbeit handelt, von der

der Fabrikarbeit diktiert durch dieselbe Notwendigkeit, welche den Guano auf die englischen Felder ausgoß. Dieselbe blinde Raubgier, die in dem einen Fall die Erde erschöpft, hatte in dem andren die Lebenskraft der Nation an der Wurzel ergriffen. (MEW 23: 253)

11 Es ist kein Zufall, dass 1870 in England zeitgleich eine neues Ehegesetz und ein neues Bildungsgesetz, mit dem das Recht auf allgemeine Schulbildung eingeführt wurde, verabschiedet wurden. Beide signalisieren ein neues Ausmaß der Investitionen in die Reproduktion der Arbeitskraft. Zur selben Zeit erleben wir in Großbritannien eine Veränderung der Ernährungsgewohnheiten und, als die ersten Lebensmittelgeschäfte in den Nachbarschaften auftauchen, die Einführung neuer Wege der Distribution der Lebensmittel. Zugleich erreicht die Sämaschine die proletarischen Haushalte. Siehe dazu Eric Hobsbawm (1968: 135f, 141).

er glaubte, dass die moderne Industrie sie ersetzen würde und auch sollte, und weil er nicht erkannte, dass die Koexistenz der verschiedenen Arbeitsregime ein wesentlicher Bestandteil der kapitalistischen Produktion und Arbeitsdisziplin blieb.

Ich meine, dass er die Hausarbeit ignorierte, weil ihr die entsprechenden Charakteristika fehlten, die er für die kapitalistische Organisation der Arbeit als wesentlich betrachtete und in der Großen Industrie, der in seinen Augen höchstentwickelten Form der Produktion, vorfand. Die Hausarbeit wurde, da sie in den eigenen vier Wänden verrichtet wird, nicht-kollektiv und nicht-kooperativ organisiert und sogar im 20. Jahrhundert, auf dem Höhepunkt der „Häuslichkeit", auf einem geringen Niveau der technologischen Entwicklung erledigt, weshalb die Marxisten die Hausarbeit meist als einen kümmerlichen Überrest vorkapitalistischer Formen der Produktion klassifizierten. Dolores Hayden zeigte in „The Grand Domestic Revolution" (1981), dass die sozialistischen Denker selbst dann, wenn sie sich für die Vergesellschaftung der Hausarbeit stark machten, nicht davon ausgingen, dass Hausarbeit jemals sinnvolle Arbeit (Vgl. Hayden 1981, 6) sein könne, und sich, wie beispielsweise August Bebel, bloß vorstellten, dass sie auf ein absolutes Minimum reduziert würde. (Vgl. Bebel 1973) Es bedurfte der Revolte der Frauen in den Sechziger- und Siebzigerjahren, um deutlich zu machen, dass Hausarbeit im kapitalistischen Sinne „gesellschaftlich notwendige Arbeit"[12] ist, die, wenn auch nicht auf industrieller Basis organisiert, extrem produktiv ist, jedoch zum größten Teil nicht mechanisiert werden kann, weil die Reproduktion von mit Arbeitskraft ausgestatteten Individuen eine Vielfalt

12 „Gesellschaftlich notwendige Arbeitszeit ist Arbeitszeit, erheischt, um irgendeinen Gebrauchswert mit den vorhandenen gesellschaftlich-normalen Produktionsbedingungen und dem gesellschaftlichen Durchschnittsgrad von Geschick und Intensität der Arbeit darzustellen." (MEW 23: 53)

an emotionalen wie auch physischen Dienstleistungen erfordert, die ihrem Wesen nach interaktiv und daher sehr arbeitsintensiv sind. Diese Erkenntnis erschütterte den theoretischen und politischen Rahmen des Marxschen Denkens weiter und zwang uns, einen der zentralen Grundsätze der Marxschen Revolutionstheorie zu überdenken, nämlich die Annahme, dass mit der Entwicklung des Kapitalismus alle Formen der Arbeit industrialisiert würden und, am wichtigsten, dass der Kapitalismus und die moderne Industrie die Vorbedingungen seien, um den Menschen von der Ausbeutung zu befreien.

Maschinerie, Moderne Industrie und Reproduktion

Marx ging davon aus, dass der Kapitalismus und die moderne Industrie erst die Voraussetzungen für den Kommunismus schaffen müssten, weil er davon überzeugt war, dass die Menschheit ohne einen sprunghaften Anstieg der Produktivität der Arbeit, die durch die Industrialisierung möglich wird, zu einem endlosen Überlebenskampf verdammt sei, der sich zwangsläufig aus Mangel und Elend und der Konkurrenz um die Güter des täglichen Bedarfs ergibt. (Vgl. MEW 3, 35) Er stellte sich die moderne Industrie als Verkörperung einer höheren Rationalität vor, die zwar aus schäbigen Beweggründen ihren Weg in die Welt finde, aber schlussendlich den Menschen lehre, wie er seine Fähigkeiten bestmöglich entwickeln und sich von der Arbeit befreien könne. Die moderne Industrie ist für Marx nicht nur ein Mittel zur Reduktion der „gesellschaftlich notwendigen Arbeit", sondern das eigentliche Modell der Arbeit, das den Arbeiter*innen Uniformität, Regelmäßigkeit und die Grundsätze der technologischen Entwicklung beibringe und uns in die Lage versetze, abwechselnd einmal diese und einmal jene Arbeit zu leisten (Vgl. MEW 23, 513), was dem Arbeiter in der Manufaktur und auch dem an sein *Metier* gebundenen Handwerker nicht möglich war.

Der Kapitalismus ist in diesem Zusammenhang die starke Hand, welche die große Industrie hervorbringt und den Weg für die Konzentration der Produktionsmittel und die Kooperation im Arbeitsprozess ebnet, was für Marx wesentlich ist, um die Produktivkräfte zu erweitern und die Produktivität der Arbeit zu erhöhen. Der Kapitalismus ist für Marx die Peitsche, die dem Menschen die notwendigen Anforderungen einbläut, um sich selbst zu regieren – wie die Notwendigkeit, über der Subsistenz zu produzieren, und die Fähigkeit, im großen Maßstab zu kooperieren. (Vgl. MEW 23, 652) Der Klassenkampf spielt in diesem Prozess eine zentrale Rolle. Der Widerstand der Arbeiter*innen gegen die Ausbeutung zwingt die kapitalistische Klasse zur Revolutionierung der Produktion, dergestalt, dass die Arbeit in einer Art von gegenseitiger Konditionierung weiter ökonomisiert und die Bedeutung der Arbeit in der Produktion des Wohlstands kontinuierlich reduziert wird und die Aufgaben, denen die Menschen schon immer zu entkommen suchten, von Maschinen übernommen werden. Marx war davon überzeugt, dass, wenn dieser Prozess abgeschlossen sei und die moderne Industrie die gesellschaftlich notwendige Arbeitszeit auf ein Minimum reduziert habe, eine Epoche beginne, in der wir die Kontrolle über unsere Existenz und unsere natürliche Umgebung erlangten und nicht nur in der Lage wären, unsere unmittelbaren Bedürfnisse zu befriedigen, sondern auch frei, um unsere Zeit dem Streben nach Höherem zu widmen.

Wie dieser Bruch vonstatten ginge, führte er nicht weiter aus, sieht man von den wenigen metaphorischen Bildern ab, die andeuten, dass, wenn die Produktivkräfte voll entwickelt wären, die sie noch umgebende Hülle einfach aufbrechen und eine soziale Revolution ausgelöst würde. Aber er sagte nicht, wie wir erkennen können, *wann* die Produktivkräfte reif für die Revolution sind, sondern deutete nur an, dass der Umschwung komme, wenn die kapitalistischen Verhältnisse sich weltweit ausgedehnt und die

Vereinheitlichung und Universalisierung der Produktivkräfte und die entsprechenden Fähigkeiten des Proletariats eine globale Dimension erreicht hätten. (Vgl. MEW 3, 35)

Nichtsdestotrotz übte seine Vision einer Welt, in der sich die Menschen durch Maschinen über Not und Mühsal erheben und in der die frei verfügbare Zeit das Maß des Wohlstands wird, eine ungeheure Anziehungskraft aus. Das Bild einer postindustriellen, von der Arbeit befreiten Gesellschaft bei André Gorz beispielsweise, in der sich Menschen ihrer Selbst-Verwirklichung widmen, verdankt dieser Vision viel.[13] Ein weiterer Beleg ist die Begeisterung, mit der autonomen Marxist*innen in Italien das „Maschinenfragment“ aus den „Grundrissen“ diskutierten, also jene Textstelle, wo diese Vision am umfassendsten ausgeführt wurde. Namentlich Antonio Negri hob das in seinem Buch „Marx beyond Marx“ (1991) als den revolutionärsten Aspekt der Marxschen Theorie hervor. Die Passagen in den Notizbüchern VI und VII, in denen Marx eine Welt beschreibt, in der das Wertgesetz aufhört, als Wissenschaft zu funktionieren, und die Technologie die lebendige Arbeit aus dem Produktionsprozess verbannt hat und die Arbeiter*innen nur mehr als Aufseher*innen des Arbeitsprozesses fungieren, sind in ihrer antizipatorischen Kraft tatsächlich atemberaubend. (Vgl. Negri 1991) Doch sind wir heute besonders als Feministinnen in einer guten Position, um zu erkennen, wie trügerisch die Kräfte sind, die uns eine automatisierte Produktion bietet. Wir können sehen, dass das „angeblich hochproduktive Industriesystem“, das von Marx so sehr bewundert wurde, „in Wirklichkeit ein Schmarotzer auf der Erde ist, wie er in der

13 Siehe dazu André Gorz (1980, 1983) und Granter (2009: 121). Granter zeigt, dass die Idee von Gorz von der freien Zeit als Maß des Wohlstands eigentlich eine Marxsche Idee ist, und Gorz bezieht sich hier tatsächlich explizit auf Marx, wenn er aus den „Grundrissen“ zitiert.

Geschichte der Menschheit noch nicht vorgekommen ist" (Ullrich 1993: 281) und sich diese Welt mit einer Geschwindigkeit einverleibt, die einen langen Schatten auf die Zukunft wirft. Marx erkannte, da er, wie Salleh (1997: 70) feststellt, seiner Zeit voraus und ihm das Zusammenspiel von Mensch und Natur bewusst war, diesen Prozess intuitiv, als er sich damit beschäftigte, wie die Industrialisierung der Landwirtschaft nicht nur den Arbeiter und die Arbeiterin, sondern auch den Boden auszehrt.[14] Aber er dachte offensichtlich, dass dieser Trend umgekehrt werden könne, dass, wenn die Arbeiter*innen die Produktionsmittel übernähmen, diese anders gesteuert würden, positiven Zielen dienen und nutzen könnten, um den gesellschaftlichen und natürlichen Reichtum zu vergrößern, anstatt ihn zu verringern, und vor allem dass das Ende des Kapitalismus so nahe bevorstehe, dass der Schaden der profitgetriebenen Industrialisierung noch begrenzt werden könne.

In all diesen Punkten irrte Marx gründlich. Maschinen werden nicht von anderen Maschinen durch eine Art „unbefleckte Empfängnis" zur Welt gebracht. Wenn wir den Computer als Beispiel nehmen, sehen wir, dass die gebräuchlichste Maschine unse-

14 So wie er im ersten Band des „Kapital" am Ende des Kapitels über die „Maschinerie und die große Industrie" geschrieben hat: „Und jeder Fortschritt der kapitalistischen Agrikultur ist nicht nur ein Fortschritt in der Kunst, den Arbeiter, sondern zugleich in der Kunst, den Boden zu berauben, jeder Fortschritt in Steigerung seiner Fruchtbarkeit für eine gegebne Zeitfrist zugleich ein Fortschritt in Ruin der dauernden Quellen dieser Fruchtbarkeit. Je mehr ein Land, wie die Vereinigten Staaten von Nordamerika z.B., von der großen Industrie als dem Hintergrund seiner Entwicklung ausgeht, desto rascher dieser Zerstörungsprozeß. Die kapitalistische Produktion entwickelt daher nur die Technik und Kombination des gesellschaftlichen Produktionsprozesses, indem sie zugleich die Springquellen alles Reichtums untergräbt: die Erde und den Arbeiter." (MEW 23: 529f)

rer Zeit ein ökologisches Desaster ist und für seine Produktion Tonnen an Erde und Wasser und eine unheimliche Menge an menschlicher Arbeit erforderlich sind. (Vgl. Sarkar 1999, 126f) Aufgrund seiner milliardenfachen Herstellung kann man sagen, dass die Maschinen heute wie die Schafe im England des 16. Jahrhunderts „Erde fressen". Das passiert in einem derart rasanten Tempo, dass, auch wenn in naher Zukunft eine Revolution stattfände, eine ungeheure Anstrengung notwendig wäre, um diesen Planeten wieder bewohnbar zu machen.[15] Darüber hinaus erfordern die Maschinen eine materielle und kulturelle Infrastruktur, die nicht nur unsere natürlichen Commons wie Land, Wälder, Wasser, Berge, Seen, Flüsse und Meeresküsten in Mitleidenschaft zieht, sondern auch unsere Psyche und sozialen Beziehungen. Es wurden neue Bedürfnisse und Gewohnheiten geschaffen und Abhängigkeiten produziert, die gleichfalls eine Hypothek auf die Zukunft darstellen. Das erklärt zum Teil, warum der Kapitalismus hundertfünfzig Jahre nach dem Erscheinen des ersten Bands des „Kapital" nicht den Anschein erweckt, bald zu verschwinden, obwohl die objektiven Bedingungen, die sich Marx ausmalte, mehr als reif sind. Vielmehr sind wir Zeugen eines Regimes der permanenten ursprünglichen Akkumulation, das an die Enclosures des 16. Jahrhunderts erinnert und dieses Mal vom Internationalen Währungsfonds und der Weltbank organisiert wird, wenn mit einer Kohorte von Bergbau- und Agrarkonzernen im Schlepptau das gemeinschaftliche Land im Trikont privatisiert wird und die kleinen Produzent*innen enteignet werden, um an das Lithium, Koltan und die Diamanten zu kommen, nach denen die moderne Industrie giert. (Vgl. Federici 2012, 76–84; 2011; 2008)

15 Man kann hier beispielsweise an die Arbeit denken, die notwendig ist, um die schädlichen Folgen des Nuklearmülls zu neutralisieren, der auf der ganzen Welt angehäuft wurde.

Man muss auch betonen, dass keines der Produktionsmittel, das der Kapitalismus hervorbrachte, einfach übernommen und einem anderen Zweck zugeführt werden kann. So wie wir den Staat, worauf wir später zurückkommen werden, nicht einfach übernehmen können, können wir auch die Industrie, die Wissenschaft und die Technologie des Kapitalismus nicht einfach übernehmen, weil ihre Struktur und ihre Funktionsweise von den ausbeuterischen Zielen bestimmt sind, für die sie geschaffen wurden.

Die Expansion der Atomindustrie und der chemischen Industrie zeigt am deutlichsten, dass man sich die moderne Industrie und Technologie nicht einfach für andere Zwecke aneignen

kann, weil diese Industrien die Welt vergifteten und die kapitalistische Klasse mit einem immensen Waffenarsenal ausstatteten, das uns zu zu vernichten droht oder zumindest dafür sorgt, dass sich die gegnerischen Klassen gegenseitig zerstören. Otto Ullrich hat das folgendermaßen ausgedrückt: „Die herausragendste Leistung der verwissenschaftlichten Technologie war zweifellos die Steigerung der zerstörerischen Kraft der Kriegsmaschine.“ (Ullrich 1993, 227) Ganz ähnlich zerstörten die rationalen kapitalistischen Methoden der Landwirtschaft, die Marx den vermeintlich irrationalen der kleinen Produzent*innen gegenüberstellte, den Reichtum, die Diversität und den Nährwert der Lebensmittel, und vieles davon wird in einer Gesellschaft, in der die Produktion dem Menschen dient, anstatt das Ziel der Menschheit zu sein, einfach ausgesondert werden müssen.

Es gibt noch eine andere Überlegung, die uns an der Marxschen Vorstellung von der Funktion der Technologie im Aufbau einer kommunistischen Gesellschaft zweifeln lässt, insbesondere, wenn man sie sich aus einer feministischen Perspektive ansieht. Ein Kommunismus, der auf Maschinen beruht, verlässt sich auf eine Organisation der Arbeit, in der die grundlegendsten Tätigkeiten ausgeschlossen sind, die von Menschen auf diesem Planeten verrichtet werden. Wie ich schon erwähnt habe, kann die reproduktive Arbeit, die in der Marxschen Analyse einfach außen vor gelassen wird, zum größten Teil nicht mechanisiert werden. Anders gesagt, kollidiert die Marxsche Vision einer Gesellschaft, in der die notwendige Arbeit durch Automatisierung dramatisch reduziert werden kann, mit dem Umstand, dass der größte Teil der Arbeit auf diesem Planeten aus Beziehungsarbeit besteht und sich demzufolge nur schwerlich mechanisieren lässt. In einer postkapitalistischen Gesellschaft würden wir im Idealfall einige Haushaltsaufgaben mechanisieren und sicherlich auf neue Formen der Kommunikation, des Lernens und der Information bauen, wenn wir die Kontrolle darüber haben, welche Technologien für welche Ziele und unter welchen Bedingungen produziert werden. Aber wie können wir das Waschen, Verhätscheln, Trösten, Anziehen und Füttern eines Kindes, die Unterstützung von kranken und alten Menschen oder Sex mechanisieren? Welche Maschine müsste das sein, die über die dafür notwendigen Fertigkeiten und Gefühle verfügte? Es gab durchaus Versuche mit „Nursebots" (Folbre 2006: 356) und interaktiven „Lovebots", und es ist durchaus möglich, dass wir in Zukunft die Produktion mechanischer Mütter erleben werden. Für den Fall, dass wir uns derartige Geräte leisten können, müssen wir uns die Frage stellen, welch emotionaler Preis zu zahlen wäre, wenn diese Maschinen die lebendige Arbeit in unseren Häusern ersetzten. Wenn die reproduktive Arbeit aber nur teilweise mechanisiert werden kann, dann implodiert das Marxsche Projekt, das die Vermehrung des materiellen Wohlstands von der Automation und der Reduktion der notwendigen Arbeit abhängig macht, weil die Hausarbeit, insbesondere die Sorgearbeit für Kinder, den größten Teil der Arbeit auf diesem Planeten ausmacht. Das ganze Konzept der gesellschaftlich notwendigen Arbeit verliert dadurch viel von seiner Überzeugungskraft. Wie wird gesellschaftlich notwendige Arbeit definiert, wenn der größte und unverzichtbarste Teil der Arbeit gar nicht als wesentlicher Teil dieser Arbeit anerkannt wird? Und nach welchen Kriterien und Prinzipien wird die Organisation der Pflegearbeit, der Sexarbeit und der Zeugung des Nachwuchses geregelt, wenn diese Aktivitäten nicht als Teil der gesellschaftlich notwendigen Arbeit begriffen werden?

Die zunehmende Skepsis hinsichtlich der Möglichkeiten, Hausarbeit durch Mechanisierung nachhaltig zu verringern, ist eine der Ursachen, warum es unter Feministinnen ein neugewecktes Interesse und Experimentieren mit stärker kollektiven Formen der Reproduktion und der Schaffung reproduktiver Commons

gibt, um die Arbeit auf eine größere Zahl von Subjekten aufzuteilen, als es in der Kleinfamilie der Fall ist. Exemplarisch dafür wäre „The Grand Domestic Revolution" zu nennen, ein fortlaufendes Forschungsprojekt, das von Dolores Haydens Arbeit inspiriert ist und von feministischen Künstlerinnen, Designer*innen und Aktivist*innen in Utrecht (Holland) initiiert wurde, um zu untersuchen, wie der häusliche Bereich und auch die Stadtteile und Städte transformiert und neue Formen des gemeinsamen Lebens und Arbeitens geschaffen werden können. Währenddessen vervielfachen sich unter dem Eindruck der ökonomischen Krise sowohl die Kämpfe zur Verteidigung unserer natürlichen Commons (Land, Wasser, Wälder) als auch die gemeinschaftlichen Tätigkeiten (gemeinsames Einkaufen und Kochen, Urban Gardening, usw.). Es ist mehr als bezeichnend, dass „trotz der Kolonisierung und des Technologietransfers der größte Teil des täglichen Bedarfs nach wie vor von Frauen auf den Feldern der Dritten Welt außerhalb des Geldkreislaufs geleistet" (Salleh 1997, 79), dafür nur wenig Technologie eingesetzt und häufig ungenutztes öffentliches Land bebaut wird. (Vgl. Federici 2012, 138–148) Die Arbeit dieser Bäuerinnen macht in Zeiten einer genozidalen Austeritätspolitik für Millionen Menschen den Unterschied zwischen Leben und

Tod aus.[16] Das ist jedoch genau die Art subsistenzorientierter Arbeit, die Marx eliminiert haben wollte, als er die Rationalisierung der Landwirtschaft durch größere Einheiten und auf wissenschaftlicher Basis „als die großen Verdienste der kapitalistischen Produktionsweise" (MEW 25: 631) betrachtete und argumentierte, dass diese nur durch die Enteignung der unmittelbaren Produzenten möglich sei.

Der Mythos vom fortschrittlichen Charakter des Kapitalismus

Neben der Kritik an der Marxschen Theorie im Hinblick auf die Macht der Industrialisierung zur Befreiung der Menschheit aus Mangel und Not gibt es noch andere Argumente, warum wir seinen Glauben an die Notwendigkeit und Fortschrittlichkeit des Kapitalismus zurückweisen müssen. Erstens verkennt diese Theorie nicht nur das Wissen und den Reichtum, der von nichtkapitalistischen Gesellschaften produziert wird, sondern auch das Ausmaß, in dem die Macht des Kapitalismus auf der Aneignung dieses Wissens und Reichtums beruht. Das ist eine wichtige Überlegung, wenn wir uns nicht vom Fortschritt des Wissens im Kapitalismus verzaubern und in unserem Begehren, ihn zu überwinden, lähmen lassen wollen. Es ist daher politisch wichtig, uns

16 Laut dem Bevölkerungsfonds der Vereinten Nationen produzierten im Jahr 2001 rund „200 Millionen Stadtbewohner*innen" für „eine Milliarde Menschen zumindest einen Teil ihres täglichen Bedarfs an Lebensmitteln". (United Nations Population Fund 2001) Der Bericht „Farming the Cities Feeding an Urban Future" des Worldwatch Institute aus dem Jahr 2011 bestätigt die Bedeutung der Subsistenzlandwirtschaft und erwähnt in einer Pressemitteilung, dass „aktuell rund 800 Millionen Menschen weltweit in urbaner Landwirtschaft beschäftigt sind und dabei rund 15 bis 20 Prozent produzieren." (Worldwatch Institute 2011) Es sollte betont werden, dass diese Zahlen die Subsistenzlandwirtschaft auf dem Land nicht beinhalten.

der Gesellschaften zu erinnern, die der Kapitalismus zerstörte, die aber Tausende Jahre vor dem Auftauchen der Mechanisierung ein hohes Niveau an Wissen und Technologie erreichten, und in denen man über die Weltmeere zu segeln lernte, die wichtigen Sternenkonstellationen entdeckte und die Getreidesorten erfand, die menschliches Leben auf der Erde dauerhaft möglich machten. (Vgl. Conner 2005) Wir sehen das beispielsweise an der großartigen Diversität des Saatguts und der Pflanzen, die von den Native Americans entwickelt wurden. Sie erreichten eine unübertroffene Meisterschaft in landwirtschaftlichen Techniken und erfanden allein in Meso-Amerika mehr als zweihundert Sorten Mais und Kartoffeln, womit sie in krassem Gegensatz zur Zerstörung der Diversität stehen, die wir heute aufgrund der wissenschaftlich organisierten kapitalistischen Landwirtschaft erleben. (Vgl. Weatherford 1988)

Der Kapitalismus hat die gesellschaftliche Kooperation oder den gesellschaftlichen Verkehr, wie Marx Handel und kulturellen Austausch nannte, nicht erfunden. Im Gegenteil, das Aufkommen des Kapitalismus zerstörte Gesellschaften, die durch kollektives Eigentum, kooperative Formen der Arbeit und ausgeprägte Handelsnetzwerke zusammengehalten wurden. Vor der Kolonisierung waren vom Indischen Ozean bis in die Anden äußerst kooperative Arbeitssysteme nicht die Ausnahme, sondern die Regel. Man muss dabei nur an das „Ayllu-System" in Peru und Bolivien oder an die kommunalen Landsysteme in Afrika denken, die bis in das 21. Jahrhundert überdauerten und allesamt einen Kontrapunkt zur Marxschen Sicht der „Isolation des Landlebens" darstellen.[17] Auch

17 Anm. des Übersetzers: Die Autorin verweist an dieser Stelle auf die Arbeit von Draper (1998), der betont, dass die englische Übersetzung der Formulierung vom „Idiotismus des Landlebens" im „Kommunistischen Manifest" mit „idiocy of rural life" irreführend sei, da, wie auch im Deut-

in Europa zerstörte der Kapitalismus eine Gesellschaft der Commons, die nicht nur in der kollektiven Nutzung des Landes und in kollektiven Arbeitsbeziehungen verankert war, sondern auch im täglichen Kampf gegen die feudalen Mächte. Aus diesen Kämpfen entwickelten sich neue kooperative Formen des Lebens, wie beispielsweise die Experimente der häretischen Bewegungen (Katharer, Waldenser), die ich in meinem Buch „Caliban und die Hexe" (2004) analysiert habe. Es ist eben kein Zufall, dass sich der Kapitalismus nur durch den maximalen Einsatz von Gewalt und Zerstörung durchsetzen konnte, was auch die Vernichtung Tausender Frauen während zweier Jahrhunderte der Hexenverfolgung bedeutete, womit schlussendlich der Widerstand gebrochen werden konnte, der im 16. Jahrhundert die Form eines Bäuer*innenkriegs angenommen hatte. Der Kapitalismus war beileibe nicht der Träger des Fortschritts, sondern die Konterrevolution, welche die Entstehung neuer Formen gemeinschaftlichen Lebens untergrub, die entweder in diesen Kämpfen entstanden oder bereits auf den feudalen Landgütern in der gemeinsamen Nutzung der Commons existierten. Es ist einiges mehr vonnöten als die Entwicklung der großen Industrie, um eine revolutionäre Verbindung und die Assoziation freier Produzent*innen herzustellen, die sich Marx am Ende des ersten Bands des „Kapital" vorstellte. (Vgl. MEW 23, 791) Das Kapital und die große Industrie mögen zwar die „Konzentration der Produktionsmittel" (MEW 23, 789) und die Kooperation im Arbeitsprozess vorantreiben, die sich aus der Arbeitstei-

schen, der Begriff Idiotismus bzw. idiocy Mitte des 19. Jahrhundert nicht im Sinne von Idiotie oder Dummheit verstanden wurde, sondern jemanden bezeichnete, der isoliert von der Gesellschaft lebt und daher die Übersetzung „Isolation des Landlebens" näher an der Intention von Marx und Engels sein dürfte. Im Griechischen benennt der Begriff „idiotes" eine Privatperson, die sich nicht in den Angelegenheiten der Polis engagiert.

lung ergibt, aber die Kooperation, die es für einen revolutionären Prozess braucht, ist qualitativ anders als dieser technische Faktor, den Marx, mit der Wissenschaft und der Technologie als „die grundlegende Form der kapitalistischen Produktionsweise" (MEW 23: 355) beschreibt. Es ist sogar fraglich, ob wir überhaupt von Kooperation im Arbeitsprozess sprechen können, wenn diese nicht von den Arbeiter*innen selbst kontrolliert wird und es, abgesehen vom Moment des Widerstands, wenn die kapitalistische Organisation des Arbeitsprozesses unterlaufen wird, zu keiner unabhängigen Entscheidungsfindung kommt. Wir können auch nicht ignorieren, dass die von Marx so bewunderte Kooperation

historisch nur möglich wurde, weil die Fertigkeiten der Arbeiter*innen und die Kooperation in ihren Kämpfen zerstört wurden.[18]

Zweitens bedeutete, davon auszugehen, dass die kapitalistische Entwicklung in irgendeinem Moment der Geschichte unvermeidlich oder gar notwendig und wünschenswert sei, uns gegen die Kämpfe zu stellen, die Menschen führten, um sich dieser Entwicklung zu widersetzen. Aber können wir wirklich sagen, dass die Häretiker*innen, die Wiedertäufer*innen, die Diggers und alle anderen rebellischen Subjekte, die sich gegen die Einhegungen zur Wehr setzten oder dafür kämpften, eine egalitäre Gesellschaftsordnung zu errichten und sich wie Thomas Müntzer „omnia sunt comunia" auf ihren Banner schrieben, alle auf der falschen Seite der Geschichte standen, wenn wir sie aus der Perspektive der Befreiung der Menschheit betrachten? Das ist keine unbedeutende

18 Marx schreibt dazu im „Kapital": „Das Arbeitsmittel erschlägt den Arbeiter." Die Kapitalisten verwenden die Maschinen nicht nur, um sich selbst von der Abhängigkeit von der Arbeit zu befreien, sondern die Maschinerie „wird das machtvollste Kriegsmittel zur Niederschlagung der periodischen Arbeiteraufstände, strikes usw. (…) Man könnte eine ganze Geschichte der Erfindungen seit 1830 schreiben, die bloß als Kriegsmittel des Kapitals wider Arbeiteremeuten ins Leben traten." (MEW 23: 459)

Frage, denn die Ausdehnung der kapitalistischen Verhältnisse ist keine Sache der Vergangenheit, sondern ein fortlaufender Prozess, der noch immer mit „den Zügen von Blut und Feuer geschrieben ist" (MEW 23, 743) und noch immer einen ungeheuren Widerstand erzeugt, der die kapitalistische Unterordnung jedweder Form der Produktion und die Ausdehnung der Lohnarbeit bremst.

Drittens: Den Kapitalismus als notwendig und fortschrittlich vorauszusetzen, verkennt einen Umstand, auf den ich im ganzen Text bestanden habe: Die kapitalistische Entwicklung besteht nicht – oder nicht vorrangig – in der Entwicklung menschlicher Fähigkeiten, und vor allem nicht in der Fähigkeit zur gesellschaftlichen Kooperation, wie Marx meinte. Die Entwicklung des Kapitalismus ist auch die Entwicklung von ungleichen Machtverhältnissen, Hierarchien und Spaltungen, die wiederum Ideologien, Interessen und Subjektivitäten erzeugen, die eine zerstörerische gesellschaftliche Kraft darstellen. Es ist kein Zufall, dass es im Zuge der konzertierten neoliberalen Welle zur Privatisierung der verbliebenen gemeinschaftlichen und öffentlichen Ressourcen nicht die am stärksten industrialisierten Gemeinschaften waren, die sich zur Wehr setzen konnten und manchmal Privatisierungen erfolgreich verhinderten, sondern jene Communities, deren Zusammenhalt am stärksten ist. Die Kämpfe der Indigenen, wie beispielsweise der Quechua und der Aymara gegen die Privatisierung des Wassers in Bolivien (Guiterrez 2009) oder der U'wa in Kolumbien gegen die Zerstörung ihres Landes durch die Ölförderung, zeigten, dass der kapitalistischen Expansion nicht dort, wo die kapitalistische Entwicklung am weitesten gediehen ist, ein Riegel vorgeschoben werden konnte oder diese zurückweichen musste, sondern dort, wo die Bindungen der Community am stärksten sind. So wie die Aussicht auf eine Weltrevolution, die von der kapitalistischen Entwicklung befeuert wird, zunehmend schwindet, erscheint die Wiederherstellung der Communities, die durch rassistische und sexistische Politik und wiederholte Einhegungen verwüstet wurden, nicht nur als eine objektive Bedingung, sondern als eine Vorbedingung für gesellschaftlichen Wandel.

Vom Kommunismus zu den Commons: Eine feministische Perspektive

Für die feministische Bewegung wie auch für andere soziale Bewegungen muss es heute oberste politische Priorität sein, gegen die Spaltungen anzugehen, die der Kapitalismus auf der Basis von „Rasse", Geschlecht und Alter geschaffen hat, und wieder zu vereinen, was in unseren Leben getrennt wurde, um ein kollektives Interesse wiederherzustellen. Darum geht es in der Politik der

Commons schlussendlich, einer Politik, die im besten Fall die Verteilung des Reichtums, kollektive Entscheidungsfindung und eine Revolution in den Beziehungen zu uns selbst und zu anderen zur Voraussetzung hat. Die gesellschaftliche Kooperation und der Erwerb von Wissen, die Marx der industriellen Arbeit zuschrieb, muss aus den Aktivitäten des Commoning wie Urban Gardening, Zeitbanken und Open Source kommen, die selbstorganisiert sind und Gemeinschaft sowohl erfordern als auch produzieren. In diesem Sinne gibt die Politik der Commons, sofern sie darauf abzielt, unser Leben so zu reproduzieren, dass die gegenseitigen Bindungen gestärkt und der Kapitalakkumulation Grenzen gesetzt werden (Vgl. De Angelis 2007), zum Teil die Marxsche Idee vom Kommunismus als jener Bewegung wieder, die den jetzigen Zustand aufhebt. Man könnte auch behaupten, dass wir uns nun mit der Entstehung der Commons im Internet, mit freier Software und freiem kulturellen Austausch, der Universalisierung der menschlichen Fähigkeiten annähern, die Marx als ein Ergebnis der Entwicklung der Produktivkräfte erwartete. Aber die Politik der Commons ist eine radikale Abkehr von dem, was Kommunismus in der marxistischen Tradition und in vielen Arbeiten von Marx, beginnend mit dem Kommunistischen Manifest, bedeutete. Es gibt mehrere wichtige Unterscheidungen zwischen der Politik der Commons und dem Kommunismus, insbesondere wenn wir diese politischen Formen aus einer feministischen und ökologischen Perspektive betrachten.

Die Commons, wie sie von feministischen Autorinnen wie Vandana Shiva, Maria Mies und Ariel Salleh diskutiert und von Grassroots-Frauenorganisationen praktiziert werden, sind nicht von der Entwicklung der Produktivkräfte oder der Mechanisierung der Produktion oder einer irgend gearteten Ausdehnung der kapitalistischen Verhältnisse, also den Vorbedingungen des kommunistischen Projekt bei Marx abhängig. Im Gegenteil, sie müssen sich gegen die Bedrohungen behaupten, die ihnen von der kapitalistischen Entwicklung aufgezwungen werden und versuchen, die verschiedenen lokalen Formen des Wissens und der Technologie aufzuwerten. (Vgl. Mies und Shiva 1995) Sie gehen nicht davon aus, dass es notwendigerweise einen Zusammenhang zwischen wissenschaftlich/technologischer und moralisch/intellektueller Entwicklung gibt, was ja immer eine Prämisse der Marxschen Konzeption des gesellschaftlichen Reichtums war. Außerdem rücken sie die Neugestaltung der Reproduktion als zentrales Feld der Transformation gesellschaftlicher Verhältnisse ins Zentrum, indem sie die Wertstruktur der kapitalistischen Organisation der Arbeit zerrütten. Vor allem versuchen sie, die für die Hausarbeit im Kapitalismus charakteristische Isolation einzureißen, aber nicht um sie auf industrieller Ebene neu zu organisieren, sondern um kooperativere Formen der Sorgearbeit zu schaffen.

Die Commons werden immer im Plural gedacht, im Geiste der Zapatistas und ihres Slogans „Ein Nein, viele Ja", der die Existenz verschiedener historischer und kultureller Entwicklungen und eine Vielfalt an gesellschaftlichen Ergebnissen anerkennt, die mit der Abschaffung der Ausbeutung vereinbar sind. Während die Zirkulation der Ideen und des technologischen Know-how durchaus eine positive historische Kraft sein können, verwehrt man sich zunehmend der Aussicht auf eine Universalisierung des Wissens, der Institutionen und Verhaltensformen, nicht nur, weil es sich dabei um ein Erbe des Kolonialismus handelt, sondern auch, weil es sich dabei um ein Projekt handelt, das nur durch die Zerstörung lokaler Lebensformen und Kulturen verwirklicht werden kann. Vor allem aber ist die Existenz der Commons nicht von der Unterstützung des Staates abhängig. Wenngleich es in radikalen Kreisen zum Teil noch immer ein Bedürfnis nach dem Staat als Übergangsform gibt, die angeblich notwendig sei, um etablierte kapitalistische Interessen zu beseitigen und jene Teile des

Gemeinwesens zu verwalten, die der großräumigen Planung bedürfen (Wasser, Elektrizität, Transport, usw.), ist die Staatsform heute in der Krise, und das nicht nur in feministischen und anderen radikalen Zirkeln. Die Popularität der Commons steht in direktem Zusammenhang mit der Krise der Staatsform, die der Zusammenbruch des real existierenden Sozialismus und die Internationalisierung des Kapitals drastisch vor Augen geführt haben. John Holloway (2002) brachte es auf den Punkt, als er meinte, dass die Vorstellung, wir könnten den Staat verwenden, um einer gerechteren Welt näher zu kommen, bedeute, dem Staat eine autonome Existenz zuzuschreiben und von seinen Netzwerken und gesellschaftlichen Verhältnissen zu abstrahieren, die untrennbar mit der Kapitalakkumulation verbunden sind und zwangsläufig gesellschaftliche Konflikte und Mechanismen des Ausschlusses reproduzieren. Man müsste auch den Umstand leugnen, „dass kapitalistische gesellschaftliche Verhältnisse nie durch Staatsgrenzen beschränkt wurden" (Holloway 2002: 25), sondern global hergestellt werden. Darüber hinaus würde eine in Staatsform realisierte „Diktatur des Proletariats", angesichts eines Weltproletariats, das durch rassistische und geschlechtliche Hierarchien gespalten ist, Gefahr laufen, eine Diktatur des weißen, männlichen Sektors der Arbeiter*innenklasse zu werden. Diejenigen, die mit mehr gesellschaftlicher Macht ausgestattet sind, würden den revolutionären Prozess in eine Richtung lenken, die ihre Privilegien aufrecht erhielte.

Heute besteht es nach Jahrzehnten der verratenen Erwartungen und der Abstimmungen an Wahltagen besonders unter jüngeren Menschen ein tiefgehendes Bedürfnis, sich die Macht zur Veränderung unseres Leben zurückzuholen, sich das Wissen und die Verantwortung anzueignen, die wir in einem proletarischen Staat ja erst wieder an eine übergeordnete Institution abgeben müssten, die uns durch die Repräsentation aber nur verdrängen würde. Das wäre eine verheerende Kehrtwende. Anstatt eine neue Welt zu erschaffen, gäben wir den Prozess der Selbsttransformation auf, ohne den eine neue Gesellschaft nicht möglich ist. Wir stellten dann nur jene Bedingungen wieder her, die uns heute, auch dann noch, wenn wir mit ungeheuerlichen Fällen von Ungerechtigkeit konfrontiert sind, zur Passivität verdammen. Das ist der Reiz der Commons als „Keimform einer neuen Gesellschaft" (Holloway 2010, 35), weil sie für eine Macht stehen, die von unten anstatt vom Staat kommt und auf Kooperation und kollektiver Entscheidungsfindung anstatt auf Zwang beruht. In diesem Sinne schwingt in den Commons die Einsicht von Audrey Lorde mit, dass „die Werkzeuge der Herren niemals die Häuser der Herren demontieren werden" (Lorde 1983, 98f), und ich glaube, dass Marx, wenn er heute lebte, uns in diesem Punkt zustimmen würde. Wenn er sich auch nicht mit den Verwüstungen beschäftigte, die im Kapitalismus durch Sexismus und Rassismus angerichtet werden, und er der Transformation der Subjektivität des Proletariats wenig Aufmerksamkeit schenkte, verstand er nichtsdestotrotz, dass wir eine Revolution brauchen, nicht nur, um uns von den äußeren Zwängen zu befreien, sondern auch, um die internalisierten Ideologien und Verhältnisse des Kapitalismus zu überwinden, damit wir, wie er es nannte, den „ganzen alten Dreck“ loswerden, um dann „zu einer neuen Begründung der Gesellschaft befähigt zu werden“. (MEW 3: 28)

Von der Krise zu den Commons

Reproduktive und affektive Arbeit, Technologie und Transformation des Alltags

Unser Alltag ist das vorrangige Feld gesellschaftlicher Veränderung, innerhalb dessen wir eine Kritik institutioneller und politischer Orthodoxie finden, die auf eine lange Geschichte zurückgreifen kann. Bereits in ihrem Text „Die deutsche Ideologie" (1845/46) stellten Marx und Engels das Studium der materiellen
Bedingungen unseres Lebens den Spekulationen der Neo-Hegelianer gegenüber. Ein Jahrhundert später brachten der französische Soziologe Henry Lefebvre und die Situationist*innen das „Alltagsleben" als Gegenmittel zum bürokratischen französischen Marxismus ihrer Zeit in Stellung. Lefebvre stellte die Fokussierung der Linken auf die Kämpfe in der Fabrik als Motor gesellschaftlicher Veränderung in Frage und argumentierte, dass sich die Theorie mit dem Leben des „ganzen Arbeiters" (Lefebvre 1991, 87) beschäftigen müsse und zu untersuchen sei, wie der „Alltag" konstituiert werde und warum ihm die Philosophen keine Beachtung schenkten. Damit inspirierte er eine neue Generation von Radikalen wie die Situationist*innen, und seine Auseinandersetzung mit dem „Konsumismus", der technologischen Entfremdung und der Kritik an der Arbeit in der kapitalistischen Gesellschaft, bildete die Grundlage für einen großen Teil der Literatur der Neuen Linken.

Es ist aber der feministischen Bewegung zu verdanken, dass die Kritik am „Alltagsleben", die Lefebvre in seiner Arbeit suchte, zum Schlüssel für ein umfassendes Verständnis der Gesellschaft wurde. Die Frauenbewegung rebellierte gegen die Gefangenschaft in der reproduktiven Arbeit und gegen die Hierarchien, die durch die geschlechtliche Arbeitsteilung geschaffen wurden, lieferte damit der Kritik des Alltagslebens eine materielle Grundlage und legte die „Tiefenstruktur" offen, die „Arche", die unter den vielen Handlungen des Alltags liegt und diese verbindet. Lefebvre versuchte das zwar in seiner Arbeit zu erfassen, es gelang ihm aber nie wirklich.[1] Die feministische Perspektive ermöglichte es, zu erkennen, dass „das Alltagsleben" nicht einfach ein Komplex von Ereignissen, Einstellungen und Erfahrungen ist, die nach einer Ordnung suchen. Es handelt sich vielmehr um eine strukturierte Realität, die um einen bestimmten Produktionsprozess organisiert ist: die Produktion von Menschen, die, wie Marx und Engels betonten, „der erste historische Akt" und „eine Grundbedingung aller Geschichte" (MEW 3, 28) ist. Diese Entdeckung führte zu einer theoretischen und praktischen Revolution, die unseren Begriff von Arbeit, Politik, „Weiblichkeit" und die Methodologie der Sozialwissenschaften veränderte und uns in die Lage versetzte, die tradierte psychologisierende Sichtweise zu überwinden, die unsere Erfahrungen individualisiert und das Psychische vom Sozialen trennt.

Im Zentrum dieser feministischen Revolution stand erstens die Erkenntnis, dass wir das gesellschaftliche Leben nicht aus der Perspektive eines abstrakten, universellen, geschlechtslosen gesellschaftlichen Subjekts betrachten können, weil die rassistischen und geschlechtlichen Hierarchien, die für die gesellschaftliche Arbeitsteilung im Kapitalismus prägend sind, insbesondere die Spaltung zwischen bezahlter und unbezahlter Arbeit, nicht nur ungleiche Machtverhältnisse, sondern qualitativ verschiedene Erfahrungen und Perspektiven auf die Welt erzeugen. Zweitens ist

1 Henri Lefebvre schrieb, dass das „Alltagsleben, wie die Sprache, greifbare Formen und tiefe Strukturen enthält, die seinen Handlungen inhärent, aber in ihnen und durch sie verborgen sind." (Lefebvre 2005, 2)

es, weil eben alle Erfahrungen gesellschaftlich konstruiert sind, von besonderer Bedeutung, dass in der kapitalistischen Gesellschaft die Reproduktion des Alltagslebens der Reproduktion der Arbeitskraft unterworfen und als unbezahlte Arbeit und „Frauenarbeit"[2] durchgesetzt wurde. Da es keinen Lohn für Hausarbeit gab, wurde sie derart umfassend naturalisiert, dass es für Frauen schwierig war, dagegen zu kämpfen, ohne ein enormes Schuldgefühl zu verspüren. Wenn es natürlich ist, dass Frauen Mütter und Hausfrauen sind, dann werden jene Frauen, die diese Rolle verweigern, nicht als streikende Arbeiterinnen, sondern als „schlechte Frauen" betrachtet. Drittens sind, wenn die Hausarbeit den Anforderungen des Arbeitsmarktes untergeordnet wird, Familien- und Geschlechterverhältnisse einfach „Produktionsverhältnisse", und wir sollten uns nicht über die Widersprüche wundern, die sie durchdringen, oder darüber, dass diese unsere Bedürfnisse nicht zufriedenstellend befriedigen können. Diese Erkenntnis war eine befreiende Erfahrung für Frauen, und wir können sagen, dass sie dem Alltag „Zugang zur Geschichte und dem politischen Leben" (Lefebvre 1991, 41) ermöglichte. Es wurde nicht nur offenbar, dass das Private politisch[3] ist, sondern auch, dass die Trennung in Privates und Öffentliches bloß ein List ist, um die unbezahlte Arbeit der Frauen als „Liebesdienst" (Vgl. Federici 2012, 15–22) zu mystifizieren.

Es ist wichtig, zu betonen, dass die feministische Kritik des Alltagslebens nicht nur theoretischer Natur war, sondern eine praktische und politische Dimension hatte und einen Demokratisierungsprozess einleitete, der keinen Teil unseres Lebens unverändert ließ. Beispielsweise wurden Vergewaltigungen und Gewalt in

2 Der erste feministische Text, der die Hausarbeit als produktive Arbeit verstand, stammt von Mariarosa Dalla Costa (1975).

3 Zur Herkunft dieses Slogans siehe Hanisch (2006)

der Familie, die man lange als Bedingung der Hausarbeit verzieh, erstmals als Verbrechen gegen Frauen begriffen. Das Recht der Ehemänner, den Körper ihrer Frau zu kontrollieren und sexuelle Dienste gegen ihren Willen einzufordern, wurde in Abrede gestellt. In zahlreichen Ländern konnte die feministische Bewegung die Legalisierung der Scheidung und das Recht auf Abtreibung durchsetzen. Weiter gedacht, gelang es Frauen, ihre tagtägliche Interaktion mit der Welt zu verändern und im Hinblick auf die Sprache, das Wissen, ihre Beziehungen zu Männern und ihre eigenen Bedürfnisse eine neue Kraft zu behaupten. Sogar der sexuelle Akt wurde auf eine gleichberechtigtere Grundlage gestellt, da sich viele

Frauen dem für das Eheleben typischen „schnellen Sex" verweigerten und sich für ihr Recht auf sexuelle Experimente und einen sexuellen Austausch stark machten, der stärker der Lust ihrer Körper entsprach. Am wichtigsten war, dass es der feministischen Bewegung gelang, die untergeordnete gesellschaftliche Position von Frauen und ein durch Männer vermitteltes Verhältnis zu Staat und Kapital nicht länger zu akzeptieren.

Das führte an sich bereits zu einer gesellschaftlichen Revolution, die bedeutende institutionelle Veränderungen durchsetzte, und viele geschlechtsspezifische Diskriminierungen konnten unterbunden werden. Aus der Perspektive Lefebvres (Vgl. Lefebvre 1991, 87) könnten wir also sagen, dass die feministische Bewegung das Alltagsleben „rehabilitierte" und aufwertete und einige der zentralen Institutionen, die es strukturieren, scharf kritisierte. Aber in dem Maße, in dem die Bewegung nicht in der Lage war, ihre Kritik an der Familie und an dem, was ich als „Patriarchat des Lohns" bezeichne, in eine Kritik anderer Formen der Ausbeutung zu verwandeln und „Befreiung" mit „gleichen Rechten" und Zugang zur Lohnarbeit gleichsetzte, war es unmöglich, der Kooptierung durch die Regierungen und die Vereinten Nationen zu entkommen, die Mitte der 1970er-Jahre bereitstanden, um eine angepasste Form des Feminismus zur Neugestaltung der Weltwirtschaft zum Einsatz zu bringen.

Die Intervention der Vereinten Nationen im Bereich feministischer Politik und ihr Selbstverständnis als Akteurin, die sich um die Entpatriarchalisierung der internationalen Machtstruktur kümmert, geschah wohl aus drei Überlegungen. (Vgl. Federici 2014) Erstens aus der Erkenntnis, dass das Verhältnis zwischen Frauen, Kapital und Staat nicht mehr durch die Vermittlung männlicher, bezahlter Arbeiter organisiert werden kann, weil die Frauenbewegung sich dem entschieden verweigerte und ihr Verlangen nach mehr Autonomie von den Männern nicht länger unterdrückt werden konnte. Zweitens bestand die dringende Notwendigkeit, einer Bewegung Herr zu werden, die über ein großes subversives Potenzial verfügte, bis zu diesem Zeitpunkt völlig autonom agierte, sich einer radikalen Veränderung des Alltagslebens verschrieben hatte und der politischen Repräsentation misstraute. Die Bewegung zu zähmen, war insbesondere in dem Moment wichtig, als in Reaktion auf die hartnäckige „Krise der Arbeit" Mitte der 1970er-Jahre eine globale kapitalistische Gegenoffensive gestartet wurde, die darauf abzielte, die Kontrolle der kapitalistischen Klasse über die Arbeitsdisziplin wiederherzustellen und die Organisationsformen zu zerstören, die für den Widerstand der Arbeiter*innen gegen die Ausbeutung verantwortlich waren. „Das Jahrzehnt der Frauen", das die Vereinten Nationen auf einer Internationalen Konferenz in Mexiko im Jahr 1975 ausriefen, ist in diesem Zusammenhang zu sehen und markierte den Anfang der Institutionalisierung der feministischen Bewegung sowie der Integration der Frauen in die sich globalisierende Weltwirtschaft.

Im Laufe dieses Jahrzehnts wurden unheimlich viele Frauen Teil der bezahlten Arbeitskraft, damit aber kam die feministische Revolution des Alltagslebens an ihr Ende. Die Reproduktion wurde als Terrain feministischer Kämpfe aufgegeben, und es dauerte nicht lange, bis die feministische Bewegung selbst von der Bildfläche verschwand und dem Abbau des Wohlfahrtsstaats, der seit dem Zweiten Weltkrieg ein wesentlicher Bestandteil des Gesellschaftsvertrages zwischen Arbeit und Kapital war, nichts entgegensetzen konnte. Noch problematischer in diesem Kontext ist aber, dass die feministische Bewegung durch ihren Kampf für Chancengleichheit und Lohnarbeit dazu beitrug, der nachlassenden Arbeitsmoral wieder Legitimation zu verschaffen und gegen die Verweigerung der Arbeit wirkte, die in den 1960er- und 1970er-Jahren in der Industrie allgegenwärtig war. Unsere Lektion daraus war, dass wir unser Alltags-

leben nicht verändern können, wenn wir nicht die Institutionen und das diese strukturierende politische und wirtschaftliche System verändern. Andernfalls können unsere Kämpfe zur Transformation des Alltags einfach geschluckt werden und als Ausgangspunkt zur Rationalisierung der Verhältnisse dienen, denen in weiterer Folge noch viel schwieriger beizukommen ist. Das erleben wir aktuell in den USA, und wir sind heute mit einer ungeheuren „Krise der Reproduktion" und immer wiederkehrenden Revolten konfrontiert, welche die Möglichkeit eröffnen, kooperativere Formen der gesellschaftlichen Reproduktion zu erschaffen. Das muss aber erst noch passieren. Im Folgenden diskutiere ich die Bedingungen, die für die Entstehung einer Gesellschaft der Commons notwendig sind. Zuerst werde ich allerdings auf die aktuelle Krise der Reproduktion eingehen, insbesondere auf die Situation in den Vereinigten Staaten, weil ich die Situation dort am besten kenne und an ihr die von mir genannten Entwicklungen am deutlichsten ablesbar sind.

Das Alltagsleben als permanente Krise

Während einige Feministinnen die Veränderungen, die seit den 1970er-Jahren im Leben US-amerikanischer Frauen vonstatten gingen, als Fortschritt begreifen, befinden sich sowohl Frauen als auch Männer heute in vielerlei Hinsicht in einer schwierigeren wirtschaftlichen und sozialen Situation als in den Anfangstagen der feministischen Bewegung. Sogar die Belege dafür, dass zwischenmenschliche Beziehungen egalitärer wurden, sind nicht so eindeutig. Die Feminisierung der Arbeitskraft steigerte die Autonomie von Frauen gegenüber Männern. Nancy MacLean betont, dass der Kampf um den Zugang zu männerdominierten Jobs dazu beitrug, „unser Bewusstsein über die gesellschaftliche Konstruktion und Instabilität der Kategorien Geschlecht, Rasse und Klasse zu schärfen." (MacLean 1999, 68)

Frauen kamen aber just zu dem Zeitpunkt auf den Arbeitsmarkt, als es die Vorteile und Sicherheiten der Lohnarbeit nicht mehr gab und es nicht mehr möglich war, die Arbeit und die Arbeitszeit so zu gestalten, dass sich die Arbeit außerhalb des Hauses mit der Sorgearbeit für die Familien und Communities vereinbaren ließ. Nur wenige Jobs bieten Kinderbetreuung an oder sind so gestaltet, dass sie mit der Hausarbeit vereinbar sind, selbst wenn diese mit den Männern geteilt wird. Die Kommerzialisierung der Hausarbeit, d.h. sie als käufliche Dienstleistung in Anspruch nehmen zu können, wurde als großartige Entwicklung gepriesen, stieß aber schnell an ihre Grenzen, angefangen bei den hohen Kosten und der geringen Qualität der erbrachten Dienstleistungen. Wir wissen zum Beispiel, dass das Fast Food, das viele Arbeiter*innen konsumieren, eine der Hauptursachen für Fettleibigkeit ist, von der auch viele Kinder betroffen sind. Wer ein entsprechendes Einkommen hat, kann eine Hausangestellte bezahlen, aber angesichts der harten Bedingungen und der Tatsache, dass es vor allem Migrantinnen sind, die in diesem Bereich arbeiten und die Jobs nur wegen der schwierigen wirtschaftlichen Bedingungen in ihren Herkunftsländern annehmen, ist das kaum eine wünschenswerte Lösung. (Vgl. Ehrenreich und Hochschild 2002)

Dazu kommt, dass die Kürzungen im Bildungs- und Gesundheitsbereich zu einer erheblichen Zunahme der Hausarbeit führten, insbesondere im Hinblick auf die Betreuung von Kindern, älteren Menschen und Menschen mit Krankheiten oder Behinderungen. Daher stellte sich heraus, dass die wirtschaftliche Unabhängigkeit, die der Eintritt in den Arbeitsmarkt den Frauen versprach, nicht mehr als eine Illusion war, und zum Teil kehrten sogar Frauen, die Karriere gemacht hatten, in den Haushalt zurück, und Häuslichkeit als solche erfuhr eine Neubewertung. (Vgl. Matchar 2013) Müde von den Kämpfen an einem Arbeitsplatz, der nicht mehr die Reproduktion der Arbeiter*innen

sichert, und weil noch immer davon ausgegangen wird, dass es zu Hause eine Ehefrau gibt, die sich um alles kümmert, warfen viele Frauen, zumindest aus bürgerlichen Familien, das Handtuch und widmeten ihre Leben der „hochwertigen" Reproduktion: Sie backen Brot, bauen Gemüse an, kaufen gute Lebensmittel und unterrichten ihre Kinder zu Hause. Emily Matchar (2013) beschreibt, dass die neue Häuslichkeit von ökologischen Bedenken und dem Wunsch, zu wissen, woher die Lebensmittel kommen, geprägt ist, weshalb konventionelle Lebensmittel und industriell hergestellte Waren grundsätzlich abgelehnt werden. Viele dieser Frauen sind beispielsweise von DIY-Bewegungen (Do it yourself) beeinflusst und leben nicht so abgeschieden wie ihre Mütter, deren Lebensmittelpunkt ebenfalls der Haushalt war, einige von ihnen werden Bloggerinnen, um Informationen zu verbreiten und zu sammeln. Dabei handelt sich aber bestenfalls um eine individuelle Lösung. Die Probleme der großen Mehrheit der Frauen werden dadurch nicht berührt, und die gesellschaftliche Distanz vertieft sich nur noch weiter. Sie sind Ausdruck eines neuen Individualismus, der das „gute Leben" zum Ziel hat, es aber nicht durch soziale Kämpfe für das „Gemeinwohl" zu erreichen sucht.

Durch die Doppelbelastung, zu der viele Frauen verurteilt sind, die langen Arbeitszeiten, die niedrigen Löhne und die Kürzungen wichtiger reproduktiver Dienstleistungen wurde der Alltag der meisten Frauen zu einer permanenten Krise. In den Vereinigten Staaten arbeiten proletarische Frauen im Durchschnitt rund fünfzig Stunden pro Woche, fünfunddreißig oder mehr Stunden außerhalb des Hauses und ungefähr drei Stunden pro Tag im Haus. Wenn wir noch die Zeit hinzunehmen, die es braucht, um zur Arbeit zu kommen oder sich für sie fertig zu machen, wird deutlich, wie wenig Zeit für Entspannung oder andere Aktivitäten bleibt. Darüber hinaus besteht ein großer Teil der von Frauen verrichteten Arbeit aus emotionaler, affektiver Arbeit, also daraus, andere Menschen glücklich zu machen, zu unterhalten, zu trösten oder ihnen beizustehen. Diese Tätigkeiten sind, besonders wenn sie marktförmig verrichtet werden, sehr anstrengend und führen im Laufe der Zeit zu einem Gefühl der Entpersonalisierung, und man verliert das Gefühl dafür, welche Wünsche und Bedürfnisse man selbst hat. (Vgl. Hochschild 1983) Wenn wir weiters den wirtschaftlichen Niedergang und die Prekarisierung des Lebens in Betracht ziehen, können wir verstehen, warum Frauen doppelt so häufig an klinischen Depressionen und Angstzuständen leiden als Männer. Die Zahlen schwanken, aber Frauen stellen die Mehrheit der fünf Millionen Erwachsenen in den USA, die von Depressionen betroffen sind. Rund vierzig Millionen Frauen leiden Tag für Tag an Angstzuständen, jede fünfte Frau leidet einmal in ihrem Leben an Depressionen. (Vgl. Mayo Clinic; Fessler 2014) Die Statistiken aus anderen Ländern sehen nicht viel anders aus, die Zahlen nehmen weiter zu. In den Vereinigten Staaten gibt es Belege dafür, dass im letzten Jahrzehnt das Gefühl von Glück und Zufriedenheit zurückging und besonders bei Frauen aus der Arbeiter*innenklasse die Lebenserwartung sinkt. Allein zwischen 1990 und 2008 war, im Vergleich zur Generation ihrer Mütter, ein Rückgang um fünf Jahre zu verzeichnen.[4]

Die Krise des Alltagslebens betrifft nicht nur Frauen. Probleme wie ständige Überarbeitung und die Unsicherheiten der Lohnarbeit, die es zunehmend erschweren, Pläne für die Zukunft zu schmieden, sind weit verbreitet und betreffen alle sozialen Gruppen jeden Alters. Gesellschaftliche Solidarität und familiärer Zusammenhalt brechen ebenfalls zusammen. Verschärfend kommt hinzu, dass die Familien genau in dem Moment zerfallen, in dem sich die bis in die 1960er-Jahre prägenden Organisationsformen der Arbeiter*innenklasse auflösen und sie nicht mehr in der Lage sind, den Folgen der wirtschaftlichen Umstrukturierung, Gentrifizierung und erzwungenen Mobilität etwas entgegenzusetzen. In erster Linie ist natürlich die neoliberale Umgestaltung der Weltwirtschaft für diese Situation verantwortlich. Leopoldina Fortunati weist in ihrer Studie über die Auswirkungen der Kommunikationstechnologien auf die Reproduktion des Alltags aber auch darauf hin, dass wir heute Zeugen davon sind, dass die verschiedenen sozialen Subjekte in ihrem Alltag unfähig sind, ihre Interessen zu vermitteln und Organisationsformen zu finden, die es ihnen ermöglichten, sich den verheerenden Folgen der Globalisierung zu widersetzen. (Vgl. Fortunati 1998) Die Weigerung der Männer, die Autonomie der Frauen zu akzeptieren, was sich beispielsweise in der zunehmenden Gewalt von Männern gegen Frauen nieder-

4 Die Ausgabe des Magazins „Health Affairs“ aus dem März 2013 berichtet ebenfalls, dass die Lebenserwartung in den USA im Vergleich zu anderen Industrieländern massiv zurückging. Der Rückgang betrifft vor allem weiße Frauen mit geringer formaler Bildung, die im Durchschnitt eine um fünf Jahre geringere Lebenserwartung haben als ihre Mütter. (Vgl. Olshansky (2012) Die Selbstmordrate unter Frauen, vor allem mittleren Alters, nahm in den letzten Jahren rasant zu. Wobei Männer in der Zahl der Suizide noch immer vorne liegen. (Vgl. Parker-Pope 2013)

schlägt, trug zur Schwächung der sozialen Bindungen bei. Unter diesen Umständen musste das Alltagsleben als wichtigstes Feld der Vermittlung zwischen den Menschen Schiffbruch erleiden, und viele Menschen, unfähig, zwischenmenschliche Beziehungen aufrechtzuerhalten, die ihnen zu mühsam und schwierig erscheinen, fliehen aus diesem Feld. (Vgl. Fortunati 1998, 27) Das heißt, dass sich niemand mehr um die Care-Arbeit kümmert, ob nun an Mitgliedern der Familie oder an Freund*innen, was besonders für Kinder und ältere Menschen schwerwiegende Folgen hat. In Europa gibt es mittlerweile den Trend, ältere Angehörige, die an Alzheimer erkrankt sind, ins Ausland zu verfrachten.[5] Die Kommunikation von Angesicht zu Angesicht, eine Schlüsselkomponente unserer Reproduktion, geht zurück, sowohl unter Erwachsenen als auch zwischen Erwachsenen und Kindern. Sie reduziert sich in Umfang und Inhalt und hat nur mehr eine rein instrumentelle Anwendung, da sie nach und nach durch Internet, Facebook und Twitter ersetzt wird.

Kurz gesagt, ist die „Krise der Reproduktion“ einer der wichtigsten Faktoren im Alltagsleben, weil die dafür zur Verfügung gestellten Ressourcen dramatisch zurückgehen, sowohl im Hinblick auf die Arbeit, sich um andere Menschen zu kümmern, als auch in einer weiteren Abwertung des Alltags, wozu die neuen Kommunikationstechnologien beitrugen, wenn sie auch nicht die Hauptursache dafür sind. Die Statistiken sind sehr aussagekräftig: Nicht nur die Lebenserwartung sinkt, sondern auch die Lebensqualität, weil die Alltagserfahrungen von einem tiefen Gefühl der Entfremdung, Sorge und Angst geprägt sind. Psychische Störun-

5 Heike Haarhoff berichtet, dass mehr als siebentausend ältere Menschen aus Deutschland „verlegt“ wurden und nun in Pflegeeinrichtungen in der Tschechischen Republik, Griechenland, Ungarn, Spanien oder Thailand leben. (Vgl. Haarhoff 2013)

gen sind allgegenwärtig, weil viele befürchten, jederzeit ihre Wohnung verlieren und auf der Straße stehen zu könnten, und diese Unmöglichkeit, seine Zukunft zu planen, hat eine destabilisierende Wirkung. Noch besorgniserregender ist aber, dass diese Pathologien mittlerweile sogar Kinder betreffen, was wohl damit zu tun hat, dass die Care-Arbeit, die früher von der Familie und der Schule geleistet wurde, zusammengebrochen ist. Wobei sich schwer bestimmen lässt, wie real diese psychischen Störungen sind oder ob sie nicht von Ärzt*innen und Pharmaunternehmen mit der stillschweigenden Zustimmung der Eltern und Lehrer*innen konstruiert werden, damit das Unglück einer Generation, der zu Hause und in der Schule die Zeit und der Raum, den Kinder bräuchten, verweigert wird, medizinisch behandelt werden kann. Sicher ist aber, dass noch nie bei so vielen Kindern und Kleinkindern psychische Erkrankungen diagnostiziert wurden. Von 1990 bis 2007 ist die Zahl der psychisch kranken Kinder in den USA auf das Fünfunddreißigfache gestiegen. Laut dem „Center for Disease Control" leidet jedes fünfte Kind, einschließlich Kleinkinder, an einer psychischen Störung. (Vgl. Williams 2013) Das beinhaltet Depressionen, Hyperaktivität und Aufmerksamkeitsstörungen. Diese Kinder sollen durch eine Unmenge an psychoaktiven Medikamenten, die von Schulen und Familien großzügig verabreicht werden, „geheilt" werden. Manche Kinder im Alter von zehn Jahren nehmen bis zu sieben Tabletten pro Tag, obwohl die negativen Auswirkungen auf ihre geistige Entwicklung hinlänglich bekannt sind.

Die Kinder sind heute die großen Verlierer*innen unserer Gesellschaft. In einer Welt, in der die Anhäufung von Geld alles ist und unsere gesamte Zeit „produktiv" genutzt werden muss, haben die Bedürfnisse der Kinder einen geringen Stellenwert und müssen auf ein Minimum reduziert werden. Das ist zumindest die Botschaft, die uns von der kapitalistischen Klasse vermittelt wird, für die Kinder heute in erster Linie Konsument*innen sind. Sie wünschen sich geradezu, die Kindheit als unproduktiven Zustand auszulöschen, indem beispielsweise Kleinkindern, wie es von einigen Ökonomen empfohlen wird, beigebracht wird, wie sie mit Geld umgehen sollen und vernünftige Verbraucher*innen werden können, und Kinder bereits im Alter von vier Jahren „Eignungstests" unterzogen werden, um ihnen einen vermeintlich guten Start im wirtschaftlichen Konkurrenzkampf zu ermöglichen. Die Auslöschung der Kindheit schreitet auch in den Familien der Arbeiter*innenklasse rasch voran, da die Eltern immer weniger zu Hause und andauernd mit ökonomischen Krisen konfrontiert sind, die eine Quelle der Verzweiflung und Wut sind. Erwachsene, ob Eltern oder Lehrer*innen, haben weder die Zeit noch die Energie noch die Ressourcen, um sich den Kindern zu widmen. Fortunati meint, dass wir ihnen zwar zu sprechen beibringen, aber nicht zu kommunizieren. Die Verbreitung von Kindesmissbrauch zeigt, wie sehr Kinder als Belästigung wahrgenommen werden. Ein besorgniserregendes Zeichen für die tiefe Krise der Eltern-Kind-Beziehungen, die wir derzeit in den USA erleben, ist, dass zwischen 2001 und 2011 mehr als 20.000 Kinder, wovon drei Viertel noch keine vier Jahre alt waren, von ihren Familien getötet wurden, mehr als vier Mal so viele tote Kinder wie gefallene Soldaten im Irak und in Afghanistan im selben Zeitraum.[6] Es ist also kein Wunder, dass selbst ein relativ neues Phänomen wie die Amokläufe an Schulen, an denen die Abwertung des Lebens von Kindern und die Auflösung der gesellschaftlicher Beziehungen dramatisch vor Augen geführt werden, nur bescheidene Reaktionen nach sich zieht und es keine ernsthaften Versuche gibt, diesen ein Ende zu setzen.

6 Die USA sind „führend" in der Zahl von Kindesmisshandlungen. Die Zahl der tödlichen Kindesmisshandlung liegt in den USA drei Mal höher als in Kanada und elf Mal höher als in Italien. (Vgl. Petit 2011)

„Riprendiamoci la vita" – „Holen wir uns unser Leben zurück"[7]

Wie kämpft man gegen diese Flucht aus alltäglichen Beziehungen und der Reproduktion an? Wie können wir das gesellschaftliche Gefüge wiederherstellen und unser Zuhause und unsere Nachbarschaft in Orte des Widerstands und des politischen Wiederaufbaus verwandeln? Diese Fragen stehen heute für die Menschheit ganz oben auf der Tagesordnung und beflügeln das praktische und theoretische Interesse an der Schaffung der „Commons", das heißt gesellschaftliche Beziehungen und Räume zu schaffen, die auf Solidarität, gemeinschaftlicher Nutzung des vorhandenen Reichtums, kooperativer Arbeit und gemeinsamer Entscheidungsfindung beruhen. (Vgl. Caffentzis und Federici 2013)

Dieses Unterfangen, das häufig von indigenen Kämpfen inspiriert war und mittlerweile von einer Vielzahl von Bewegungen (feministischen, anarchistischen, grünen, marxistischen) geteilt wird, ist eine Antwort auf eine Reihe von Bedürfnissen. Erstens geht es darum, zu überleben, und das in einer Zeit, in der der Staat und der Markt immer weniger Mittel für unsere Reproduktion bereitstellen. In Lateinamerika waren es in den 1980er- und 1990er-Jahren, wie Raúl Zibechi (2012) schreibt, vor allem die Frauen, die ihre Ressourcen bündelten, um ihre Familien in einer Zeit strenger Austeritätspolitik, die ihre Communities entmonetarisierte oder in Abhängigkeit von Geldüberweisungen der Migrant*innen brachte, zu unterstützen. In Lima schufen die Frauen Tausende Komitees, für das Einkaufen und Kochen, für urbane Gärten, für die Milch der Kinder usw., um die Unterstützung zu organisieren, die für viele den Unterschied zwischen Leben und Tod ausmachte.

7 „Riprendiamoci la vita" war der Slogan, den viele Feministinnen in Italien in den Siebzigerjahren verwendeten, um einem Kampf Ausdruck zu verleihen, der keine besondere Forderung stellte, sondern das Leben der Frauen von staatlichem Zugriff befreien wollte.

(Vgl. Zibechi 2012, 236) Ähnliche Organisationsformen entwickelten sich nach dem Putsch von Pinochet in Chile, wo angesichts der grassierenden Armut und der politischen Repression die Feuerstellen der „Volksküchen“ nie kalt wurden. (Vgl. Fisher 1993, 177–200) In Argentinien konnten wir in der Krise des Jahres 2002, als die Frauen ihre Kochtöpfe zu den *piquetes* brachten, ebenfalls Elemente einer „Kollektivierung“ oder Vergesellschaftung der Reproduktion beobachten. (Vgl. Rauber 2002) In Kolumbien bezeichneten sich proletarische Frauen in den frühen Neunzigerjahren als „madres comunitarias“, als sie sich um die auf der Straße lebenden Kinder kümmerten. Anfangs wurde das ehrenamtlich gemacht, nach einem längeren Kampf durchläuft diese Arbeit derzeit einen Prozess der Formalisierung; seit 2014 beziehen rund siebzigtausend Mütter für ihre Tätigkeit ein kleines Gehalt vom Sozialministerium. Ihre Arbeit basiert aber weiterhin auf der Grundlage gemeinschaftlicher Solidarität, und das Gehalt, das sie bekommen, reicht kaum für das eigene Überleben, und noch weniger, um die Kinder zu versorgen.

Weder in den USA noch in Europa haben wir diese Art der Kollektivierung reproduktiver Arbeit erlebt, wenn auch nach und nach gemeinschaftliche und selbstorganisierte Formen der reproduktiven Arbeit in der „entwickelten“ Welt auftauchen. Urbane Gärten und CSA-Landwirtschaft[8] konnten sich in vielen Städten etablieren und bieten nicht nur Gemüse für den Kochtopf, sondern auch Weiterbildung, insbesondere für Kinder, die lernen können, wie etwas wächst, gepflanzt und haltbar gemacht wird.

8 Community Supported Agriculture (CSA) bezeichnet die landwirtschaftlichen Initiativen, die in den letzten Jahren in den Vereinigten Staaten entstanden und Verbraucher*innen mit Erzeuger*innen direkt in Beziehung setzen. Die Bäuer*innen werden im Voraus für die Ernte bezahlt, wodurch die Risiken geteilt werden. (Vgl. Federici 2012, 141–42).

Zeitbanken, früher ein radikales Projekt, breiten sich derzeit in vielen Teilen der USA aus, um ohne Geld an Dienstleistungen zu gelangen und neue Netzwerke der Unterstützung und Freundschaften zu schaffen. (Vgl. ABC News 2014)

All diese Initiativen mögen angesichts der sozialen und ökologischen Katastrophen, denen wir uns gegenübersehen, unbedeutend erscheinen. Wenn wir aber die wachsende Verelendung und Militarisierung des Alltags in Betracht ziehen, die lähmend wirken und zu Rückzug und Misstrauen gegenüber den Nachbar*innen führen, dann sind diese Anzeichen des Willens zur Kooperation ermutigend. Sie sind ein Zeichen für das zunehmende Bewusst-

sein, dass wir, wenn wir mit der Krise alleine fertig werden wollen, unweigerlich verlieren, denn in einem gesellschaftlichen System, das zur andauernden Entwertung unseres Leben verdammt, gibt es nur eine Möglichkeit, wirtschaftlich und psychisch zu überleben, nämlich die Alltagspraxen in ein Terrain des kollektiven Kampfes zu verwandeln.

Es gibt aber noch einen anderen Grund, warum es so wichtig ist, in der Reproduktion unseres Alltags neue Formen des sozialen Zusammenhalts und der Kooperation zu schaffen. Die Hausarbeit, inklusive der Sorgearbeit und der affektiven Arbeit, wirkt extrem isolierend und wird auf eine Art und Weise geleistet, die uns voneinander trennt, unsere Probleme individualisiert und unsere Bedürfnisse und unser Leiden verbirgt. Diese Arbeit ist überaus anstrengend und erfordert häufig, verschiedene Tätigkeiten zugleich zu verrichten, die aber nicht automatisiert werden können und darüber hinaus meist unentgeltlich von Frauen verrichtet werden, die sie häufig neben einer entlohnten Vollzeitbeschäftigung leisten müssen. Technologien, insbesondere Kommunikationstechnologien, spielen heute ohne Zweifel eine wichtige Rolle in der Organisation der Hausarbeit und wurden ein nicht mehr wegzudenkender Bestandteil unseres Alltags. Aber diese Technologien dienten, wie Fortunati argumentiert, in erster Linie dazu, die zwischenmenschliche Kommunikation zu ersetzen anstatt zu verbessern, und ermöglichten Familienangehörigen, der Krise der Kommunikation zu entkommen und sich in die Maschine zu flüchten.[9] So sind auch die Versuche japanischer und US-amerikanischer Unternehmen, unsere Reproduktion mit auf unsere Wünsche abgestimmten Nursebots und Lovebots zu roboterisieren, eher Anzeichen für die wachsende Vereinsamung und den Verlust von Beziehungen als eine Alternative, und es darf bezweifelt werden, ob wir in Zukunft viele dieser Roboter in unseren Häusern antreffen werden. Das ist der Grund, warum die Bemühungen, insbesondere von Frauen, unseren Alltag zu entprivatisieren und kooperative Formen der Reproduktion zu schaffen, so wichtig sind. Sie ebnen nicht nur einer Welt den Weg, in der die Sorge um andere eine kreative Tätigkeit und keine Last ist, sondern reißen auch die Isolation ein, die heute unsere Reproduktion bestimmt, und schaffen jene solidarischen Bindungen, ohne die unser Leben eine affektive Wüste ist, in der wir über keine gesellschaftliche Macht verfügen.

In diesem Zusammenhang sind Commons sowohl das Ziel als auch die Bedingung unseres Alltags und unserer Kämpfe. In ihrer embryonalen Form repräsentieren sie die gesellschaftlichen Beziehungen, die wir schaffen wollen, sowie die Mittel, diese auf-

9 Fortunati warnt davor, davon auszugehen, dass die Kommunikationstechnologien für die Krise der Kommunikation verantwortlich seien. Sie lehnt diese Art von „technologischem Determinismus“ ab, der ignoriert, dass die „Verbraucher“ aktive politische Subjekte sind, und argumentiert, dass kommunikative Technologien in eine soziale Realität eingreifen, die bereits „strukturell entfremdet“ (Fortunati 1998, 38) organisiert ist. Das bedeutet, dass die Krise der Familienbeziehungen nur den Boden bereitete, auf dem Technologien in unseren Alltag eindringen und ihn beherrschen können. (Vgl. Fortunati 1998, 34–48).

zubauen. Sie sind kein eigenständiger Kampf, sondern eine Perspektive, die wir in jeden Kampf und jede soziale Bewegung einbringen müssen, wie es ein Mitglied einer zapatistischen Gemeinde auf den Punkt brachte: „Widerstand bedeutet nicht nur, dass wir eine schlechte Regierung nicht unterstützen oder keine Steuern oder Stromrechnungen zahlen. Widerstand bedeutet, all das zu erschaffen, was es braucht, um das Leben unserer Leute zu erhalten." (EZLN 2014)

Die Welt wieder verzaubern

Technologie, der Körper und die Commons

Ein Jahrhundert ist vergangen, seit Max Weber in seinem Aufsatz „Wissenschaft als Beruf" schrieb, dass „das Schicksal unserer Zeit (…) die Entzauberung der Welt" (Weber 1919, 36) sei, ein Phänomen, das er der Rationalisierung und Intellektualisierung moderner Formen gesellschaftlicher Organisation zuschrieb. Mit „Entzauberung" bezog sich Weber auf das Verschwinden des Religiösen und des Sakralen. Wir können seine Warnung aber politischer interpretieren, indem wir sie auf eine Welt beziehen, in der unsere Fähigkeit, eine andere Logik als die der kapitalistischen Entwicklung zu erkennen, jeden Tag stärker in Frage gestellt wird. Diese Unfähigkeit hat viele Ursachen, die uns davon abhalten, das Elend, das wir tagein, tagaus erleben, in eine transformative Praxis zu verwandeln. Die globale Umstrukturierung der Produktion demontierte die Communities der Arbeiter*innenklasse und vertiefte die Spaltungen, die der Kapitalismus im Weltproletariat anrichtet. Was uns aber ebenso daran hindert, unser Leiden für die Schaffung von Alternativen zum Kapitalismus produktiv zu machen, sind die Verführungen der Technologie, die uns vorgaukeln, Kräfte zu verleihen, ohne die wir nicht leben könnten. Mit diesem Mythos möchte ich in diesem Text aufräumen. Das bedeutet keinesfalls, dass ich blind auf die Technologie losgehen werde und mich nach der (unmöglichen) Rückkehr in ein primitivistisches Paradies sehne. Ich will vielmehr herausarbeiten, welchen Preis wir für die technologischen Innovationen, die uns verzaubern, bezahlen müssen, und vor allem das Wissen und die Macht in Erinnerung rufen, die durch die Produktion und Anwendung dieser Technologie verloren gingen. Es geht darum, eine andere Vernunft und eine andere Logik als die der kapitalistischen Entwicklung zu entdecken. Das meine ich, wenn ich von der „Wiederverzauberung der Welt“ spreche, die meiner Meinung nach für den Großteil der antisystemischen Bewegungen von zentraler Bedeutung und eine Voraussetzung für den Widerstand gegen Ausbeutung ist. Wenn wir nur das kennen und uns nur danach sehen, was der Kapitalismus produziert, dann ist jede Hoffnung auf wirkliche Veränderung zum Scheitern verurteilt. Gesellschaften, die nicht bereit sind, die Verwendung industrieller Technologien zu reduzieren, müssen sich auf ökologische Katastrophen, den Wettbewerb um knapper werdende Ressourcen und ein zunehmendes Gefühl der Verzweiflung hinsichtlich der Zukunft des Planeten und der Bedeutung unserer Anwesenheit auf diesem einstellen. In diesem Zusammenhang sind Kämpfe, die darauf abzielen, die Welt wieder weniger urban zu machen, beispielsweise durch die Wiederaneignung von Land, die Befreiung der Flüsse von Staudämmen, den Widerstand gegen die Entwaldung und – ganz entscheidend – die Neubewertung der reproduktiven Arbeit entscheidend für unser Überleben. Das ist nicht nur die Voraussetzung für unser physisches Überleben, sondern auch eine Bedingung für die „Wiederverzauberung“ der Welt, weil diese Kämpfe wieder zusammenfügen, was der Kapitalismus voneinander getrennt hat: unsere Beziehungen zur Natur, zu anderen Menschen und zu unserem eigenen Körper, wodurch wir in die Lage versetzt werden, nicht nur der Anziehungskraft des Kapitalismus zu entkommen, sondern in unserem Leben wieder ein Gefühl der Ganzheit zu erlangen.

Technologie, Körper und Autonomie

Ausgehend von diesen Prämissen behaupte ich, dass die Verlockungen, die Technologien auf uns ausüben, eine Folge der ökonomischen, ökologischen und kulturellen Verarmung sind, die fünf Jahrhunderte kapitalistischer Entwicklung in unserem Leben hervorbrachten, sogar – oder vor allem – in den Ländern, wo er sich am weitesten entwickelte. Diese Verarmung hat viele Seiten. Der Kapitalismus schuf beileibe nicht, wie Marx es sich vorstellte, die materiellen Voraussetzungen für den Übergang zum Kommunismus, sondern erzeugte weltweit Mangel. Die Tätigkeiten, die unseren Körper und unseren Geist nach der Vernutzung im Arbeitsprozess wiederherstellen, wurden entwertet, und die Erde wurde derart überbeansprucht, dass sie zunehmend nicht mehr in der Lage ist, für unser Auskommen zu sorgen. Marx beschrieb das im Hinblick auf die Landwirtschaft:

„Und jeder Fortschritt der kapitalistischen Agrikultur ist nicht nur ein Fortschritt in der Kunst, den Arbeiter, sondern zugleich in der Kunst, den Boden zu berauben, jeder Fortschritt in Steigerung seiner Fruchtbarkeit für eine gegebne Zeitfrist zugleich ein Fortschritt im Ruin der dauernden Quellen dieser Fruchtbarkeit. Je mehr ein Land, wie die Vereinigten Staaten von Nordamerika z.B., von der großen Industrie als dem Hintergrund seiner Entwicklung ausgeht, desto rascher dieser Zerstörungsprozeß. Die kapitalistische Produktion entwickelt daher nur die Technik und Kombination des gesellschaftlichen Produktionsprozesses, indem sie zugleich die Springquellen alles Reichtums untergrabt: die Erde und den Arbeiter." (MEW 23, 528)

Diese Zerstörung ist heute zum Teil schwieriger zu sehen, weil sich durch die globale Ausdehnung des Kapitalismus der Großteil der sozialen und materiellen Folgen außerhalb unserer Wahrnehmung befindet, sodass es für uns schwierig wird, die gesamten Kosten neuer Produktionsformen abzuschätzen. Der

deutsche Soziologe Otto Ullrich schreibt, dass der Mythos von der Wohlstand schaffenden Technologie nur aufrecht erhalten werden könne, weil die wahren Kosten in Zeit und Raum verschoben würden und wir nicht in der Lage seien, das Leid zu sehen, das durch die tägliche Verwendung technischer Geräte verursacht wird. (Vgl. Ullrich 1992, 283) In Wirklichkeit wissen wir heute, dass die kapitalistische Anwendung von Wissenschaft und Technologie in der Produktion im Hinblick auf das menschliche Leben und das Ökosystem derart kostspielig ist, dass sie, würde sie verallgemeinert, die Erde zerstörte. Es wurde schon oft gesagt, dass eine Verallgemeinerung nur möglich wäre, wenn ein anderer Planet zur Verfügung
 stünde, der ausgeplündert und verschmutzt werden könnte. (Vgl. Wackemagel und Rees 1996)

Es gibt noch eine andere Form der Verarmung, die zwar weniger sichtbar, aber um nichts weniger verheerend ist und von der marxistischen Tradition weitgehend ignoriert wurde. Das ist der Verlust, den wir durch eine lange Geschichte kapitalistischer Angriffe auf unsere Autonomie hinnehmen mussten. Damit meine ich das Geflecht von Bedürfnissen, Wünschen und Fähigkeiten, das sich durch die evolutionäre Entwicklung im Laufe von Millionen Jahren in einem engen Kontakt zur Natur niederschlug und eine der wichtigsten Quellen unseres Widerstands gegen die Ausbeutung darstellt. Ich meine damit unser Bedürfnis nach Sonne, Wind und Sternen, das Bedürfnis, einander zu berühren, zu riechen, miteinander zu schlafen, einander zu lieben und uns in der freien Natur aufzuhalten, anstatt von Mauern umgeben zu sein. Kinder zwischen vier Wänden festzuhalten, ist nicht zufällig eine der großen Herausforderungen für Lehrer*innen. Durch das Beharren auf der diskursiven Konstruktion des Körpers verloren wir diese Realität aus den Augen. Diese geballte Struktur an Bedürfnissen und Wünschen, die die Voraussetzung für unsere gesellschaftliche Reproduktion waren, setzte der Ausbeutung der

Arbeit Grenzen, weshalb der Kapitalismus seit Anbeginn einen Krieg gegen unseren Körper führen musste und diesen zu einem Signifikanten für all das machte, was begrenzt, stofflich und der Vernunft entgegengesetzt ist. (Vgl. Federici 2004)

Michel Foucaults Gespür für den ontologischen Vorrang des Widerstands und unsere Fähigkeit, befreiende Praktiken hervorzubringen, kann damit erklärt werden. (Vgl. Hardt und Negri 2009, 31) Es kann also auf der Grundlage einer konstitutiven Interaktion zwischen unserem Körper und einem „Außen" – ob wir es nun Kosmos oder Natur nennen – erklärt werden, eine Interaktion, die ungeheuer produktiv für unsere Fähigkeiten, kollektiven Visionen und Vorstellungen war, obwohl sie durch soziale und kulturelle Interaktion vermittelt wird. Vandana Shiva weist darauf hin, dass alle Kulturen des südasiatischen Raums aus Gesellschaften hervorgingen, die in enger Verbindung mit den Wäldern lebten. (Vgl. Shiva 1989) Auch die wichtigsten wissenschaftlichen Entdeckungen stammen aus vorkapitalistischen Gesellschaften, in denen das Leben der Menschen auf allen Ebenen von der täglichen Interaktion mit der Natur geprägt war. Vor viertausend Jahren entdeckten und kartierten Babylonier und Maya die wichtigsten Sternbilder und die zyklischen Bewegungen der Himmelskörper. (Vgl. Conner 2005, 63) Polynesische Seeleute konnten in der dunkelsten Nacht auf hoher See navigieren und sich durch das Lesen der Wellenbewegungen ihren Weg zur Küste bahnen, so sehr befanden sich ihre Körper mit den Wellenbewegungen im Einklang.[1] Die amerikanischen Ureinwohner*innen entwickelten die Kulturpflanzen, die heute die Welt ernähren, mit einer Meisterschaft, an die keine der landwirtschaftlichen Innovationen der

1 Conner (2005, 190–92) berichtet auch, dass die europäischen Steuermänner das Wissen über die Winde und Strömungen, das ihnen über den Atlantik zu segeln ermöglichte, von eingeborenen Schiffsleuten bezogen.

letzten fünfhundert Jahre herankommt und die eine Fülle und Vielfalt hervorbrachte, mit der keine landwirtschaftliche Revolution mithalten konnte. (Vgl. Weatherford 1988) Ich erwähne diesen wenig bekannten und selten bedachten Teil der Geschichte, um auf die umfassende Verarmung hinzuweisen, die wir im Zuge der kapitalistischen Entwicklung erlebten und die keine Technologie kompensieren konnte. Parallel zur Geschichte der technologischen Innovationen des Kapitalismus lässt sich eine Geschichte darüber schreiben, wie unsere vorkapitalistischen Kenntnisse und Fähigkeiten verloren gingen, die aber das Fundament für die Ausbeutung unserer Arbeitskraft im Kapitalismus bildeten. Die Fähig-

keit, die fünf Elemente zu verstehen, die heilende Wirkung von Pflanzen und Blumen, sich von der Erde zu ernähren, in den Wäldern zu leben, sich von Sternen und Winden zu Land und zu Wasser leiten zu lassen, war und ist eine Quelle der „Autonomie", die zerstört werden musste. Die industriellen Technologien des Kapitalismus wurden auf diesem Verlust errichtet und verstärkten ihn.

Der Kapitalismus eignet sich nicht nur das Wissen und die Fähigkeiten der Arbeiter*innen im Produktionsprozess an, sodass in Marxens Worten „das Arbeitsinstrument als Unterjochungsmittel, Exploitationsmittel und Verarmungsmittel des Arbeiters" (MEW 23, 528) erscheint, wie ich in meinem Buch „Caliban und die Hexe" (2004) argumentierte. Vielmehr setzte die Mechanisierung der Welt die Mechanisierung des menschlichen Körpers voraus und entwickelte sich über diese. In Europa wurde das durch die Einhegungen, die Verfolgung von Vagabund*innen und die Hexenjagden des 16. und 17. Jahrhunderts verwirklicht. An dieser Stelle ist es wichtig, daran zu erinnern, dass Technologien keine neutralen Apparate sind, sondern ganz bestimmte Beziehungssysteme, „bestimmte soziale und physische Infrastrukturen" (Ullrich 1992, 285), die disziplinarische und kognitive Regime beinhalten, welche die kreativsten Aspekte der lebendigen Arbeit, die im Produktionsprozess vernutzt wird, aufgreifen und sich einverleiben. Das ist bei digitalen Technologien nicht weniger der Fall. Nichtsdestotrotz ist es schwierig, uns vom Gedanken zu verabschieden, dass die Einführung des Computers der Menschheit zum Vorteil gereicht, er den Umfang der gesellschaftlich notwendigen Arbeitszeit verringert und unseren gesellschaftlichen Reichtum gesteigert hätte und unsere Fähigkeit zur Kooperation gestärkt worden wäre. Bis dato legt sich über die Darstellung der Computerisierung ein langer Schatten einer optimistischen Sicht auf die Informationsrevolution und die Wissensgesellschaft. Saral Sarkar betont aber, dass für die Herstellung eines Computers im Durchschnitt fünfzehn bis neunzehn Tonnen an Rohstoffen und dreiunddreißigtausend Liter reinen Wassers erforderlich sind, die Teil unseres gemeinsamen Reichtums sind und meist den Commons Afrikas oder Zentral- und Südamerikas entrissen werden. (Vgl. Sarkar 1999, 126 und Shapiro 2010) Raphael Samuels Beschreibung der Industrialisierung lässt sich auf die Computerisierung umlegen: „Wenn man die [industrielle] Technologie nicht aus der Perspektive des Kapitals, sondern aus der Perspektive der Arbeit betrachtet, dann ist die Darstellung, dass Maschinen uns Mühsal ersparen würden, eine grausame Karikatur. (...) Neben den Erfordernissen, die die Maschinen selbst durchsetzten, brauchte es eine riesige Armee von Arbeitern, die sie mit Rohmaterialien versorgen mussten." (Samuel 1992, 26)

Die Computerisierung steigerte auch die militärischen Potentiale der Kapitalistenklasse und die Möglichkeiten, unsere Arbeit und unser Leben zu überwachen. Angesichts dessen verblassen die Vorteile, die wir aus der Verwendung von Computern ziehen. (Vgl. Mander 1991) Am wichtigsten ist aber, dass die Computerisierung weder die Arbeitszeit reduzierte, wie es alle technizistischen Utopien seit den 1950er-Jahren versprachen, noch die Belastungen durch körperliche Arbeit verringert wurden. Wir arbeiten heute mehr denn je. Japan, das Mutterland des Computers, ist führend, wenn es um das neue Phänomen des „Todes durch Arbeit“ geht. In den Vereinigten Staaten stirbt Jahr für Jahr eine kleine Armee von Arbeiter*innen an den Folgen von Arbeitsunfällen, andere wiederum gehen an den Krankheiten zugrunde, die durch die Arbeit verursacht werden.[2]

Die Computerisierung vollendet die Abstraktion und Reglementierung der Arbeit sowie die Entfremdung und Entgesellschaftlichung. Der Stress, den die digitale Arbeit verursacht, kann an der geradezu epidemischen Ausbreitung von psychischen

Erkrankungen gemessen werden. Depressionen, Panik- und Angstzustände, Aufmerksamkeitsstörungen und Legasthenie sind heute in den technologisch am weitesten entwickelten Ländern wie den USA zur Normalität geworden, wobei diese Epidemien auch als Form passiven Widerstands gelesen werden können, als Weigerung, sich zu fügen, einer Maschine gleich zu werden und sich die Pläne des Kapitals zu eigen zu machen. (Vgl. Berardi 2009)

Die Computerisierung leistet also einen großen Beitrag zum allgegenwärtigen Elend und bringt uns Julian de La Mettries Idee von der „Mensch-Maschine“ näher. Hinter der Illusion der totalen Vernetzung entstanden Formen der Isolation, der Trennung und der Spaltung. Dank des Computers arbeiten heute Millionen von

2 Laut JoAnn Wypijewski starben zwischen 2001 und 2009 40.019 Arbeiter*innen bei der Arbeit. Mehr als 5.000 verstarben 2007, was einen Durchschnitt von 15 Toten pro Tag macht. Mehr als 10.000 wurden verletzt oder verstümmelt. Sie berechnete, dass „aufgrund der mangelhaften Berichte die Zahl der verletzten Arbeiter*innen näher an 12 Millionen ist als an den offiziell genannten vier Millionen.“ Death at Work in America, Counterpunch, April 29, 2009, https://www.counterpunch.org/2009/04/29/death-at-work-in-america/

uns zu Bedingungen, in denen jeder Schritt überwacht, registriert und gegebenenfalls bestraft wird. Soziale Beziehungen sind zerbrochen, weil wir die Zeit vor unseren Bildschirmen verbringen und die Freude an direktem körperlichen Kontakt und persönlichen Gesprächen verlieren. Die Kommunikation ist oberflächlicher geworden, weil es nur darum geht, schnell zu reagieren und ein wohl durchdachter Brief durch eine schnelle Nachricht ersetzt wurde. Uns wird auch mehr und mehr bewusst, dass das Tempo, an das uns die Computer gewöhnen, in unserem täglichen Umgang mit anderen Menschen Ungeduld erzeugt, weil sie mit der Geschwindigkeit der Maschine nicht mithalten können.

In diesem Zusammenhang müssen wir auch die Analysen zur
Occupy-Bewegung, die davon ausgehen, dass digitale Technologien wie Twitter und Facebook die globale Revolution beförderten und Auslöser des „arabischen Frühlings" und der Bewegung der Platzbesetzungen gewesen seien, über Bord werfen. Twitter kann zweifellos Tausende Menschen auf die Straße bringen, aber eben nur dann, wenn sie schon bereit sind, sich zu engagieren. Diese Technologien bestimmen nicht, wie wir zusammenkommen, ob bloß einer neben dem anderen steht oder ob wir das gemeinsam und kreativ tun, wie wir das bei den Platzbesetzungen erlebt haben. Denn das war das Ergebnis unseres Begehrens nach dem Anderen, nach einer Kommunikation von Angesicht zu Angesicht und nach einer gemeinsamen Gestaltung der Reproduktion. Die Erfahrungen der Occupy-Bewegung in den USA zeigten, dass das Internet durchaus unterstützend sein kann, aber Engagement, das eine transformative Wirkung entfaltet, wird nicht durch online zirkulierende Informationen ausgelöst, sondern entsteht erst dann, wenn man auf demselben Platz campiert, Probleme gemeinsam löst, gemeinsam kocht, ein Reinigungsteam organisiert oder mit der Polizei konfrontiert ist. Für Tausende Jugendliche, die vor dem Computerbildschirm aufgewachsen sind, waren das erhellende

Erfahrungen. Es ist kein Zufall, dass der „Mic Check" eine derart wertvolle Erfahrung in der Occupy-Bewegung war. Erfunden wurde dieses „Gerät", weil die Polizei die Verwendung von Lautsprechern im Zuccotti Park verboten hatte, und innerhalb kürzester Zeit war der „Mic Check" das Symbol der Unabhängigkeit von Staat und Maschine und verlieh dem kollektiven Verlangen, der kollektiven Stimme und der kollektiven Praxis Ausdruck. Noch Monate später, auch wenn es gar nicht notwendig war, sagten die Menschen „Mic Check!" bei ihren Treffen, um sich dieser kollektiven Macht zu erinnern.

All diese Überlegungen stehen im Widerspruch zur Behaup-

tung, dass die digitalen Technologien unsere Autonomie erweiterten und dass diejenigen, die dort arbeiteten, wo die technologische Entwicklung am weitesten fortgeschritten sei, am besten in der Lage wären, revolutionäre Veränderungen voranzutreiben. In Wirklichkeit sind die Weltgegenden, die, aus einer kapitalistischen Perspektive betrachtet, technologisch am wenigsten weit fortgeschritten sind, jene Regionen, wo der politische Kampf am intensivsten und die Zuversicht, die Welt verändern zu können, viel größer ist. Ein Beispiel dafür sind die autonomen Räume, die von Bäuer*innen und Indigenen in Südamerika geschaffen wurden und die sich trotz jahrhundertelanger Kolonialisierung gemeinschaftliche Formen der Reproduktion erhalten haben.

Die materiellen Grundlagen dieser Welt werden heute wie nie zuvor angegriffen und sind das Ziel eines permanenten Prozesses der Einhegung, der von Bergbau-, Agrar- und Biokraftstoffunternehmen betrieben wird. Angesichts dessen, dass sogar die angeblich „fortschrittlichen" Regierungen Lateinamerikas nicht in der Lage sind, die Logik des Extraktivismus zu überwinden, sehen wir, wie tiefgehend das Problem ist. Der gegenwärtige Angriff auf Land und Wasser wird zudem durch einen nicht weniger verheerenden Versuch der Weltbank und einer ganzen Reihe von NGOs verschlimmert, die jedwede Subsistenz durch (Mikro-)Kredite der Geldform zu unterwerfen suchen, was dazu führte, dass sich unzählige Händler*innen, Bäuer*innen und viele andere, die Lebensmittel produzierten oder Sorgearbeit leisteten, mehrheitlich Frauen, sich nun nicht mehr selbst versorgen können und zu Schuldner*innen gemacht wurden. Aber trotz dieses Angriffs ist diese Welt, die von einigen als „rurban" bezeichnet wird, um ihre gleichzeitige Verbundenheit mit der Stadt und dem Land zu betonen, nicht totzukriegen. Man sieht das an der steigenden Zahl von Bewegungen, die Land besetzen, an den Kriegen um das Wasser und am Fortbestehen solidarischer Praxen wie dem *tequio*[3], das selbst von Migrant*innen nicht aufgegeben wird. Ganz im Gegensatz zur Behauptung der Weltbank, ist die Figur der „Bäuer*in" – auf dem Land oder in der Stadt – eine soziale Kategorie, die noch lange nicht für den Mülleimer der Geschichte bestimmt ist. Einige, wie der verstorbene simbabwische Soziologe Sam Moyo, sprachen vonm Prozess einer neuerlichen „Verbäuerlichung" und meinten, dass die Kämpfe gegen die Privatisierung des Landes und für seine Wiederaneignung, die sich von Asien bis nach Afrika erstrecken, wohl zu den maßgeblichen und mit Sicherheit am härtesten geführten Kämpfen gehörten, die es im Moment gebe. (Vgl. Moyo und Yeros 2005)

Von den Bergen Chiapas zu den Ebenen Bangladeschs wurden diese Kämpfe häufig von Frauen angeführt. Sie spielen in allen Bewegungen, die Land zurückfordern und es besetzen, eine Schlüsselrolle. Nachdem sie mit einer neuerlichen Privatisierungswelle konfrontiert waren und die Lebensmittelpreise weiter anstie-

3 *Tequio* ist eine Form der kollektiven Arbeit, die es schon im präkolonialen Mesoamerika gab, bei der die Mitglieder einer Gemeinschaft für ein gemeinsames Projekt zusammenarbeiten, beispielsweise wenn eine Schule oder Straße gebaut wird.

gen, bauten Frauen die Subsistenzlandwirtschaft weiter aus und eigneten sich jedes verfügbare Stück Land an, wodurch sie das Erscheinungsbild vieler Städte veränderten. Die Flächen für die Subsistenzlandwirtschaft zurückzugewinnen oder zu erweitern, ist eines der zentralen Kampffelder der Frauen in Bangladesch und führte zur Gründung der „Landless Women's Association", die seit 1992 Landbesetzungen durchführt. (Vgl. Federici 2012) In Indien standen die Frauen in den Kämpfen um Land an vorderster Front, wie auch bei der Bewegung gegen den Bau von Staudämmen. Sie gründeten das „Nationale Bündnis für das Recht der Frau auf Nahrung", eine landesweite Bewegung, die aus 35 Frauengruppen
 besteht und für die Verteidigung des Senfkornanbaus kämpft, der gefährdet ist, weil ein US-amerikanisches Unternehmen ein Patent zu bekommen sucht. Ähnliche Kämpfe finden in Afrika und Südamerika und zunehmend auch in Industrieländern statt, wo städtische Landwirtschaft und solidarische Formen des Wirtschaftens stetig zunehmen und Frauen wieder eine herausragende Rolle einnehmen.

Eine andere Vernunft

Was wir also erleben, ist eine „Umwertung" politischer und kultureller Werte. Während beim marxistischen Weg zur Revolution die Fabrikarbeiter*innen an der Spitze marschierten, begreifen wir langsam, dass die neuen Paradigmen von denjenigen kommen könnten, die weltweit auf den Feldern, in den Küchen und in den Fischerdörfern dafür kämpfen, ihre Reproduktion vom Zugriff mächtiger Unternehmen zu befreien und unseren gemeinsamen Reichtum zu bewahren. Auch in den Industrieländern suchen, wie Chris Carlsson in seinem Buch „Nowtopia" (2008) dokumentiert, immer mehr Menschen nach Alternativen zu einem Leben, das von der Arbeit und dem Markt bestimmt wird, weil die Arbeit unter diesen prekären Bedingungen nicht mehr identitätsstiftend sein kann und sie das Bedürfnis haben, kreativer zu sein. In diesem Sinne folgen die Kämpfe der Arbeiter*innen heute einem anderen Muster als die traditionellen Streiks, und sie spiegeln die Suche nach neuen Protestformen und anderen Beziehungen zwischen Menschen sowie zwischen Mensch und Natur wider. Wir sehen dasselbe Phänomen in der Zunahme von Praktiken des Commoning wie Zeitbanken, städtischen Gärten und anderen Strukturen der gegenseitigen Hilfe in den Communities. Wir sehen das bei androgynen Varianten der Geschlechtsidentität, der Entstehung transsexueller und intersexueller Bewegungen und der queeren Ablehnung des Geschlechts und damit implizit auch der Ablehnung der geschlechtlichen Arbeitsteilung. Wir sollten auch an die weltweite Verbreitung von Tätowierungen und Körperkunst denken, wodurch neue Communities über Geschlechts-, Rassen- und Klassengrenzen hinweg geschaffen werden. Diese Phänomene sind nicht nur ein Hinweis auf den Zusammenbruch der Disziplinarmechanismen, sondern auch Ausdruck eines tiefen Verlangens, unser Menschsein anders zu gestalten, als uns Disziplin des Kapitalismus über Jahrhunderte aufzwingen wollte.

Die Kämpfe von Frauen auf dem Terrain der reproduktiven Arbeit spielen bei der Schaffung dieser „Alternative" eine entscheidende Rolle, denn diese Arbeit, ob es nun um Subsistenzlandwirtschaft, Bildung oder Kindererziehung geht, hat etwas Einzigartiges, weil sie besonders geeignet ist, kooperativere gesellschaftliche Beziehungen entstehen zu lassen. Menschen hervorzubringen oder Lebensmittel für unseren Mittagstisch herzustellen, ist eine qualitativ andere Erfahrung als die Produktion von Autos, da ersteres einer andauernden Interaktion mit natürlichen Prozessen bedarf, deren Modalitäten und Timing wir nicht kontrollieren können. Reproduktive Arbeit kann also ein tieferes Verständnis der natürlichen Bedingungen erzeugen, denen wir auf diesem Planeten ausgeliefert sind, und das ist wiederum entscheidend für die von mir vorgeschlagene Wiederverzauberung der Welt. Die Versuche, reproduktive Arbeit in die Parameter industrialisierter Arbeitsorganisation zu zwingen, haben hingegen überaus schädliche Folgen, wenn man sich beispielsweise ansieht, welche Folgen die Industrialisierung der Geburt hatte, die aus einem zumeist zauberhaften Ereignis eine entfremdete und beängstigende Erfahrung machte. (Vgl. Pfeufer Kahn 1989, 20–36)

Auf unterschiedliche Weise erhaschen wir in diesen neuen Sozialen Bewegungen einen flüchtigen Blick auf die Entstehung einer anderen Vernunft, die nicht nur im Widerspruch zur sozialen und wirtschaftlichen Ungerechtigkeit steht, sondern uns wieder mit der Natur verbindet und eine andere Vorstellung davon bietet, was es bedeutet, Mensch zu sein. Diese neue Kultur ist nur am fernen Horizont erkennbar; noch hat die kapitalistische Logik unsere Subjektivität fest im Griff. Die Gewalt, die von Männern in jedem Land und in allen Klassen gegenüber Frauen ausgeübt wird, ist ein Maß dafür, wie weit wir noch gehen müssen, bevor wir von Commons sprechen können. Bedenklich finde ich auch, dass sich einige Feministinnen an der kapitalistischen Abwertung der Reproduktion beteiligen, was wir an ihrer Angst, sich einzugestehen, dass Frauen eine besondere Rolle in der Neuorganisation der reproduktiven Arbeit spielen können, und an der weit verbreiteten Tendenz sehen können, reproduktive Tätigkeiten bloß als notwendige Schufterei zu begreifen. Das ist meiner Meinung nach ein schwerwiegender Fehler. Denn die reproduktive Arbeit, welche die materielle Grundlage unseres Lebens und das erste Terrain ist, auf dem wir unsere Fähigkeit zur Selbstregierung, ausprobieren können, ist der „Ground Zero der Revolution".

Literatur

Adoko, Judy: Land Rights: Where We Are and Where We Need to Go, in: Mokoro, September 2005. (online: http://mokoro.co.uk/wp-content/uploads/lemu_land_rights_where_we_are_and_where_we_need_to_go.pdf).

Altvater, Elmar; et al. (Hg.): The Poverty of Nations: A Guide to the Debt Crisis from Argentina to Zaire, London 1991. (dt.: Die Armut der Nationen. Handbuch zur Schuldenkrise von Argentinien bis Zaire, Frankfurt/Main 1989.)

Álvarez, Helen: La Marcha de la Mujeres, in: Mujer Pública, La Paz 2011.

Anderson, Kevin B.: Marx's Late Writings on Non-Western and Precapitalist Societies and Gender, in: Rethinking Marxism 14, Nr. 4 (Winter 2002), S. 84–96.

Anderson, Nels: On Hobos and Homelessness, Chicago 1998.

Andreas, Carol: When Women Rebel: The Rise of Popular Feminism in Peru, Westport 1985.

Anton, Anatole: Public Goods as Common Stock: Notes on the Receding Commons, in: Not for Sale: In Defense of Public Goods, hg. von Anatole Anton, et.al., Boulder 2000.

Barrow, E.G.C.: Customary Tree Tenure in Pastoral Land, in: Land Tenure Systems and Natural Resource Management, in: In Land We Trust. Environment, Private Property and Constitutional Change, hg. von Calestous Juma und J.B. Ojwang, London 1996.

Bateman, Milford: Why Doesn't Microfinance Work? The Destructive Rise of Local Neoliberalism, London 2010.

Bebel, August: Women under Socialism, New York 1971. (Dt.: Die Frau und der Sozialismus, Zürich 1879.)

Beito, David T.: From Mutual Aid to the Welfare State: Fraternal Societies and Social Services 1890–1967, Chapel Hill 2000.

Berardi, Franco "Bifo": Precarious Rhapsody, London 2009.

Bikaako, Winnie; Ssenkumba, John: Gender, Land and Rights: Contemporary Contestations in Law, Policy and Practice in Uganda, in: Women and Land in Africa, hg. von L. Muthoni Wanyeki, London 2003.

Boal, Iain; Stone, Janferie; Watts, Michael; Winslow, Cal: West of Eden: Communes and Utopia in Northern California, Oakland 2012.

Bollier, David; Helfrich, Silke (Hg.): The Wealth of the Commons: A World beyond Market and State, Amherst 2012.

Bonate, Liazzat: Women's Land Rights in Mozambique: Cultural, Legal and Social Contexts, in: Women and Land in Africa: Culture, Religion and Realizing Women's Rights, hg. von L. Muthoni Wanyeki, London 2003.

Brandon, William: New Worlds for Old: Reports from the New World and Their Effect on the Development of Social Thought in Europe, 1500–1800, Athens 1986.

Buck, Susan J.: The Global Commons: An Introduction, Washington 1998.

Caffentzis, George: The Fundamental Implications of the Debt Crisis for Social Reproduction in Africa, in: Paying the Price: Women and the Politics of International Economic Strategy, hg. von Mariarosa Dalla Costa and Giovanna F. Dalla Costa, London 1995, S. 153–187.

Caffentzis, George: Three Temporal Dimensions of Class Struggle, 2006. (Unveröffentlichtes Manuskript)

Caffentzis, George: From the Grundrisse to Capital and Beyond: Then and Now, in: Workplace: A Journal for Academic Labor Nr. 15 (September 2008), S. 59–74.

Caffentzis, George; Federici, Silvia: Notes on Edu-factory and Cognitive Capitalism, in: Toward a Global Autonomous University: Cognitive Labor, the Production of Knowledge, and Exodus from the Education Factory, hg. von The Edu-factory Collective, Brooklyn 2009, S. 119–124.

Caffentzis, George: Two Cases in the History of Debt Resistance, 2012. (Unveröffentlichtes Manuskript)

Caffentzis, George; Federici, Silvia: Commons against and beyond Capitalism, in: Upping the Anti 15 (September 2013): S. 83–99.

Caffentzis, George: African American Commons, 2015. (Unveröffentlichtes Manuskript)

Carlsson, Chris: Nowtopia. How Pirate Programmers, Outlaw Bicyclists, and Vacant-Lot Gardeners are Inventing the Future Today, Oakland 2008.

Chancosa, Blanca: Saramanta Warmikuna (Hijas del Maíz) un espacio de aliadas naturales, in: Agua y aceite: La sostenibilidad de la vida en crisis en la Amazonía, hg. von Lisset Coba Mejía, Flor del Guanto Nr. 5 (Jänner 2016).
Chant, Sylvia (Hg.): The International Handbook of Gender and Poverty: Concepts, Research, Policy, London 2010.
Chávez, Daniel: El Barzón: Performing Resistance in Contemporary Mexico, in: Arizona Journal of Hispanic Cultural Studies 2 (1998), S. 87–112.
Cheru, Fantu: The Silent Revolution and the Weapons of the Weak: Transformation and Innovation from Below, in: The Global Resistance Reader, hg. von Louise Amoore, New York 2005.
Cleaver, Harry: Notes on the Origins of the Debt Crisis, in: Midnight Notes Nr. 10 (Frühjahr 1990).
Colectivo Miradas Críticas del Territorio Desde el Feminismo: La vida en el centro y el crudo bajo tierra: El Yasuní en clave feminista, Quito 2014.

Conner, Clifford D.: A People's History of Science: Miners, Midwives, and Low Mechanicks, New York 2005.
Cotula, Lorenzo; Toulmin, Camilla; Hesse, Ced: Land Tenure and Administration in Africa: Lessons of Experiences and Emerging Issues, London 2004.
Creischer, Alice; Hinderer, Max Jorge; Siekmann, Andreas (Hg.): The Potosí Principle: Colonial Image Production in the Global Economy, Köln 2010.
Cronon, William: Changes in the Land: Indians, Colonists, and the Ecology of New England, New York 2011.
Cross, Gary S.: Time and Money: The Making of a Consumer Culture, New York 1993.
Crossette, Barbara: UN Report Raises Questions about Small Loans to the Poor, in: New York Times vom 3. September 1998, S. A8.
Dalla Costa, Mariarosa: Women and the Subversion of the Community, in: The Power of Women and the Subversion of the Community, hg. von Selma James und Mariarosa Dalla Costa, Bristol 1975. (Dt.: Frauen und der Umsturz der Gesellschaft, Berlin 1978)
Dalla Costa, Mariarosa: Capitalism and Reproduction, in: Open Marxism, Vol. 3: Emancipating Marx, hg. von Werner Bonefeld, John Holloway und Kosmas Psychopedis, London 1995, S. 7–16.
Dalla Costa, Mariarosa; Chilese, Monica: Our Mother Ocean: Enclosure, Commons, and the Global Fishermen's Movement, Brooklyn 2015.
Davis, Mike: Planet of Slums, New York 2006. (Dt.: Planet der Slums, Berlin 2007).

Deere, Carmen Diana; León de Leal, Magdelena: Empowering Women: Land and Property Rights in Latin America, Pittsburgh 2001.
DePastino, Todd: Citizen Hobo, Chicago 2003.
De Angelis, Massimo: The Beginning of History: Value Struggles and Global Capitalism, London 2007.
De Angelis, Massimo: Omnia Sunt Communia: On the Commons and the Transformation to Postcapitalism, London 2017.
Dias, Elizabeth: First Blood Diamonds, Now Blood Computers? in: Time vom 24. Juli 2009. (online: http://content.time.com/time/world/article/0,8599,1912594,00.html)
Dowling, Emma: The Big Society, Part 2: Social Value, Measure and the Public Services Act, in: New Left Project (online: https://tinyurl.com/yamy6evv).
Ehrenreich, Barbara; Russell Hochschild, Arlie: Global Woman: Nannies, Maids and Sex Workers in the New Economy, New York 2002.

Elyachar, Julia: Empowerment Money: The World Bank, Non-Governmental Organizations, and the Value of Culture in Egypt, in: Public Culture 14, Nr. 3 (Frühjahr 2002).
EZLN: Autonomous Resistance—First Grade Textbook. (online: www.schoolsforchiapas.org/library/autonomousresistance-grade-textbook)
Fanon, Frantz: The Wretched of the Earth, New York 1986. (Dt.: Die Verdammten dieser Erde, Frankfurt/Main 1981).
Federici, Silvia; Caffentzis, George; Alidou, Ousseina (Hg.): A Thousand Flowers: Social Struggles against Structural Adjustment in African Universities, Trenton 2000.
Federici, Silvia: Witch-Hunting, Globalization and Feminist Solidarity in Africa Today, in: Journal of International Women's Studies 10, Nr. 1 (2008), S. 21–35.
Federici, Silvia: Caliban and the Witch: Women, the Body and Primitive Accumulation, Brooklyn 2004. (Dt.: Caliban und die Hexe. Frauen, der Körper und die ursprüngliche Akkumulation, Wien 2012)
Federici, Silvia: On Affective Labor, in: Cognitive Capitalism, Education and Digital Labor, hg. von Michael A. Peters und Ergin Bulut, New York 2011, S. 57–74.
Federici, Silvia: Revolution at Point Zero: Housework, Reproduction, and Feminist Struggle, Oakland 2012.

Federici, Silvia: Andare a Pechino: come le nazioni unite hanno colonizzato il movimento femminista, in: Il punto zero della rivoluzione: lavoro domestico, riproduzione e lotta femminista, Verona 2014.

Federici, Silvia: Commoning the City, in: Journal of Design Strategies 9, Nr. 1 (Frühjahr 2017), S. 33–37.

Federici, Silvia: Capital and Gender, in: Reading 'Capital' Today, hg. von Ingo Schmidt und Carlo Fanelli, London 2017, S. 79–96.

Federici, Silvia: Witches, Witch-Hunting, and Women, Oakland 2018. (Dt.: Hexenjagd. Die Angst vor der Macht der Fauen, Münster 2019).

Fernandez, Margarita: Cultivating Community, Food and Empowerment, 2003. (Unveröffentlichtes Manuskript)

Fessler, Pam: Panel Charged with Eliminating Child Abuse, in: National Public Radio vom 25. Februar 2014 (online: www.npr.org/2014/02/25/282359501/panel-charged-with-eliminating-child-abuse-deaths)

Fisher, Jo: Out of the Shadows: Women, Resistance and Politics in South America, London 1993.

Fisher, Jo: The Kitchen Never Stopped: Women's Self-Help Groups in Chile's Shanty Towns, in: Out of the Shadows: Women, Resistance, and Politics in Latin America, London 1993, S. 17–43.

Folbre, Nancy: Nursebots to the Rescue? Immigration, Automation, and Care, in: Globalizations 3, Nr. 3 (September 2006), S. 349–360.

Fortunati, Leopoldina: The Arcane of Reproduction: Housework, Prostitution, Labor and Capital, Brooklyn 1995.

Fortunati, Leopoldina (Hg.): Telecomunicando in Europa, Milan 1998.

Fortunati, Leopoldina: The Arcane of Reproduction: Housework, Prostitution, Labor and Capital, hg. von Jim Fleming, Brooklyn 1995.

Foster, John Bellamy: Marx and the Environment, in: Monthly Review 47, Nr. 3 (Juli–August 1995, S. 108–23.

Freeman, Donald B.: Survival Strategy or Business Training Ground? The Significance of Urban Agriculture for the Advancement of Women in African Cities, in: African Studies Review 36, Nr. 3 (Dezember 1993).

Fried, Albert; Sanders, Ronald (Hg.): Socialist Thought: A Documentary History, Garden City 1964.

Galeano, Eduardo: The Book of Embraces, New York 1991. (Dt.: Das Buch der Umarmungen, Zürich 1998).

Galindo, María: La pobreza: un gran negocio, in: Mujer Pública Nr. 7 (Dezember 2012).

Gargallo, Francesca: Feminismos desde Abya Yala, Buenos Aires 2013.

Gelder, Sarah van; Staff of Yes! Magazine (Hg.): This Changes Everything: Occupy Wall Street and the 99% Movement, Oakland 2011.

Gitlin, Todd: Occupy Nation: The Roots, the Spirit, and the Promise of Occupy Wall Street, New York 2012.

Graeber, David: Debt: The First 5000 Years, Brooklyn 2011. (dt.: Schulden. Die ersten 5000 Jahre, Stuttgart 2012.)

Graeber, David: The Greek Debt Crisis in Almost Unimaginably Long-Term Historical Perspective, in: Revolt and Crisis in Greece: Between a Present Yet to Pass and a Future Still to Come, hg. von Antonis Vradis und Dimitris Dalakoglou, Oakland 2011, 229–244.

Gray, Leslie; Kevane, Michael: Diminished Access, Diverted Exclusion: Women and Land Tenure in Sub-Saharan Africa, in: African Studies Review 42, Nr. 2 (September 1999), S. 15–39.

Griswold, Deirdre: Racism, Schooling Gap Cuts Years from Life, in: Workers World vom 27. September 2012, (online: https://www.workers.org/2012/09/27/racism-schooling-gap-cut-yearsfrom-life)

Gunn Allen, Paula: Who Is Your Mother? Red Roots of White Feminism, in: Multicultural Literacy, hg. von Rick Simonson und Scott Walker, Saint Paul 1988.

Gutiérrez Aguilar, Raquel: Políticas en Femenino: Transformaciones y subversiones no centradas en el estado, in: Contrapunto Nr. 7 (December 2015).

Haarhoff, Heike: Les Allemands exportent aussi leurs grands-parents, in: Le Monde Diplomatique, Juni 2013. (online: https://www.monde-diplomatique.fr/2013/06/HAARHOFF/49160).

Hakansson, Thomas: Landless Gusii Women: A Result of Customary Land Law and Modern Marriage Pattern, Uppsala 1988.

Hanisch, Carol: The Personal Is Political: The Women's Liberation Classic with a New Explanatory Introduction. (online: http://carolhanisch.org/CHwritings/PIP.html)

Hanson Mitchell, John: Trespassing: An Inquiry into the Private Ownership of Land, Reading 1998.

Hardt, Michael; Negri, Antonio: Commonwealth, Cambridge 2009. (Dt.: Common Wealth: das Ende des Eigentums, Frankfurt/Main 2010).

Hardt, Michael; Negri, Antonio: Multitude. War and Democracy in the Age of Empire, New York 2004. (Dt.: Multitude: Krieg und Demokratie im Empire, Frankfurt am Main 2004).

Hardt, Michael; Negri, Antonio: Empire, Cambridge 2000. (Dt.: Empire: die neue Weltordnung, Frankfurt am Main 2002).
Harvey, David: The New Imperialism, Oxford 2003. (Dt.: Der neue Imperialismus, Hamburg 2005).
Harvey, David: Rebel Cities: From the Right to the City to the Urban Revolution, London 2012. (Dt.: Rebellische Städte, Frankfurt/Main 2013).
Hartmann, Heidi: The Unhappy Marriage of Marxism and Feminism: Towards a More Progressive Union, in: Capital and Class 3, Nr. 2 (Summer 1979), S. 1–33.
Hayden, Dolores: The Grand Domestic Revolution: A History of Feminist Designs for American Homes, Neighborhoods, and Cities, Cambridge 1981.
Hayden, Dolores: Redesigning the American Dream: The Future of Housing, Work and Family Life, New York 1986.

Hostetler, Sharon; et al.: Extractivism: A Heavy Price to Pay, Washington 1995.
Isla, Ana: Who Pays for the Kyoto Protocol?, in: Eco-Sufciency & Global Justice: Women Write Political Economy, hg. von Ariel Salleh, London 2009.
Jackson, Stevi: Why a Materialist Feminism Is (Still) Possible, in: Women's Studies International Forum 24, Nr. 3–4 (May 2001).
James, Selma: Sex, Race and Class, Bristol 1975.
Juma, Calestous; Ojwang, J.B. (Hg.): In Land We Trust: Environment, Private Property and Constitutional Change, London 1996.
Kazan, Olga: A Shocking Decline in American Life Expectancy, in: The Atlantic vom 21. Dezember 2017. (online: https://www.theatlantic.com/health/archive/2017/12/life-expectancy/548981).
Karim, Lamia: Microfinance and Its Discontents: Women in Debt in Bangladesh, Minneapolis 2011.
Kimani, Mary: Women Struggle to Secure Land Rights: Hard Fight for Access and Decision-Making Power, in: Africa Renewal 22, Nr. 1 (April 2008).
Kindig, David A.; Cheng, Erika R.: Even as Mortality Fell in Most US Counties, Female Mortality Nonetheless Rose in 42.8 Percent of Counties from 1992 to 2006, in: Health Affairs 32, Nr. 3 (März 2013), S. 451–458.
Klein, Hilary: Compañeras: Zapatista Women's Stories, New York 2015.
Kovel, Joel: On Marx and Ecology, in: Capitalism, Nature, Socialism 22, Nr. 1 (September 2011), S. 11–14.
Latin Macro Watch (https://www.iadb.org/en/databases/latin-macro-watch/latin-macro-watch-country-profiles%2C18579.html)

Lazzarato, Maurizio: The Making of the Indebted Man: An Essay on the Neoliberal Condition, Cambridge 2012. (Dt.: Die Fabrik des verschuldeten Menschen. Essay über das neoliberale Leben, Berlin 2012).

Lefebvre, Henri: The Critique of Everyday Life, Vol. 1, London 1991. (Dt.: Kritik des Alltagslebens, Frankfurt/Main 1987).

Lesthaeghe, Ron J.: Production and Reproduction in Sub-Saharan Africa: An Overview of Organizing Principles, in: Reproduction and Social Organization in Sub-Saharan Africa, hg. von Ron J. Lesthaeghe, Berkeley 1989, S. 13-59.

Linebaugh, Peter: The Magna Carta Manifesto: Liberties and Commons for All, Berkeley 2008.

Linebaugh, Peter: Enclosures from the Bottom Up, in: The Wealth of the Commons: A World beyond Market and State, hg. von David Bollier und Silke Helfrich, Amherst 2012, S. 114–124.

Linebaugh, Peter: The Incomplete, True, Authentic, and Wonderful History of May Day, Oakland 2016.

Linsalata, Lucia: Cuando manda la asamblea: lo comunitario popular en Bolivia, Mexico City 2015.

Longo, Roxana: El protagonismo de las mujeres en los moviminentos sociales: Innovaciones y desafos, Buenos Aires 2012.

MacLean, Nancy: The Hidden History of Affirmative Action: Working Women's Struggles in the 1970s and the Gender of Class, in: Feminist Studies 25, Nr. 1 (Frühjahr 1999).

Mander, Jerry: In the Absence of the Sacred: The Failure of Technology and the Survival of the Indian Nations, San Francisco 1991.

Manji, Ambreena: The Politics of Land Reform in Africa, London 2006.

Marazzi, Christian: The Violence of Financial Capitalism, Cambridge 2010.

Martin, Randy: Financialization of Daily Life, Philadelphia 2002.

Matchar, Emily: Homeward Bound: Why Women Are Embracing the New Domesticity, New York 2013.

Mayo Clinic staff: Depression in Women: Understanding the Gender Gap (online: www.mayoclinic.org/diseases/in-depth/depression/art-20047725)

Mendiola García, C.: Vendors, Mothers, and Revolutionaries: Street Vendors and Union Activism in 1970 Puebla Mexico, in: Oral History Forum, Special Issue on Oral History and the Working Class (2013), S. 1–26.

MEW: Marx, Karl; Engels, Friedrich: Werke, Berlin

Midnight Notes Collective, The New Enclosures, Midnight Notes Nr. 10 (1990).

Mies, Maria: Patriarchy and Accumulation on a World Scale, London 1986.
Mies, Maria; Bennholdt-Thomsen, Veronika: The Subsistence Perspective: Beyond the Globalized Economy, London 1999. (Dt.: Eine Kuh für Hillary. Die Subsistenzperspektive, München 1997).
Millán, Márgara: Des-ordenando el género/¿Descentrando la nación? El Zapatismo de las mujeres indígenas y sus consequencias, México City 2014.
Morgan, Lewis Henry: Ancient Society, Cambridge 1964. (Dt.: Die Urgesellschaft, Berlin 1982).
Moyo, Sam; Yeros, Paris (Hg.): Reclaiming the Land: The Resurgence of Rural Movements in Africa, Asia and Latin America, London 2005.
Moyo, Sam: Land in the Political Economy of African Development: Alternative Strategies for Reform, in: Africa Development 32, no. 4 (2007), S. 1–3.
Mukangara, Fenella; Koda, Bertha: Beyond Inequalities: Women in Tanzania, Harare 1997.

Navarro, Mina: Luchas por lo común: Antagonismo social contra el despojo capitalista de los bienes naturales en Mexico, Puebla 2015.
Negri, Antonio: Marx beyond Marx: Lessons on the Grundrisse, Brooklyn 1991. (Dt.: Über das Kapital hinaus, Berlin 2019).
Netting, Robert McC.: Balancing on an Alp: Ecological Change and Continuity in a Swiss Mountain Community, Cambridge 1981. / Hardin, Garrett: The Tragedy of the Commons, in: Science 162, Nr. 3859 (Dezember 1968), S. 1243–1248.
Nordhoff, Charles: The Communistic Societies of the United States, New York 1966.
Ogembo, Justus M.: Contemporary Witch-Hunting in Gusii, Southwestern Kenya, Lewiston 2006.
Ogolla, Bondi D.; Mugabe, John: Land Tenure Systems and Natural Resource Management, in: In Land We Trust. Environment, Private Property and Constitutional Change, hg. von Calestous Juma und J.B. Ojwang, London 1996.
Ollman, Bertell: Dialectical Investigations, New York 1993.
Olshansky, S. Jay; et al.: Differences in Life Expectancy Due to Race and Educational Differences Are Widening, and Many May Not Catch Up, in: Health Affairs 31, Nr. 8 (August 2012), S. 1803–13.
Palmer, Robin: Gendered Land Rights—Process, Struggle, or Lost C(l)ause?, (online: http://mokoro.co.uk/wp-content/uploads/gendered_land_rights.pdf).

Paltrow, Lynn M.; Flavin, Jeanne: Arrests of and Forced Interventions on Pregnant Women in the United States, 1973–2005: Implications for Women's Legal Status and Public Health, in: Journal of Health Politics, Policy and Law 38, Nr. 2 (April 2013).

Paltrow, Lynn M.; Flavin, Jeanne: New Study Shows Anti-Choice Policies Leading to Widespread Arrests of and Forced Interventions on Pregnant Women, in: Rewire News vom 14. Jänner 2013. (online: https://rewire.news/article/2013/01/14/new-study-revealsimpact-post-roe-v-wade-anti-abortion-measures-on-women)

Parker-Pope, Tara: Suicide Rates Rise Sharply in U.S., in: New York Times vom 2. Mai 2013. (online: https://www.nytimes.com/2013/05/03/health/suicide-rate-rises-sharply-in-us.html?)

Pearce, Fred: The Land Grabbers: The New Fight Over Who Owns the Earth, Boston 2012.

Petit, Michael: America Can Fix Problem of Child Abuse Fatalities, in: BBC News vom 17. Oktober 2011. (online: http://www.bbc.com/news/av/15345278/michael-petit-america-can-fix-problem-of-child-abusefatalities)

Pfeufer Kahn, Robbie: Women and Time in Childbirth and Lactation, in: Taking Our Time: Feminist Perspectives on Temporality, hg. von Frieda Johles Forman und Caoran Sowron, New York 1989, S. 20–36.

Polgreen, Lydia; Bajaj, Vikas: India Microcredit Sector Faces Collapse from Defaults, in: New York Times vom 17. November 2010.

Quiroga Díaz, Natalia; Gago, Verónica: Los comunes en femenino: cuerpo y poder ante la expropiación de las economías para la vida, in: Economía y Sociedad 19, Nr. 45 (June 2014).

Rauber, Isabel: Mujeres piqueteras: El caso de Argentina, in: Economie mondialiseé et identités de genre, hg. von Fenneke Reysoo, Geneva 2002.

Rosdoldsky, Roman: The Making of Marx's "Capital", London 1977.

Rosemont, Franklin: Karl Marx and the Iroquois (online: http://libcom.org/library/karl-rnarx-iroquois-franklin-rosemant)

Russell Hochschild, Arlie: The Managed Heart: Commercialization of Human Feeling, Berkeley 1983.

Sale, Kirkpatrick, Sale: The Conquest of Paradise: Christopher Columbus and the Columbian Legacy, New York 1990.

Salleh, Ariel: Ecofeminism as Politics: Nature, Marx and the Postmodern, London 1997.

Sarkar, Saral: Eco-Socialism or Eco-Capitalism? A Critical Analysis of Humanity's Fundamental Choices, London 1999. Samperio, Ana Cristina: Se nos reventó el Barzón: radiografía del movimiento barzonista, Mexico 1996.

Samuel, Raphael: Mechanization and Hand Labour in Industrializing Britain, in: The Industrial Revolution and Work in Nineteenth-Century Europe, hg. von Lenard R. Berlanstein, London 1992, S. 26–40.

Schreiber, Laurie: Catch Shares or Share-Croppers? in: Fishermen's Voice 14, Nr. 12 (Dezember 2009, (online: http://www.fishermensvoice.com/archives/1209index.html)

Shanin, Teodor: Late Marx and the Russian Road: Marx and the Peripheries of Capitalism, New York 1983.

Shapiro, Tricia: Mountain Justice: Homegrown Resistance to Mountaintop Removal for the Future of Us All, Oakland 2010.

Shiva, Vandana: Responds to the Grameen Bank, in: Synthesis/Regeneration 17 (Frühjahr 1998).

Shiva, Vandana: Staying Alive: Women, Ecology and Development, London 1989. (Dt.: Das Geschlecht des Lebens, Rotbuch-Verlag, Berlin 1989).

Shiva, Vandana: Monocultures of the Mind: Perspectives on Biodiversity and Biotechnology, London 1993.

Shiva, Vandana: The Suicide Economy of Corporate Globalization, 2004 (online: https://www.countercurrents.org/glo-shiva050404.htm)

Shiva, Vandana: Earth Democracy: Justice, Sustainability, and Peace, Cambridge 2005. (Dt.: Erd-Demokratie – Alternativen zur neoliberalen Globalisierung. Rotpunktverlag, Zürch 2006).

Sitrin, Marina A.: Everyday Revolutions: Horizontalism and Autonomy in Argentina, London 2012.

Snell, G.S.: Nandi Customary Law, Nairobi 1986.

Snyder, Margaret C.; Tadesse, Mary: African Women and Development: A History, London 1995.

SOF (Sempreviva Organização Feminista): En lucha contra la mercantilización de la vida: la presencia de la Marcha Mundial de las Mujeres en la Cumbre de los Pueblos, São Paulo 2012.

Strike Debt and Occupy Wall Street: The Debt Resisters' Operations Manual, Oakland 2014.

Thurton, Roderick: Marxism in the Caribbean, in: Two Lectures by Roderick Thurton: A Second Memorial Pamphlet, New York 2000.

Trefon, Theodore: The Political Economy of Sacrifce: Kinois and the State, in: Review of African Political Economy 29, Nr. 93–94 (2002).

Tripp, Aili Mari: Women's Movements, Customary Law, and Land Rights in Africa: The Case of Uganda, in: African Studies Quarterly 7, Nr. 4 (Frühjahr 2004), S. 1–19

Toro Ibáñez, Graciela: La pobreza: un gran negocio, La Paz 2010.

Toyama, Kentaro: Lies, Hype, and Proft: The Truth about Microfnance, in: Atlantic vom 28. Jänner 2011.

TPTG (The Children of the Gallery): Burdened with Debt: 'Debt Crisis' and Class Struggles in Greece, in: Revolt and Crisis in Greece: Between a Present Yet to Pass and a Future Still to Come, hg. von Antonis Vradis und Dimitris Dalakoglou, Oakland 2011, S. 245–278. Turner, Terisa E.; Oshare, M.O.: Women's Uprising against the Nigerian Oil Industry, in: Arise Ye Mighty People! Gender, Class and Race in Popular Struggles, hg. von Terisa E. Turner und Brian J. Ferguson, Trenton 1994.

Tzul Tzul, Gadys: Sistemas de gobierno comunal indígena: mujeres y tramas de parentesco, Guatemala 2016.

Tzul Tzul, Gadys: Gobierno comunal indígena y estado guatemaltecho, Guatemala 2018.

Ullrich, Otto: Technology, in: The Development Dictionary, hg. von WolfgangSachs, London 1992.

von Werlhof, Claudia von: Globalization and the 'Permanent' Process of 'Primitive Accumulation': The Example of the MAI, the Multilateral Agreement on Investment, in: Journal of World-Systems Research 6, Nr. 3 (2000).

Wackernagel, Mathis; Rees, William: Our Ecological Footprint: Reducing Human Impact on the Earth, Gabriola Island 1996.

Wanyeki, L. Muthoni (Hg.): Women and Land in Africa: Culture, Religion and Realizing Women's Rights, London 2003.

Weatherford, Jack: Indian Givers: How the Indians of the Americas Transformed the World, New York 1988.

Weber, Max: Wissenschaft als Beruf, München und Leipzig 1919.

Weinberg, Bill; Wilson, Lamborn Peter (Hg.): Avant Gardening: Ecological Struggle in the City and the World, Brooklyn 1999.

Wichterich, Christa: The Globalized Woman: Reports from a Future of Inequality, London 2000.

Williams, Misty: CDC: Mental Disorders Rising in Children, in: Atlanta Journal Constitution vom 16. Mai 2013.

Wily, Liz Alden: Reconstructing the African Commons, in: Africa Today 48, Nr. 1 (Spring 2001).
Wong, Kristina: Rumsfeld Still Opposes Law of the Sea Treaty: Admirals See It as a Way to Settle Maritime Claims, in: Washington Times vom 14. Juni 2012.
Woodward, Colin: The Lobster Coast: Rebels, Rusticators, and the Struggle for a Forgotten Frontier, New York 2004.
World Bank (Hg.): Sub-Saharan Africa: From Crisis to Sustainable Growth, Washington 1989.
World Bank: Bank Publications and Research Now Easier to Access, Reuse, (online: https://tinyurl.com/7axc7j3).
Wypijewski, Joann: Death at Work in America, in: Counterpunch vom 29. April 2009 (online: https://www.counterpunch.org/2009/04/29/death-at-work-in-america/.
Xezwi, Bongani: The Landless People Movement, Research Report no.10, Center for Civil Society, RASSP Research Reports 2005.

Yoshida, Masao: Land Tenure Reform Under the Economic Liberalization Regime: Observation from the Tanzanian Experience, in: African Development 30, Nr. 4 (2005).
Zibechi, Raúl: Genealogía de la revuelta: Argentina: la sociedad en movimiento, La Plata 2003.
Zibechi, Raúl: Brasil potencia: entre la integración regional y un nuevo imperialismo, Malaga 2012.
Zibechi, Raúl: Territories in Resistance: A Cartography of Latin American Social Movements, Oakland 2012. (Dt.: Territorien des Widerstands. Eine politische Kartografie der urbanen Peripherien Lateinamerikas, Berlin 2011).
Zibechi, Raúl: Descolonizar el pensamiento crítico y las praticas emancipatorias, Bogotá 2015.
Zinn, Howard: A People's History of the United States: 1492–Present, New York 1980. (dt.: Eine Geschichte des amerikanischen Volkes, Leipzig 2001)